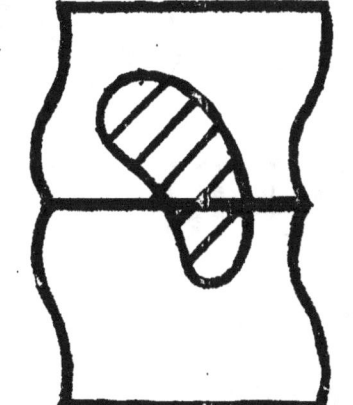

Illisibilité partielle

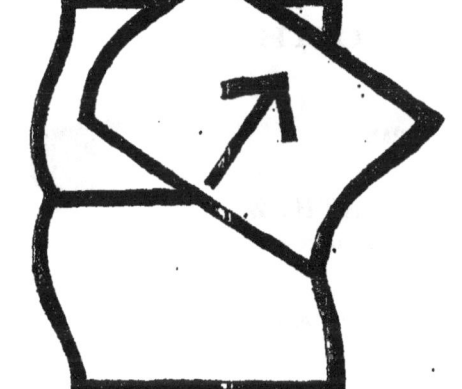

Couverture inférieure r

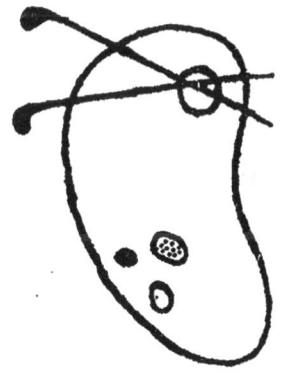

Début d'une série de documents en couleur

I0250095

VALABLE POUR TOUT OU PARTIE DU
DOCUMENT REPRODUIT

THÉORIE DU BEAU

DANS

LA NATURE ET LES ARTS

OUVRAGE POSTHUME

PAR

P. J. BARTHEZ

MÉDECIN DE NAPOLÉON Ier

MIS EN ORDRE ET PUBLIÉ PAR SON FRÈRE

SECONDE ÉDITION

PARIS
LIBRAIRIE VIGOT FRÈRES
10, RUE MONSIEUR LE PRINCE, 10

1895

Portrait d'Auguste COMTE

Gravé par WILLIAM BARBOTIN

Prix de Rome.

Epreuve sur papier de Hollande . . . . 3 fr.
—   sur Japon. 5 »
—   sur Japon avant-lettre . . . . 10 »

Format 38 × 28 pouvant se joindre aux œuvres d'Auguste Comte.

Ce magnifique portrait a été reçu au salon de 1895.

Fin d'une série de documents en couleur

THÉORIE DU BEAU

THÉORIE DU BEAU

DANS

LA NATURE ET LES ARTS

OUVRAGE POSTHUME

PAR

P. J. BARTHEZ

MÉDECIN DE NAPOLÉON 1er

MIS EN ORDRE ET PUBLIÉ PAR SON FRÈRE

SECONDE ÉDITION

PARIS
LIBRAIRIE VIGOT FRÈRES
10, RUE MONSIEUR LE PRINCE, 10

1895

INTRODUCTION

Ce n'est pas dans l'état primitif que l'on a supposé souvent avoir été pour l'homme l'état de la nature ; ce n'est que dans la société que peut se former et se développer en lui le sentiment de la beauté.

L'homme qui était sorti brut des mains de la nature, acquiert, par degrés, dans sa réunion avec ses semblables, l'habitude d'une attention forte et répétée sur les divers agréments des objets qui peuvent l'affecter. Cette attention le rend capable de ressentir avec force ceux de ces agréments qui sont propres à faire naître chez lui le sentiment de la beauté.

Le soin de cultiver ce sentiment par des études bien faites dans les lettres et dans les arts, est du plus grand intérêt pour le bonheur des individus et pour celui des sociétés.

La culture des lettres et des arts accoutume l'homme, dès sa première jeunesse, à exercer ses facultés intellectuelles, et à rechercher en tout un esprit d'ordre. On peut sans doute n'occuper cet âge que des exercices qui fortifient la constitution du corps : mais lorsqu'on borne l'éducation à cet objet, l'homme reste exposé à toutes les dépravations de l'esprit et du cœur, dont les germes commencent à se développer alors, et qui peuvent devenir des principes de dégénération irrémédiables dans tous les âges suivants.

La culture du sentiment de la beauté dans les lettres et dans les arts, étend et perfectionne l'intelligence humaine, dont l'agrandissement ne peut être négligé sans une sorte de mutilation d'une partie principale des facultés que la nature a données à l'homme.

On doit regarder comme étant très intéressantes sous ce rapport une infinité de connaissances géométriques, astronomiques, etc. dont on ne voit point des liaisons immédiates avec des choses utiles aux besoins de la vie. Il est d'ailleurs facile d'élaguer, dans les études philosophiques, des fictions vaines auxquelles on peut être entraîné par un abus du raisonnement, comme, par exemple, celui qui mènerait à penser avec Berkley qu'il n'y a point de corps, et que tout est en représentation.

Le sentiment des beautés de la nature et de l'art donne à l'homme des réjouissances plus délicates que celles qui lui viennent par les sens. Il lui assure en même temps l'activité nécessaire pour ne pas trouver la vie insipide dans les longs intervalles des plaisirs physiques, lorsqu'il n'a point d'inquiétude sur ses besoins, et qu'il n'est point livré à des passions fortes.

Dans de telles circonstances, les hommes sauvages succombent au sommeil, et l'homme civilisé est accablé par l'ennui.

Cet état pénible est pour lui l'effet nécessaire de la satiété, qui vient des désirs faibles et vagues auxquels il est réduit, lorsque l'absence totale du sentiment de la beauté a désenchanté ses yeux des objets qui l'attachaient le plus à la vie, et détruit ce voile heureux que la nature avait jeté sur ces objets.

Mais l'homme ajoute à son bonheur, et perfectionne son être moral, quand il sait exciter et entretenir convenablement une assez grande diversité d'affections et de goûts que peut faire naître en lui le sentiment de la beauté.

L'utilité principale de ces goûts multipliés qu'inspirent à

l'homme divers genres d'objets où il sent de la beauté, et auxquels il partage son attention, est d'aider sa raison à combattre toute passion dominante pour laquelle il pourrait être maîtrisé si ces affections étaient concentrées sur un seul genre de ces objets.

C'est surtout par ces heureuses diversions que l'homme peut arrêter en lui la formation et les progrès de toute passion unique, qu'il peut se défendre de l'exagération des illusions que cette passion lui cause, et en dissiper le délire, dès qu'il tend à troubler la paix intérieure ou à dégrader son caractère.

Après qu'une semblable passion a extrêmement affaibli toutes les autres affections qui lui étaient étrangères ou opposées, si elle vient à rencontrer des obstacles insurmontables, elle cause la ruine des forces de l'âme, surtout chez les hommes doués d'une très grande sensibilité.

La raison seule, lorsqu'elle n'est point aidée par un concours de goûts variés pour des beaux objets de divers genres, n'offre, en général, que des secours impuissants pour prévenir et dissiper l'égarement d'une passion qui ne permet de sentir la beauté que dans les objets uniques, ou dans les objets d'un seul genre.

On doit même reconnaître que les seuls conseils de la raison étant inutiles pour vaincre une passion forte, comme celles de l'amour, de l'ambition, de la fortune ou de la gloire, etc., ils ne servent le plus souvent qu'à produire des incertitudes, des troubles, des repentirs qui empêchent les contentements réels que cette passion pourrait donner.

Ces vaines oppositions de la raison et de la passion dominante, n'opèrent alors que des alternatives nuisibles dans la conduite des hommes qui ne peuvent être ni conséquents, ni heureux, et qui semblent gouverner leur vie au hasard.

En effet, il est certain, comme l'a dit Horace (a), qu'on est moins malheureux par la constance dans des penchants même vicieux, que par une inconstance perpétuelle entre le vice et la vertu.

L'utilité générale qu'a la culture assidue des beautés qui sont propres aux lettres et aux arts, est de développer de plus en plus chez l'homme le sentiment de la beauté, et de perfectionner, par ce moyen, son être moral.

L'habitude de sentir les beautés qui résultent de la comparaison des divers objets de l'intelligence, dispose à goûter le sentiment du beau moral, qui est le principe de toutes les vertus. L'âme est alors continuellement portée à comparer et à raisonner ses affections, et à préférer constamment celles qui sont le plus conformes à des motifs d'ordre et de régularité. Ces affections qu'elle préfère, étant plus nobles et plus délicates, lui font sentir sa dignité et son élévation au-dessus des objets sensibles ; elles la disposent habituellement au sacrifice des jouissances personnelles qui ne sont que d'un intérêt vulgaire.

L'esprit de l'homme étant ainsi éclairé, et perfectionné par l'étude des lettres et de la philosophie, conçoit les vertus auxquelles l'homme peut s'élever d'une manière beaucoup plus parfaite et plus grande que ne peut les concevoir un pâtre, un laboureur ou tout autre homme d'une condition obscure dont l'éducation n'a point étendu les lumières naturelles. Celui-ci ne peut que parcourir sans cesse un cercle de vertus communes dans lequel il est entraîné comme automatiquement, par la nécessité, l'habitude et l'exemple de ses pareils.

(a)........ Quanto constantior idem
In Vitiis, tanto levius miser, ac prior illo
Qui jam contento, jam laxo june, laborat.
Satyr. 7, lib. 2.

Ainsi la culture des belles-lettres et des beaux-arts, étant bien dirigée, a une influence salutaire sur le perfectionnement des mœurs. Elle a, pour cette fin, des avantages plus sûrs, quoiqu'ils paraissent moins directs, que ne peuvent avoir des cours de morale pratique. Horace a dit avec raison que les caractères des actions humaines, soit belles, soit vicieuses, sont beaucoup mieux sentis et jugés dans les fables des poèmes d'Homère, que dans les traités de Chrysippe et d'autres philosophes qui ont écrit sur la morale.

L'utilité que peut avoir l'influence des lettres et des arts sur les mœurs, ne doit pas être encore problématique, malgré tous les nuages d'assertions sophistiques et superficielles dont Rousseau a enveloppé cette question.

Une considération essentielle suffit pour dissiper ces vaines assertions. Sans doute il arrive très généralement qu'en même temps que la lumière des arts et des sciences s'élève et s'augmente chez un peuple, la pratique des mœurs simples et l'exercice d'une probité ordinaire y deviennent plus rares et moins faciles. Mais cet effet, qui est étranger à l'état des sciences et des arts chez ce peuple, est seulement une suite naturelle des progrès vicieux qu'y a faits la civilisation.

A mesure que la marche progressive de la civilisation multiplie des rapports et des intérêts contraires entre les hommes qui sont réunis en société, il est dans la nature des choses humaines que la constance et l'uniformité des mœurs simples y soient plus difficiles à conserver.

Le luxe, contre lequel il est plus facile de déclamer avec Rousseau, que d'assigner des limites qui lui conviennent dans chaque état, est encore une suite naturelle des progrès de la civilisation. Cependant, lorsqu'il est contenu dans de justes bornes, le luxe est, dans les grands Etats, un principe d'accroissement de population et de prospérité.

Il en est de même de cette espèce de luxe de l'esprit que produit la culture des sciences, des lettres et des arts. Ses progrès sont liés à ceux de la civilisation, et l'on peut en assurer d'heureux effets, lorsqu'on sait en prévenir, par de sages règlements, l'excès et la dépravation.

Si les chefs des nations ne portent sur cet objet une surveillance constante, les lettres et les arts participent à la corruption générale des mœurs publiques et peuvent même devenir des instruments secondaires de cette corruption.

Dans l'ordre des vertus, les premières ou les plus essentielles sont celles qui sont propres à chaque constitution politique ou à la forme du gouvernement de chaque peuple. Or, c'est à ce genre de vertus, que la culture philosophique des sciences et des lettres donne un caractère élevé qu'elles n'auraient jamais eu autrement.

Je ne considère point ici ces hommes rares dont les grandes âmes se sont élevées aux hauteurs de la philosophie stoïcienne. Les principes d'une philosophie semblable ont formé les caractères vertueux les plus sublimes qui nous soient connus, tels que ceux de Thraséas et d'autres Romains qui, étant soumis au plus affreux despotisme, sont restés, sans être abattus, au milieu des ruines de la constitution de l'Etat. La philosophie a fait voir, même sur le trône, le plus grand caractère qui ait jamais existé, celui du divin Marc Aurèle, qui réunit les vertus pacifiques les plus pures avec les plus grandes vertus militaires.

Mais c'est dans toutes les classes des citoyens que la culture des vraies beautés de la nature et des arts fortifie le sentiment de la beauté, des vertus propres à chaque Etat, et met un frein à la dégradation générale des mœurs.

Si on néglige ce moyen puissant de combattre les progrès de cette dégradation, elle se propage rapidement jusqu'aux derniers rangs du peuple ; les lois peuvent n'avoir plus une utilité permanente, et la durée de la constitution de l'État est abandonnée à toutes les chances des variations de la force armée et de la force d'opinion.

Cet État ne pourra conserver sa constitution qu'aussi longtemps que le gouvernement en sera maintenu par un homme extraordinaire, ou que le peuple y restant toujours armé achètera, par des périls et des troubles continuels, une sorte de liberté plus odieuse encore que l'esclavage.

L'importance de ces principes, avait été parfaitement connue par les législateurs des républiques de la Grèce, qui s'étaient attachés avec des soins particuliers à faire fleurir les beaux-arts. Ainsi leur sagesse profonde avait trouvé, dans les effets combinés de la poésie et de la musique, un moyen très avantageux pour donner la force et la modération nécessaires au maintien des mœurs publiques.

L'art de la musique était très étendu chez les anciens Grecs, et embrassait aussi les arts de la poésie et les objets des belles-lettres. La culture des lettres doit avoir pour nous une importance analogue à celle qu'avait la musique chez les Grecs. Il est surtout nécessaire de s'attacher à la renouveler chez les peuples où elle a été interrompue pendant longtemps, de sorte qu'il en a résulté une décadence générale des esprits.

Cette décadence se manifeste aujourd'hui parmi nous, où l'on ne peut se dissimuler que le nombre des hommes justement célèbres dans les lettres est extrêmement réduit, et que leurs pertes qui surviennent sont de plus en plus difficiles à réparer.

Pendant cette suspension, presque totale, que les études

publiques ont souffert longtemps dans la France entière, la dégradation générale des esprits a été déterminée, parce que le manque d'instruction s'est joint à l'énervation des caractères qu'avait déjà produit, dans le dernier siècle, le relâchement toujours croissant de la force politique et qu'a fait tomber au plus bas degré l'anarchie de la révolution.

L'énergie de notre nation s'est aujourd'hui ranimée à la voix puissante de son chef. Mais si l'on ne seconde les institutions qu'il aura établies dans les arts de la paix, cette énergie étant bornée à l'art militaire, pourrait elle-même la conduire, dans un temps plus ou moins éloigné, à un état voisin de la barbarie.

C'est par des établissements qui fixent et étendent le sentiment de la vraie beauté dans les lettres et dans les arts, qu'un grand homme peut renouveler, pour plusieurs âges, les mœurs publiques, et achever la restauration d'un Etat, qui a été violemment tourmenté par des convulsions révolutionnaires.

Attendons tout de notre Souverain, dont les opérations ont de grands succès qui ne sont point le fruit de la marche tardive du temps. Sans doute, comme disait très bien un ancien poète (a), c'est la divinité même qui dirige et gouverne celui qui rétablit soudainement, dans sa stabilité première, une cité que des hommes faibles et méprisables ont pu suffire pour ébranler.

(a) Pindare, Ode pithyque IV, vers la fin.

THÉORIE DU BEAU

DANS

LA NATURE ET LES ARTS

PREMIER DISCOURS.

Du sentiment de la Beauté.

La beauté n'existe point par elle-même, et dans les objets que nous trouvons beaux, elle n'est qu'une relation qu'ils ont avec nous. Elle est en eux une qualité relative et secondaire (comme le froid et la couleur), qui n'a d'existence que dans le sentiment que nous en avons. Cependant le sentiment même de la beauté est une chose très réelle, dont notre âme est affectée par la présence des objets que nous trouvons beaux, dans telles circonstances que l'observation fait connaître.

Une singulière impulsion de la nature nous porte à croire que la beauté que nous percevons existe dans l'objet même et en est une propriété inhérente, aussi bien que la figure et l'étendue. En nous inspirant cette persuasion, sans doute (comme l'a dit Home), la nature a eu pour fin d'assurer l'influence que la beauté devait avoir pour déterminer des sentiments utiles au bonheur des hommes réunis en société.

Le sentiment de la beauté n'est point inné dans l'âme, mais elle a une disposition innée à ce que le sentiment et l'idée de la beauté se produisent en elle, à l'occasion de certains agréments des objets qu'elle trouve beaux.

Platon a vu l'idée abstraite de la relation qui nous fait sentir la beauté dans les objets, comme un être qui subsiste par lui-même, et indépendamment de ces objets.

C'est un vice particulier des esprits que l'imagination domine, comme était celui de Platon, de ne pouvoir contempler longtemps une idée abstraite, sans lui faire prendre la forme d'une image analogue à celle que présentent les objets sensibles, et de ne pouvoir ensuite fixer cette image sans lui donner un corps qui lui prête de l'appui et de la solidité, ou sans la transformer en être subsistant par lui-même.

Platon a placé dans le sein même de la Divinité la beauté par essence, à laquelle il dit que participent toutes les choses qui peuvent être belles. Il a pensé que cette beauté suprême qui réside en Dieu, renferme le modèle primitif que suivit l'ordonnateur du monde, quand il débrouilla le chaos ; mais que l'imperfection de la matière empêcha que les idées de cette beauté pussent être réalisées dans l'univers.

Il a ajouté que si nous saisissions, par une perception aussi claire que celle de la vue, ces idées divines de la beauté, elles exciteraient en nous un amour ardent, et plus fort, sans comparaison, que toutes les affections que nous font éprouver les plus beaux des êtres sensibles.

Ses sectateurs ont embrassé avidement ces fictions produites par la belle et séduisante imagination de ce philosophe : ils ont donné à l'envi à ces vaines conceptions métaphysiques, plusieurs développements d'un genre semblable (a).

(a) Ainsi Marcille Ficin (dans son *Commentaire sur le banquet de*

Aristote a substitué à cette doctrine stérile de Platon sur la cause primitive de la beauté, des notions vraies, mais extrêmement incomplètes, sur les éléments de la beauté des objets visibles. Il a dit (*de Poetica*, ch. 7) que cette beauté réunit les idées de grandeur et d'ordre ; et qu'un animal ou objet quelconque ne mérite le nom de beau que lorsque l'ordre, qui est dans sa composition et son étendue convenable, nous en fait saisir les parties et bien voir l'unité, ou l'ensemble.

L'ordre et la grandeur sont, sans doute, au nombre des attributs principaux qu'ont de beaux objets ; mais quelque conforme que soit à l'observation ce principe d'Aristote, on ne saurait y rapporter un grand nombre d'autres éléments de nature différente qui, dans diverses sortes d'objets visibles, concourent à faire naître le sentiment de la beauté de ces objets.

On voit ici un exemple du vice radical que j'ai remarqué dans la philosophie d'Aristote. Doué d'une grande force de tête, il donnait très souvent à des observations particulières qu'il avait faites avec beaucoup de sagacité, une extension trop peu limitée, qu'il croyait pouvoir établir en présentant les résultats de ces observations sous les formes logiques qui semblaient être absolues, et ne point admettre d'exceptions.

Le P. André a encore généralisé davantage le principe d'Aristote sur la cause de la beauté, consistant essentiellement dans la régularité, l'ordre, la proportion, etc.

On ne peut douter que ces rapports ne soient au nombre des principaux agréments dans les beaux objets : mais cer-

Platon, orat. V, cap. 3 et 4) dit que la beauté universelle est le resplendissement de l'image de Dieu (*splendor dei vultus*) qui en a marqué les traits dans les intelligences.

tainement il existe d'autres genres d'agréments, de sensations par exemple, qui sont indépendantes de tout ordre régulier, et dont la réunion dans les objets peut ou suffire ou concourir avec des agréments de proportions ou autres divers, pour exciter le sentiment de la beauté de ces objets.

Les vices communs aux théories qu'ont données sur la nature du beau les philosophes anciens et modernes, résultent de ce qu'ils ont voulu rapporter la beauté de tous les objets qui en sont doués à un seul principe générique qu'ils ont créé, et qui souffre toujours de nombreuses exceptions, au lieu de s'occuper à déterminer, d'après l'observation, les conditions particulières qui doivent exister dans les divers genres d'objets, pour qu'ils puissent exciter le sentiment de leur beauté.

Je vais indiquer des exemples des plus remarquables de ces théories vicieuses et très répandues, où l'on a généralisé d'une manière exclusive les causes qu'on a assignées au sentiment de la beauté.

De ce genre est l'opinion de Crouzas, qui a tâché de prouver que la beauté consiste essentiellement dans l'unité d'un tout, joint à la variété de ses parties.

Cette opinion de Crouzas a été reproduite par Sulzer, qui a dit aussi (dans les *Mémoires de l'Académie de Berlin*) que la beauté résulte de la variété réduite à l'unité.

Moses Mendelsonn a dit pareillement (*Philosophische schriften, ersten theil*, p. 28-9) qu'une *propriété* des beaux objets est que l'unité ou l'uniformité y est jointe à la variété.

Mais quoique cette réunion soit agréable en elle-même, et que souvent elle influe puissamment à faire naître le sentiment de la beauté, MM. d'Azara et Home ont objecté, avec raison, contre cette opinion de Crouzas, que l'unité ou l'uniformité se trouve jointe à la variété dans un nombre infini d'ensembles ou de successions d'objets, sans que cette réunion puisse produire aucune beauté, lorsque ces objets sont laids par eux-mêmes.

Une autre théorie sur la cause prétendue universelle de la beauté, est encore plus défectueuse, en ce qu'elle la rapporte à un seul principe qui doit nous être inconnu. C'est celle où l'on prétend que la perfection d'un objet est le principe constitutif de sa beauté. C'est même à une connaissance obscure de la perfection que Wolf et Baumgarten (a) après lui ont rapporté en général la cause des sensations agréables.

Mais Winkelmann a très bien observé qu'on ne fait pas connaître la beauté, lorsqu'on la confond avec la perfection, d'autant plus que l'homme n'est pas capable de porter un jugement assuré sur ce qui constitue la perfection.

Galien, *de usu partium*, et d'autres après lui ont voulu démontrer que les formes qui ont été données aux parties du corps humain ont dû être telles qu'elles sont, et non autres, parce qu'elles sont les plus parfaites qu'il est possible relativement aux usages auxquels ces parties sont destinées. Mais cette assertion ne peut être prouvée, qu'autant qu'on pourrait comparer toutes les formes et toutes les utilités possibles de ces parties. Dieu seul connaît en quoi consiste le *maximum* des perfections données aux organes du corps humain, entre toutes celles dont ils pourraient être susceptibles.

Une sorte de perfection, qu'on peut, sans doute, admettre

(a) Il n'a paru que la partie théorique de l'ouvrage de Baumgarten, où cet homme, plein de pénétration, subtil (*scharffünige*), a traité toute la doctrine du beau ou du parfait sensible de toutes les espèces, en montrant partout les espèces du laid (*hassliche*, de ce qui inspire l'aversion) qui leur sont directement opposées. Il s'en faut pourtant beaucoup qu'il n'ait décrit toutes les formes du beau ; et il n'a appliqué sa théorie qu'à la poésie et à l'éloquence, mais non aux autres arts (Sulzer, art *Æsthetik*).

dans certains objets, est celle de la disposition la plus avantageuse qu'il nous paraît qu'ont leurs diverses parties pour concourir aux actions auxquelles ces objets sont destinés. Mais (comme l'a remarqué Burke) il est plusieurs espèces d'animaux, et il est plusieurs organes dans chaque animal qui ont la plus grande convenance de leurs parties pour leurs fonctions et qui n'ont point de beauté.

Aristote avait dit (suivant que le rapporte Boëce, *Consolat. philos.*, liv. III, pros. VIII) que si les hommes avaient des yeux de lynx qui pussent pénétrer dans les viscères des corps vivants, le corps humain le plus beau à sa surface (comme était celui d'Alcibiade) leur paraîtrait fort vilain à l'intérieur.

Pour faire naître le sentiment de la beauté d'un objet, je pense qu'il est deux conditions nécessaires : la première, est que cet objet excite à la fois plusieurs sentiments agréables ; la seconde, que chacun de ces agréments ait un des caractères particuliers qu'on a observés être des éléments du sentiment de la beauté.

Premièrement les Leibnitziens ont dit vaguement que le beau est ce qui plaît, et que le laid est ce qui déplaît (Wolf, *Psycolo. Emp.*, n° 543, a dit : *Quod placet dicitur pulchrum : quod vero displicet, deforme*). Mais qui ne sait que l'homme peut être forcé de reconnaître le manque de beauté dans tel objet, que divers rapports lui rendent extrêmement agréable pour y faire sentir de la beauté.

Il paraît, d'ailleurs, qu'il est superflu de vouloir définir la nature des sentiments agréables. Sulzer a dit (dans les *Mémoires de l'Académie de Berlin*) que la condition essentielle pour qu'un objet produise un *sentiment* agréable est que l'âme soit en état de développer aisément une multitude d'idées liées ensemble dans ce seul objet. Mais il est manifeste que les hommes éprouvent un sentiment agréable à la vue, ou par la jouissance d'une infinité d'objets, lors même qu'ils ne développent dans aucun de ces objets une multitude d'idées particulières (a).

Secondement, les sentiments agréables que produit un objet, et dans lesquels l'observation a fait connaître des caractères propres à déterminer, par leur concours le sentiment de la beauté, doivent être distingués, suivant qu'ils affectent directement les différentes facultés de l'âme, les sens, l'imagination, l'intelligence pure et la sensibilité morale.

Les sentiments agréables qui doivent être les bases, les éléments, les données d'où résulte la production du sentiment de la beauté sont des effets dépendants des impressions d'objets très différents, ou même contraires chez les différents peuples, comme aussi chez divers individus : et ces effets varient extrêmement suivant la diversité des constitutions originaires et des habitudes.

Lorsque plusieurs sentiments agréables, ayant les caractères de beauté, sont excités en même temps par un objet, leur réunion fait naître le sentiment de la beauté de cet objet ; et ce sentiment est produit alors suivant une loi primordiale de la nature humaine.

Cette beauté, étant reconnue dans un objet, paraît aux hommes être une qualité d'un ordre supérieur, ou même d'une nature divine qui commande l'admiration de cet objet. Car le plaisir que donne la vue du beau est toujours accompagné en quelque degré d'un sentiment d'admiration (2).

(a) C'est par une vue analogue et pareillement défectueuse que M. Hemsterhuis (*Œuvres philosophiques*, tome II, p. 160) mesure la beauté d'un objet à la quantité des idées de plusieurs choses existantes ou possibles, qui sont extrêmement rapprochées, et que l'âme peut avoir dans le plus petit espace de temps.

(2) *Con qualche Maraviglia*, comme a bien remarqué le Père Gerdil, dans sa *Dissertation sur l'origine du sens moral*, p. 56 au premier volume de son *Introduzione alla studio della religione*.

Ce que je dis sur la nature et la production du sentiment de la beauté, est entièrement différent de ce qu'a dit Hutcheson dans ses Recherches sur l'origine des idées que nous avons de la beauté (*Trad. fr.*, t. 1, p. 32 et 52). Il a prétendu qu'il existe en nous un *sens intérieur* qui est une faculté passive de recevoir l'idée de la beauté, à la vue des objets dans lesquels l'uniformité se trouve jointe à la variété.

Il a particulièrement appuyé (*ibid.*, p. 18) l'assertion de ce *sens intérieur*, sur ce que dans des perceptions où nos sensations ont très peu de part (d'autant qu'elles portent sur des notions abstraites des sensations précédentes) comme sont celles des théorèmes des causes générales, etc. nous découvrons une espèce de beauté fort approchante, dit-il, de celle des objets sensibles et qui nous cause un plaisir semblable.

Cette théorie de Hutcheson peut induire en erreur de plusieurs manières.

Elle peut empêcher de considérer combien la nature du sentiment que nous avons de la beauté d'un objet, intellectuel ou autre, diffère de la nature d'une sensation.

Il est impossible d'assigner à ce sens de la beauté, non seulement aucun siège particulier, mais encore aucune autre analogie avec les sens proprement dits.

En supposant ce sens distinct qui donne la perception des beaux objets de tous les genres, on serait porté à croire, sans fondement, que tous ces objets forment une classe particulière à raison de la beauté qui leur est commune, etc.

Le sentiment que je dis être produit en nous par l'effet d'une disposition innée, lorsqu'un objet nous présente la réunion de plusieurs agréments qui ont des caractères de beauté, est aussi entièrement différent de ce sentiment habituel qu'on appelle *goût* et qui se forme à la longue par une habitude raisonnée du jugement sur les avantages respectifs des ouvrages des beaux-arts.

L'abbé de Condillac et Burke (dans son *Discourse on Taste*, p. 31) ont pensé que la beauté nous est connue par un instinct qui est le résultat de certains *jugements* que nous nous sommes rendus *familiers*, et qui par là se sont transformés en ce que nous appelons *goût*, dont les décisions peuvent être enfin si rapides, que nous ne paraissons pas juger, mais sentir et goûter le beau dans les ouvrages de l'art.

Les jugements qui se font dans l'analyse critique et savante des beautés propres aux ouvrages d'un art, peuvent sans doute être formés et donner leurs résultats très rapidement par l'influence de l'habitude ; mais ces jugements, qui ne sont pas nécessaires pour faire sentir les beautés de ces ouvrages, sont principalement utiles pour développer les caractères auxquels est attachée la production de ce sentiment de leurs beautés.

Une conséquence générale de ce que j'ai dit sur le sentiment de la beauté est que, pour embrasser la théorie de la beauté dans toute son étendue, il faut reconnaître, d'après l'observation, et distinguer toutes les causes diverses qui peuvent faire naître le sentiment de la beauté ; classer celles qui sont propres à chaque genre principal de beaux objets ; expliquer, autant qu'il est possible, par les opérations de l'âme qui nous sont les plus connues, l'action du plus grand nombre de ces causes, et considérer séparément celles d'entre ces causes qui affectent l'âme d'un sentiment de beauté en vertu de ses dispositions qui nous sont moins connues, ou même qui sont absolument indéterminées.

Dans le second et dans le troisième discours, je parlerai des caractères particuliers qu'ont les agréments qui, étant relatifs aux sens de l'ouïe et de la vue, peuvent concourir à déterminer la formation du sentiment de la beauté.

Dans les quatre discours qui suivront, je traiterai successivement des différentes beautés que l'homme et la femme, les ouvrages des beaux-arts et les diverses parties du spectacle de la nature présentent non seulement aux sens, mais encore aux autres facultés de l'âme.

SECOND DISCOURS

Des agréments qui, étant attachés à certaines combinaisons des sons, peuvent être des éléments du sentiment de la beauté.

Entre les objets des divers sens, il n'y a que ceux des sens de la vue et de l'ouïe qui puissent produire des sensations agréables dont résultent les sentiments de la beauté.

Sulzer dit que les idées agréables que donnent le sens du goût et de l'odorat, sont des idées confuses, et par cette raison n'appartiennent plus à l'idée de la beauté (2).

Je vois que ce fait n'est pas expliqué par la confusion des perceptions que nous donnent le goût et l'odorat. Il me semble que la vraie raison en est, que nous considérons en général la beauté comme résidant essentiellement dans les objets placés hors de nous et que les objets du goût et de l'odorat étant reçus, avec une application la plus intime possible, par les organes de ces sens, nous ne pouvons concevoir les impressions de ces objets existants séparément des affections que nous ressentons dans ces organes.

Je considérerai d'abord les caractères de beauté qu'ont des combinaisons successives ou mélodiques des sons, et qui sont dépendantes des sensations de leurs accords.

M. de Chabanon a prétendu (*De la musique considérée en elle-même, etc.*, p. 133) que la succession mélodique des sons est déterminée par leur analogie, et doit avoir partout la même base ; que la musique est une par toute la terre, et que le chant est le même pour tous les peuples.

Cette assertion suppose que notre système diatomique est naturel et comme inné pour les organes de la voix de l'homme. Sulzer dit (*Théorie générale des beaux-arts, art. System.*, p. 481), qu'on le présumerait, si on pouvait se fier à quelques voyageurs qui nous ont donné notées, suivant ce système, des chansons de divers peuples que la nature seule guide dans les chants ; mais qu'il est probable qu'un Iroquois ne reconnaitrait pas, si on la chantait devant lui, sa chanson ainsi transformée par un Européen (3).

Sulzer observe fort bien (*ibid.*), que l'homme qui chante, en ne suivant que l'impulsion de la nature, produit des sons sans aucun choix et seulement comme son sentiment les place dans son gosier, et qu'il ne connait point de système suivant lequel il doive les choisir.

Lorsque la musique, commune à plusieurs peuples reste essentiellement la même, on procède par des intervalles de sons qui ont les mêmes valeurs ; le sentiment des beautés de la musique est encore susceptible de variations extrêmes en différents pays ou temps, et en diverses circonstances.

Nous ne pouvons assigner, d'une manière démonstrative, la cause de l'agrément que, d'après des dispositions générales de l'âme ou de l'organe de l'ouïe, présentent certaines modulations ou suite de sons modifiés par le rhythme, ainsi que certains accords que forment des sons qui se font entendre dans un même temps.

J'ai exposé ailleurs la cause que l'on donne communément des agréments qui sont attachés aux accords des sons. Cette cause est la simplicité des rapports des nombres qui désignent les intervalles de ces sons consonnants.

J'ai rendu cette cause encore plus vraisemblable par la probabilité que j'ai donnée à une hypothèse, qui m'est particulière, sur une espèce de calcul que l'âme fait habituellement, sur les rapports des nombres qui expriment les intervalles des sons (calcul analogue à celui qu'elle ferait par les logarithmes de ces nombres).

Mais cette cause, qu'on peut reconnaître comme assez générale, est modifiée ou affaiblie par l'influence d'autres causes d'agrément, plus ou moins sensibles, qu'ont deux sons consonnants en tant qu'ils se rapportent avec le son fondamental, ou avec l'octave ou la quinte que fait entendre ce ton fondamental.

Les agréments attachés aux combinaisons des deux sons consonnants dans leurs accords, et à leurs successions dans les modulations, tiennent à des dispositions inconnues de l'âme qui sont ou primitives ou introduites par l'habitude.

Mais de plus il me paraît que ces agréments sont produits suivant que les membranes de l'oreille interne, et leurs différentes fibres qui s'adaptent aux différents sons qui leur sont imprimés, peuvent plus ou moins facilement réunir (dans les accords) ou faire succéder (dans les modulations), leurs frémissements correspondants excités par ces impressions.

L'étude de l'art musical apprend à connaître les modulations les plus flatteuses pour l'oreille, qu'une observation attentive a fait distinguer entre différentes suites d'inflexions naturelles de la voix humaine.

Lorsque l'art du musicien présente à l'oreille et au sentiment d'un amateur délicat et éclairé de semblables successions de modulations qui s'appellent par une correspondance intime, alors la composition musicale produit *une sorte de repos* analogue à celui que les peintres et les architectes recommandent. L'abbé Arnaud applique à la mélodie (dans sa lettre à M. de Carflus sur la musique), ce repos en vertu duquel l'âme jouit du chant présent, ainsi que de celui qui l'a précédé, et attend celui qui doit suivre.

La correspondance intime des modulations qui composent un morceau de musique, en produit l'unité avec un tel agrément, que, suivant la marque de M. Grétry (*Essais sur la Musique*, t. II, p. 74), la rondeur (les périodes arrondies), et les retours de phrase (par des ritournelles) en musique, en font presque tout le charme ; le plus beau trait en musique devant tenir à un ensemble que l'imagination saisisse.

La liaison qui unit telles ou telles suites de modulations, peut produire aussi des agréments d'un ordre supérieur dont l'effet est bien senti, et dont la cause est indéterminée.

C'est ainsi qu'un compositeur, qui a beaucoup de finesse d'oreille et de connaissances en musique, peut faire d'une suite de modulations un tout d'une beauté singulière, chaque modulation qui précède appelant la suivante, de sorte que leur variété est ainsi réduite à l'unité.

Il est essentiel de remarquer, par rapport aux agréments dont résulte le sentiment de la beauté dans la musique, que, de même que dans les ouvrages des autres arts, le sentiment de la beauté n'a point d'existence absolue dans ce qui en fait l'objet, mais seulement une existence relative aux dispositions de celui qui en éprouve le sentiment.

C'est ce que je vais m'arrêter à prouver, en développant, peut-être plus qu'on ne l'a fait jusqu'ici, la comparaison des effets que produisait la musique des anciens, et de ceux que peut opérer la musique moderne.

Je ferai voir que les différences de ces effets sont relatives non seulement à des causes générales qui n'ont point été assez développées ; mais de plus qu'elles ont eu une de leurs causes radicales dans les diversités d'organisation chez les anciens et les modernes. Cette cause me paraît être indiquée particulièrement par l'opposition de leurs sentiments sur les accords des sons, comme sur la consonnance de la quarte et la dissonance de la tierce. On ne peut se douter que la musique des anciens n'ait produit des effets sans comparaison plus puissants que n'en a eu la musique moderne. Entre un nombre infini de faits connus à ce sujet, il suffit de citer le pouvoir qu'eurent, pour exalter jusqu'à la fureur l'âme d'Alexandre, la flûte d'Antigénide, et la lyre de Timothée.

Ce n'est qu'au temps des impressions qu'a faites la musique entendue pour la première fois, qu'il faut rapporter les extases qu'a causés la surprise du jeu d'une cornemuse aux habitants de l'île de Taïti ; de même que celle où tombèrent plusieurs personnes lorsqu'elles entendirent pour la première fois un jeu d'orgues dont l'empereur Constantin avait fait présent au roi Pépin. Dans ces cas, les impressions de ces nouveautés extraordinaires s'unirent à celles de ces instruments et ces effets combinés ne doivent pas être comptés au nombre des merveilles de la musique des anciens.

La supériorité des effets de la musique ancienne sur ceux de la musique moderne paraît d'autant plus surprenante, qu'il semble être prouvé, par les recherches du plus grand nombre des savants qui ont écrit sur ce sujet, et particulièrement par celle du P. Martini, que les anciens ne connaissaient point l'harmonie proprement dite, qui a des effets si puissants pour contribuer à l'expression musicale.

Je pense que cette simplicité même, que le défaut du concours de l'harmonie donnait à la musique ancienne par rapport à la nôtre, contribuait à ce que son énergie, sur les âmes était plus concentrée. La musique ne faisait alors sentir d'autres effets que ceux des sensations agréables et de l'expression dans la mélodie, ou dans des modulations conduites par le rhythme.

L'attention que l'âme peut donner aux impressions agréables qu'elle éprouve dans un temps fixe, est toujours en général également limitée. Ainsi lorsque ces impressions sont composées et jointes à des combinaisons (comme celles des sons de différentes parties qui sont liés par l'harmonie), l'âme doit être en partie distraite du sentiment simple et émouvant auquel elle pourrait se livrer, à cause de l'esprit de calcul que ces combinaisons exigent. Elle trouve alors beaucoup moins d'intérêt et de plaisir dans ces affections mixtes, qu'elle n'en goûterait dans le même temps, si toutes ses facultés étaient absorbées par des affections agréables, mais non compliquées, que pourraient lui causer des modulations d'une seule voix, ou d'une seule partie d'instruments (4).

J'observe que les effets d'expression que produit la mélodie, sont d'autant plus puissants, que son exécution est plus dégagée d'ornements qui lui soient étrangers.

Métastase a très bien dit (*Opere posthume Tomoterzo*, p. 87-91) : La voix de nos chanteurs est réellement affaiblie, en même temps qu'on la forme pour divers ornements du chant dont l'exécution est difficile. Cette voix se fait admirer par réflexion ; mais elle ne saurait avoir la puissance physique d'une voix nette, ferme et vigoureuse, qui secoue l'organe de l'ouïe avec autant de force que d'agrément, et dont les impressions énergiques pénètrent jusqu'au fond de nos âmes (5).

Le chant peut avoir des effets très heureux, lorsque la mélodie est pure et suave ; quoiqu'elle soit vague, ou n'est point d'intention relative à aucun sentiment particulier : mais plus cette musique charme le sens de l'oreille, plus il est à craindre qu'elle ne distraie, et qu'elle n'attire trop l'attention de l'auditeur, lorsqu'on doit se proposer surtout d'émouvoir les passions.

C'est un désavantage qu'ont eu trop souvent des chants délicieux que Sacchini et d'autres grands maîtres italiens ont fait entendre dans des endroits de leurs opéras, où ils étaient mal placés. Mais d'ailleurs ces beautés de mélodie sont certainement propres à l'art, et ne doivent pas être regardées comme des effets de corruption, ainsi que l'a prétendu Sulzer (*loc. cit.*, Art. *Musik*, p. 438).

Après avoir considéré séparément les causes générales auxquelles on peut rapporter la supériorité des effets de la musique des anciens sur ceux de la musique des modernes, je vais exposer la cause radicale de la différence entre les anciens Grecs et nous dans l'organisation ou dans la structure de l'organe de l'ouïe.

C'est sensiblement à cette cause radicale ou originaire, ou introduite par l'habitude, qu'on doit imputer la différence des sensations d'après lesquelles les anciens Grecs ont déterminé autrement que nous, les accords des sons et leurs dissonances.

Il paraît certain (comme l'a dit M. Burette. *Mémoire de l'Académie des Belles-Lettres*, t. VIII, p. 65) que les anciens n'ont jamais connu que trois consonnances, la quarte, la quinte, l'octave et leurs redoublements ; et qu'ils ont toujours traité de dissonances tout le reste des accords. La tierce en elle-même, soit majeure, soit mineure, a toujours été traitée par les anciens comme une dissonance.

Cependant M. Burette a soutenu qu'ils reconnaissaient et mettaient en usage l'accord de la tierce : mais ses preuves sur ce point ne sont pas décisives (a).

(a) Il a regardé comme démonstratif pour son opinion, que les anciens pratiquaient le concert des instruments à la tierce (de même qu'aux autres intervalles qu'ils regardaient comme seuls *consona*, consonnants, un passage de la neuvième Epode d'Horace, qui avait déjà été cité pour la même opinion que Perrault, mais qui était susceptible d'interprétations différentes (Voyez les notes de Sanadou sur Horace).

Les musiciens pythagoriciens n'admettaient point d'autres accords entre les sons quoiqu'ils puissent être agréables à l'oreille, que des consonnances exactes qui étaient déterminées suivant le calcul des intervalles de ces sons.

Aristoxène forma un nouveau système qui fut adopté par Aristide et Quintilien. Il établit que l'on doit fixer les consonnances et dissonances des sons, non d'après leurs rapports calculés dans le grave ou dans l'aigu, mais d'après le jugement de l'organe de l'ouïe : cependant il assura que les tierces et les sixtes étaient des dissonances.

Ptolomée vint ensuite, et dit que la raison, et le sens de l'ouïe, doivent concourir et s'aider mutuellement pour juger les accords des sons, et pour fixer les principes de l'harmonie. En conséquence, il indique la manière de trouver (en se servant d'un monochorde) les proportions que devaient avoir les sons mélodieux (ἐμμελής, canori) dans leurs unions agréables qui approchent le plus des rapports exacts de consonnances (Voyez *les Harmoniques de Ptolomée*, Edit. de Wallis, L. 1, chap. VII, VIII et XVI.) Il détermina très bien les intervalles des tons qui forment les tierces majeure ou mineure ; et néanmoins il ne mit pas les tierces au nombre des consonnances.

Les anciens Grecs ont admis constamment dans le nombre des consonnances la quarte que nous croyons être tantôt une consonnance et tantôt une dissonance (6).

Il est un fait très remarquable qui me paraît propre à démontrer combien l'habitude a de pouvoir pour déterminer les agréments produits par les accords des sons ; c'est que des modifications que l'habitude a rendues constantes dans le sentiment d'une oreille délicate et exercée, produisent un agrément singulier qu'ont dans les instruments à clavier, certains accords qui ne forment point de consonnance parfaite, et qui sont plus flatteurs, seulement après que dans ces instruments, les quintes ont été un peu altérées par le tempérament (7).

L'habitude fait sans doute que l'oreille du musicien trouve des consonnances suffisantes dans ces accords altérés, comme elle en trouve aussi dans les accords auxquels ils touchent, et qui sont rigoureusement exacts. Mais de plus il me parait que l'habitude est la seule cause qui peut rendre ces accords altérés encore plus agréables que s'ils étaient parfaits, d'autant que ceux-ci sont beaucoup moins accoutumés, ne se faisant point entendre dans les instruments à clavier qui sont accordés convenablement.

Après avoir parlé, relativement aux sons, de leur consonnance et dissonance, je passe à des observations sur ce que l'art musical peut avoir, ou ne pas avoir d'imitatif.

L'art de la musique n'est point essentiellement imitatif des objets du sens de l'ouïe. Quoiqu'elle puisse copier des sons ou des bruits déterminés que rendent certains de ces objets, cette répétition est peu intéressante, et lui est presque absolument étrangère.

M. Grétry dit fort bien (*Essais sur la musique*, t. I, p. 35), que, quoique la musique puisse rendre, avec plus ou moins d'habileté, des effets physiques mêlés de sons retentissants, tels que la pluie, le vent, la grêle, le chant des oiseaux, les tremblements de terre, etc., le plus souvent ces imitations étant trop serviles, ne font aucun plaisir, et peuvent même faire une impression désagréable.

L'art du musicien ne consiste pas (comme ont dit Rousseau, *Dictionn. de Musique*, art Opéra, et après lui Beattie), à exciter dans l'âme *les mêmes mouvements et les mêmes sentiments* qu'on éprouverait en voyant ou en sentant les objets physiques ou moraux auxquels le musicien rapporte sa composition : mais son but est de faire naître dans l'âme des mouvements et des sentiments qui aient des rapports d'analogie générale avec ceux que causerait la présence de ces objets dont l'immense variété ne lui permet pas de produire une véritable imitation (a).

On voit combien est étendue cette espèce d'imitation, qui consiste à exciter ou fortifier, par les sensations de l'ouïe, des affections de l'âme qui aient de semblables rapports généraux avec les idées des objets sensibles, ou des sentiments auxquels se rapporte chaque composition musicale.

La musique ne peut peindre des objets sensibles qui n'agissent point sur le sens de l'ouïe, comme sont des campagnes fleuries et des ombrages frais. Mais lorsque ces objets sont d'ailleurs rappelés en même temps à l'imagination, la musique peut en rendre les idées plus parfaites et plus agréables par une douce mélodie dont le caractère a du rapport avec l'effet que produirait la présence de ces objets. L'âme entraînée par l'analogie de ces impressions qui sont simultanées, les confond entre elles, et croit sentir dans les sons des images des objets qu'ils ne peuvent exprimer.

Toutes les combinaisons des sons par lesquelles la musique peut produire la sorte d'imitation dont elle est capable, sont les successions des sons qui font la mélodie, leurs

---

(a) On découvre quelquefois dans une composition musicale, qu'elle a, avec des phénomènes qu'accompagnent les sons éclatants, des rapports très généralement sentis qui n'ont pas été dans l'intention du compositeur. C'est ainsi que, suivant le rapport de M. Chabanon (qui donne un autre exemple semblable), un heureux hasard fit découvrir, dans l'ouverture du Pygmalion de Rousseau, un rapport merveilleux entre les traits de la symphonie et les éclats du tonnerre.

Ces faits démontrent combien sont divers entre eux les objets auxquels peut s'appliquer une expression musicale, lors même que ces objets sont de ceux que la musique semble pouvoir imiter le plus, en les reproduisant par des sons.

accords qui constituent l'harmonie, et les rapports de leur durée dans leurs suites, qui sont réglés diversement par le rhythme.

Avant de considérer les beautés qui sont propres à la mélodie et à l'harmonie, et qui résultent de leur ensemble, je vais parler des effets que produit le rhythme pour ajouter aux grands moyens d'expression qu'ont les puissances de la mélodie et de l'harmonie.

Le rhythme établit des retours périodiques, et en fixant l'attention, dissipe le sentiment de la fatigue et de l'ennui que causeraient toutes les suites de sensations ou de mouvements qui sont longtemps continués (8).

Il y a longtemps que Quintilien a remarqué (*Inst. Orat.*, l. I, c. 10) que le chant soulage les travaux plus ou moins pénibles des rameurs et des autres hommes qui font un exercice laborieux.

Mais j'observe que ce n'est pas seulement pendant des travaux mécaniques, que le chanter affaiblit le sentiment de la fatigue. J'ai vu souvent que des hommes, livrés à des méditations profondes, trouvaient du soulagement à *chantonner* comme machinalement, non seulement dans les intervalles, mais même pendant le cours de l'application qu'ils donnaient à leurs recherches.

La cause principale du soulagement que l'homme éprouve en chantant quelque air fort simple, tandis qu'il travaille, plus ou moins péniblement, du corps ou de l'esprit, me parait être que la distraction légère qu'il se donne alors affaiblit en quelque degré, la concentration d'efforts ou de pensée qui accompagne son travail. Cette distraction n'est pas assez forte pour empêcher l'exercice nécessaire de ses forces, et elle produit néanmoins une diversion continuée, qui diminue le degré de peine et de contrainte qu'un trop fort degré de fixation de ces forces ajouterait à cet exercice.

Le rhythme influe extrêmement sur l'expression musicale. Il met de l'unité dans chaque suite de tons ; et en même temps, il peut y introduire la plus grande variété par les divers rapports d'étendue, et des parties de chaque mesure, et des périodes ou des sections qui embrassent plusieurs mesures.

Le rhythme peut avoir un caractère différent ; grave, léger, gai, triste, etc. Chaque impression répétée, qu'il fait par ce caractère, renouvelle celle qui va fuir ; et ces impressions en s'accumulant, peuvent exalter singulièrement l'affection de l'âme qui y répond.

Ces effets peuvent être produits jusqu'à un certain point par le rhythme, lors même qu'il ordonne une suite uniforme de tons indifférents. Mais le concours de ces impressions porte au plus haut degré les puissances de la mélodie et de l'harmonie ; quand le rhythme, les modulations et les accords des sons ont un même caractère, qui est analogue à la nature de chaque affection de l'âme que la musique veut exciter ou fortifier.

L'étude de l'art musical, considéré relativement à l'expression de la mélodie, apprend à connaître les modulations successives les plus flatteuses pour l'oreille, qu'une observation attentive a fait distinguer entre différentes suites d'inflexions naturelles de la voix humaine.

L'expression de la mélodie est renforcée, par l'harmonie qui l'accompagne, Rousseau a fort bien dit (*Dictionn. de musique, art. expression*, p. 207-8) que l'harmonie donne plus de justesse et de précision aux intervalles mélodieux dont elle anime le caractère : qu'elle rappelle ce qui précède dans l'ordre de la modulation, annonce ce qui doit suivre, et lie ainsi les phrases dans le chant, comme les idées se lient dans le discours.

Chaque harmonie a un caractère qui lui est propre, et qui, lorsqu'il est analogue à celui du chant qu'elle accompagne, ajoute extrêmement à son expression.

L'harmonie peut être douce et tranquille ; mais elle peut aussi agiter l'âme par des dissonances tranchantes, et qui sont continuées quelque temps avant que d'être résolues. Ces dissonances peuvent même servir comme l'a remarqué Sulzer, à imiter particulièrement les tons propres aux affections douloureuses et désespérantes (9).

Dans la musique instrumentale qui n'est point appliquée à des paroles, l'harmonie a généralement un caractère analogue aux divers genres d'affections, soit vives ou modérées, soit gaies ou sérieuses : caractère dont l'impression nous occupe sans nous fatiguer, et nous entraîne sans aucun motif raisonné. L'imagination se repose alors, ainsi que tous les sens (autre que celui de l'ouïe), dont les affections excitent dans l'âme des émotions d'une volupté douce et vague, qui n'est attachée à aucun objet particulier.

Lorsqu'un homme est né pour sentir le charme de la musique, la première partie d'une pièce de bonne musique instrumentale, par la succession des sons et des accords harmonieux, et par les rhythmes qui y sont marqués, imprime à son âme une modification générale imparfaitement déterminée. Cette disposition est moins vague ou plus déterminée dans les parties suivantes de cette pièce de musique ; mais ces parties semblent surtout recevoir des intentions (qu'on croit leur être propres), au gré de la passion qui se trouve être dominante chez l'auditeur (a).

(a) Gerdil (*Dissertation sur l'origine du sens moral*, p. 61), dit que, dans un concert ou l'on exécute parfaitement des pièces de musique bien

La situation habituelle d'un homme très sensible, qui écoute toujours la musique instrumentale avec un vif intérêt, peut être comparée à ce sentiment vague d'un homme très dévot, qui lui fait trouver toujours ce qui convient à ces circonstances actuelles dans un chapitre quelconque d'un livre pieux et plein d'onction (10).

La musique, appliquée à des paroles, produit les plus grands effets, lorsque le caractère d'expression, qu'ont les sons et leurs modulations, est analogue à celui que présentent les paroles.

Pour atteindre ce but, un principe qu'on peut regarder comme fondamental, est que la mélodie doit imiter la déclamation la plus parfaite des paroles (a).

Ce principe avait été reconnu en France dès l'année 1758 dans le livre intitulé *Le spectacle des beaux-arts*. Il a été parfaitement développé par M. Grétry (dans ses *Essais sur la musique*), et il a été mal combattu par Rousseau (11).

Pour appliquer ce principe, il faut faire répondre à une déclamation juste et sentimentale des paroles, un chant pur et

---

composées, deux auditeurs reçoivent également toutes les impressions successives des sons. On suppose que l'un deux n'ait point la faculté de distinguer et de comparer ces impressions, ni de reconnaître le mètre qui les lie, en vertu duquel la consonnance qui précède appelle la suivante ; de sorte qu'il ne peut réduire à l'unité cette variété de consonnance : dès lors, cette musique ne lui fera aucun plaisir, et il n'y trouvera ni ordre ni beauté. Si on suppose que l'autre de ces auditeurs, ayant plus de finesse d'oreille ou plus de connaissance en musique, connaisse le mètre qui règle les sons dont il reçoit les impressions successives, et qu'il puisse réduire à un tout les diverses consonnances, cela seul suffira pour qu'il soit ravi de plaisir en entendant cette musique et qu'il y trouve de l'ordre et de la beauté.

(a) Dans le *Journal des Débats*, du 9 fructidor an X, on dit que Sacchini a résolu, mieux que Gluck et Piccini, dans *Œdipe à Colonne*, le problème de la tragédie lyrique ; que c'est lui qui a trouvé le secret d'unir la mélodie à la déclamation théâtrale ; mais qu'il semble l'avoir emporté avec lui au tombeau.

mélodieux, dont toutes les phrases soient intimement liées entre elles, et dans lequel on imite les inflexions de la voix, et les rhythmes que donne cette déclamation par des intonations et des rhythmes qui leur soient analogues.

M. Grétry a remarqué (*Essais sur la musique*, t. 1, p. 424), que Pergolèze est le premier qui a fait connaître dans ses chants, que la vérité de la déclamation des paroles est la source de la bonne musique.

M. Grétry dit (*l. c.*, p. 248, t. III) que, d'après l'exemple de Pergolèze, lorsqu'on a fait précéder l'énoncé d'une phrase, qui est juste dans la déclamation, il faut que chaque répétition de cette même phrase ajoute à son expression et la fortifie. Mais il n'indique pas comment le compositeur de musique, devant avoir la bonne déclamation pour son guide (ainsi qu'il le dit *l. c.*, t. 1, p. 146), peut former des répétitions d'une même phrase qui en fortifient le premier chant.

J'observe que chaque phrase poétique étant composée de plusieurs parties, peut être déclamée d'un grand nombre de manières différentes qui toutes soient naturelles, et dont chacune ait son énergie particulière. C'est dans l'imitation de ces différentes formes, dont est susceptible sa bonne déclamation, qu'il me parait qu'on doit trouver les meilleurs motifs de la répétition de cette phrase dans le chant, qui peuvent ajouter à la force de sa première expression.

Une phrase poétique, étant formée de plusieurs parties, dont chacune a un sens distinct, lors même qu'on suppose que l'impression de l'image entière ou du sentiment qu'elles concourent à exprimer a constamment un égal degré d'énergie, sans se renforcer ou s'affaiblir ; la déclamation toujours vraie et bien sentie de cette phrase peut varier essentiellement, suivant que l'on fait ressortir telle ou telle de ses parties, plus fortement à proportion que les autres.

C'est ainsi, par exemple, que ce vers fameux de Racine :

Je crains Dieu, cher Abner, et n'ai pas d'autre crainte,

me semble pouvoir être déclamé parfaitement, et sans rien perdre de sa beauté, soit qu'on élève sa première moitié par rapport à la seconde, ou bien réciproquement.

Indépendamment des imitations que le compositeur doit faire de la bonne déclamation des paroles qui peut être variée successivement, il ajoute à l'expression et la fortifie, lorsqu'il répète la même phrase suivant des modulations qui n'imitent point la déclamation, mais qui sont directement imitatives de divers développements du sentiment que ces paroles expriment.

Il ne me parait pas douteux que les beautés des vers lyriques ou tragiques n'ajoutent beaucoup à celles de la musique composée sur ces vers, lorsque les rhythmes et la mélodie des phrases musicales y ont, autant que possible, une analogie sensible avec les diverses formes dont est susceptible la *bonne* déclamation de ces vers (12).

C'est de l'accord parfait du caractère de l'expression dans le chant et dans les paroles auxquelles ce chant est appliqué, que me paraissent dépendre les plus grandes beautés de la musique. J'ajoute que ces beautés sont les seules qui donnent aux productions de cet art un mérite solide, et qui soient à l'épreuve du temps et de l'inconstance des hommes.

On a vu depuis un siècle de très grandes variations dans le goût, que les peuples les plus sensibles aux effets de la musique ont eu pour les différents genres qui ont dominé successivement dans cet art.

Métastase, parlant de ces changements qui sont survenus dans la musique en Italie, va jusqu'à dire (*Opere Posthume*, t. III, p. 86) que des airs qui charmaient nos aïeux sont aujourd'hui pour nous des chants d'un ennui insupportable.

M. de la Borde a dit aussi (dans son *Essai sur la musique*, t. I, p. 22 et 56) : Il n'y a point de beau fixe en musique, comme il y en a dans la peinture, la sculpture et l'architecture. Chaque siècle a son goût qui se voit rejeté par celui du siècle suivant. — On a trouvé en poésie le point fixe du beau ; mais les beautés de la musique ne sont que de convention et de mode. Nous trouvons maintenant ridicule ce qui charmait le beau siècle de Louis XIV ; et nos neveux, avec autant de raison peut-être, lèveront les épaules sur ce qui enthousiasme le nôtre (a). Je crois que ces faits, qui sont constatés, ne peuvent s'expliquer que par la différence de stabilité qu'ont les beautés qui sont particulières à l'art musical, considéré seul ou en lui-même, et les beautés plus profondément ressenties que produisent les caractères de l'expression musicale, lorsqu'ils sont analogues à ceux des paroles que la musique accompagne.

Lorsque l'art est parvenu à un haut degré dans ses moyens, cette perfection même peut devenir un principe de sa corruption par l'effet de la satiété, ainsi qu'il arrive généralement dans d'autres arts. C'est alors qu'on embrasse avec avidité des perfectionnements imaginaires, qui sont de plus en plus étrangers aux principes essentiels auxquels cet art doit se conformer.

Ces changements doivent survenir, avec une facilité singulière, chez les peuples dont le sentiment est délicat, et dont l'imagination est très mobile. Telle parait être la cause qui a produit, dans de courts espaces d'années, de grands changements dans la musique italienne.

(a) L'art de la musique a pris chez les divers peuples des formes très différentes, qui ont dépendu de l'influence du climat, du degré de la civilisation, et d'autres circonstances physiques et politiques. Ces causes ont fait varier indéfiniment les genres des ouvrages de musique, là où la beauté a pu être sentie par les hommes de différentes nations.

Il est sans doute des beautés d'harmonie et de mélodie qui, se rapportant uniquement aux sensations, doivent affecter très inégalement, en différents siècles, les hommes qui sont diversement préparés à sentir ces beautés par leur éducation et leurs circonstances. Mais la musique a aussi des beautés permanentes. Je pense que ces beautés solides sont celles que produit le musicien, lorsqu'il pense et sent comme le poëte, de sorte qu'il règne un accord perpétuel du sens des paroles et de l'expression musicale qu'on leur applique.

C'est cet accord merveilleux qui a particulièrement distingué dans ces derniers temps Sacchini et Mozart entre les plus fameux compositeurs, et qui me parait faire que Pergolèze est le premier de tous.

M. Grétry, en parlant (*Essais de musique*, t. I, p. 76) du *Stabat* de Pergolèze avec une juste admiration, a dit que cette pièce réunit le beau idéal de l'harmonie et le beau idéal de la mélodie. Je trouve que plus on étudie ce magnifique motet, plus on y découvre des beautés d'expression, dont il en est même qui peuvent n'être pas reconnues par des musiciens d'ailleurs très éclairés. Je vais en donner un exemple.

Dans la musique du premier verset de ce *Stabat*, les sons qui, d'abord faibles et voilés, se suivaient lentement, à la dixième mesure s'élèvent tout à coup et se renforcent à l'excès. M. de Chabanon, qui a remarqué cette disparate singulière, l'attribue à ce qu'une des fonctions *nécessaires* de la musique, est d'allier dans le même morceau le doux et le fort, le traînant et le détaché, l'articulation fière et celle qui est affectueuse (*l. c.*, p. 111). Mais c'est donner une raison vaine et vague de ce changement qui me parait un trait de génie.

Pergolèze me semble être parvenu, par ce moyen, à rendre parfaitement les effets d'une affliction extrême, qui s'étant traînée quelque temps dans des sons bas, lents, obscurs, par lesquels s'expriment les gémissements d'une douleur profonde et concentrée, monte tout à coup comme par une secousse, à des accents élevés, très forts et très soutenus qui ne sont point des cris, et qui sont tels que doit les produire une plainte dont l'essor est d'autant plus violent, qu'elle a été plus longtemps retenue.

TROISIÈME DISCOURS

Du beau dans les arts imitatifs, ou dans la peinture et la sculpture.

C'est d'après une manière de voir qui n'est pas fondée, quoiqu'elle soit assez généralement répandue, que l'abbé Batteux a dit que tous les *beaux-arts* ont pour objet l'imitation de la nature.

A parler exactement, les seuls arts qui sont essentiellement imitatifs, sont la peinture et la sculpture (a).

L'abbé Batteux a prétendu (dans son livre *des beaux-arts réduits à un même principe*, p. 258) que toutes les règles de la peinture se réduisaient à tromper les yeux par la ressemblance, et à faire croire que l'objet est réel, tandis que ce n'est qu'une image.

M. d'Azara a fait contre cette opinion plusieurs objections décisives, et entr'autres celle-ci qu'une personne sensible ne verrait donc point avec plaisir la peinture d'un spectacle cruel (13).

Sans doute, une véritable illusion a lieu, comme dit Sulzer (dans sa *Théorie des beaux-arts, art. Täuschüng*), lorsqu'en voyant un tableau, nous oublions que ce n'est qu'une repésentation morte d'une scène de la nature, et nous croyons voir la chose qui est représentée.

Sulzer dit ensuite plus précisément (*ibid.*) que cette illusion

(a) Je ne considère point ici le genre particulier d'art imitatif que forme la poésie dramatique dont je traiterai dans la suite, ne peut avoir lieu que jusqu'à un certain degré, et seulement quand le sentiment de nos circonstances de temps, de lieu, et autres extérieurs est faible et moins vif que celui des idées que nous présente l'imagination ; que l'illusion n'est pas complète, comme elle l'est dans les songes où il ne se mêle rien de relatif à ces circonstances ; mais qu'elle peut être suffisante pour que nous soyons aussi fortement affectés par ces images internes, que par les objets qui font des impressions réelles sur nos sens.

J'observe que, quoique cette illusion soit toujours incomplète, nous pouvons l'accroître à un haut degré, en portant volontairement sur les impressions que causent les ouvrages de l'art, une attention très dominante par rapport à celle que nous donnons en même temps à nos circonstances extérieures.

C'est un demi-sommeil de l'âme où elle jouit d'une image nouvelle et affaiblie des objets, sans perdre de vue la différence de l'imitation avec la réalité, et sans qu'elle veuille ni puisse jamais rendre cette illusion complète (14).

Mais quand le goût est formé par l'habitude d'étudier ou de sentir avec réflexion les agréments des ouvrages de peinture, l'homme y saisit et distingue les agréments qui sont attachés à la ressemblance de ces ouvrages avec les objets imités, et ceux que font sentir les perfections idéales de ces ouvrages par rapport aux principales parties de l'art.

Quand le goût est dépravé et fait adopter les agréments factices, ou qui ne sont pas conformes aux affections les plus générales chez les hommes éclairés, la réunion de ces agréments n'en fait pas moins éprouver à l'homme qui a le goût faux, le sentiment de la beauté.

Telle est la cause qui fait qu'en divers temps et en divers pays, les goûts les plus défectueux sur le mérite des productions des arts, lorsqu'ils sont répandus dans une nation, y paraissent être fondés sur un sentiment dont on ne peut contester la réalité et la force.

Le principe essentiel des arts imitatifs est, non seulement de produire la représentation de chaque objet qu'ils imitent, la plus ressemblante qu'il leur est possible, mais encore de donner à cette représentation des beautés idéales qui sont produites par des idées de l'artiste, et dont l'association peut rendre cette image autant et plus émouvante que ne le serait la présence même de l'objet imité.

Ces beautés idéales, qui sont principales dans les arts imitatifs, sont entièrement différentes de l'idéal par lequel a commencé l'art statuaire ou autre imitatif dans sa première simplicité.

Il est certain que dans l'art naissant chez les anciens Égyptiens, Grecs, Étrusques, les figures n'étaient que des ébauches d'imitation qui n'indiquaient ni les muscles, ni les nerfs, ni les veines. Mais (comme l'a dit Winkelmann, *Histoire de l'art*, t. II, p. 14) cette forme était idéale sans être belle. Cet idéal ne peut être regardé comme s'étant élevé successivement jusques au beau idéal de Phidias et des autres grands artistes.

Mais la formation de la véritable beauté idéale dans les arts, doit toujours être précédée d'études savantes sur lesquelles s'appuie un travail profond ; d'où la production du beau idéal résulte dans les conceptions de l'artiste. C'est cette opération du génie qu'on n'a point encore bien expliquée et que je vais m'attacher à développer complètement (a).

M. l'abbé Arteaga a dit (dans ses *Investigaciones filosoficas*

(a) C'est d'une manière semblable que peut être produit l'idéal de la laideur qu'ont exprimé les anciens dans les figures de Polyphème et de Silène.

sobra la Bellega idéal, considerada come objecto de todas las artes de imitacion, Madrid, 1789, p. 66) que la beauté idéale, considérée en *général*, est un modèle mental de la perfection, lequel est un résultat produit dans l'esprit de l'homme, après qu'il a comparé et réuni les perfections des individus.

Il a dit ensuite que la beauté idéale considérée *en particulier comme objet de tous les arts imitatifs*, est le modèle mental de la perfection dans les ouvrages de ces arts, et qui est formé de même, et appliqué par l'artiste.

Mais il n'existe point dans l'esprit humain de semblable modèle ou *archétype* de beauté idéal commun à tous les objets de la même espèce que celui qui veut imiter l'artiste. Il existe seulement des types particuliers de beauté idéale que son imagination se forme pour chaque objet dont il veut créer une représentation.

Le génie de l'artiste peut seul produire ces chefs-d'œuvre, après qu'il a été convenablement préparé ; et il n'a plus qu'à imiter, par les moyens propres à son art, l'image qu'il a ainsi formée.

L'artiste peut sans doute être plus prochainement disposé à concevoir une beauté idéale d'une figure humaine qu'il veut peindre, lorsqu'il a sous les yeux de très belles formes des différentes parties du corps humain qu'il a choisies dans plusieurs individus.

C'est ainsi que Zeuxis (comme le raconte Cicéron, *de Inventione*, lib. II, cap. I), voulant former pour les habitants de Crotone une peinture d'Hélène, qui devait être celle d'une femme parfaitement belle, se fit montrer les plus belles filles de Crotone, et en choisit cinq, qui lui fournirent différents traits de beauté qu'elles possédaient séparément et qu'il put réunir, en les raccordant convenablement, pour former un tout d'une beauté idéale (15).

L'artiste ne peut réunir en une seule figure les belles formes des parties de détail, dont il a fait choix sur plusieurs individus, qu'en les fondant pour en faire un tout homogène. Il doit modifier, pour qu'elles se correspondent parfaitement, ces belles formes qu'il a trouvées dispersées dans divers individus, et leur donner un caractère de grandeur ; de telle sorte que ses formes, conservant leurs avantages propres de beauté absolue, concourront, par leurs rapports, à produire dans le tout le plus haut degré de beauté idéale.

La beauté idéale n'est produite par le génie de l'artiste, qu'après qu'il a été nourri par l'étude faite avec choix d'objets analogues que la nature ou l'art lui ont présentés. Il a dû s'occuper, constamment d'idées élevées, de belles images et de sentiments sublimes que son art peut rendre, et qui sont les plus capables de faire de grandes impressions. L'habitude qu'il a de se remplir de pareilles conceptions, développe en lui la faculté d'en produire des combinaisons auparavant inconnues, qui sont autant de beautés idéales qu'il réalise dans ses ouvrages.

Il me semble qu'il se fait dans l'esprit de l'artiste, un travail insensible, comme analogue au travail de la nutrition des corps vivants, qui se répète assidument dans tout le cours de ses études ; que cet esprit, après avoir reçu par les sens diverses idées et de formes et d'expressions de mouvement plus ou moins parfaites, se pénètre de ces idées, et en est profondément modifié ; enfin, qu'il est ainsi disposé à créer des formes et des expressions analogues qui sont d'autant plus belles, qu'il possède à un plus haut degré le génie ou la faculté génératrice de conceptions grandes et nouvelles.

La même chose a lieu dans les autres arts, comme, par exemple, dans la musique. La tête d'un habile compositeur en musique est préparée par la connaissance réfléchie d'un très grand nombre de beaux chants ou de modulations heureuses. Son génie étant empreint et fécondé par la riche collection de ces modulations, en fait sortir, par une opération cachée et puissante, de nouvelles combinaisons d'une beauté semblable à celle des éléments dont elles sont produites.

Il en est de même, comme je le dirai dans la suite, de la production des beautés que le génie du poète et celui de l'orateur créent dans leurs ouvrages.

Cette opération de l'esprit de l'artiste dans un art imitatif me paraît être singulièrement indiquée par ce que le style des ouvrages de chacun des peintres les plus célèbres porte l'empreinte d'un caractère qui lui était propre. Ainsi l'on trouve ordinairement dans les portraits du Titien des formes graves et majestueuses, dans les tableaux de Michel Ange un idéal d'un goût grand et terrible, dans les peintures de Raphaël, un air de dignité, de noblesse, d'esprit, etc.

C'est pour n'avoir pas reconnu, d'après les principes que je viens d'exposer, en quoi consiste le progrès de l'opération créatrice du génie, dont le concours est nécessaire, pour la formation du beau idéal, que Winkelmann (*Histoire de l'art*, liv. IV, ch. 6) a cru voir que ce beau divin était *dans la région des idées incorporées*, et qu'il lui a semblé qu'un esprit supérieur en trouvait en lui-même l'image, sans le concours des sens.

Je vais considérer en détail les principaux genres d'agréments qui peuvent faire sentir des beautés idéales dans les ouvrages des arts imitatifs. Ces beautés ajoutent principalement au mérite de la simple ressemblance de ces ouvrages avec les objets qu'ils imitent.

Ces genres d'agréments sont ceux dont le concours fait sentir les beautés idéales dans le dessin, dans le coloris (pour la peinture) et dans l'expression.

Je présenterai ensuite les résultats de l'expérience sur les caractères que doivent avoir les qualités agréables des objets visibles pour faire naitre le sentiment de la beauté.

SECTION PREMIÈRE
Des beautés idéales du dessin.

Les beautés idéales du dessin dans les ouvrages des arts imitatifs, sont relatives à la grandeur totale des figures qui y sont représentées, mais surtout aux proportions et aux formes de ces figures.

1° Une *grandeur* qui est *un peu au-dessus* de la stature commune des hommes, est très avantageuse pour faire sentir la beauté dans un corps humain, comme je l'ai dit ci-dessus.

Cependant cette grandeur relative n'est pas nécessaire pour la perfection des statues, qui peuvent, quoiqu'elles soient naines ou colossales, nous faire sentir la plus grande beauté dans leurs formes et leurs proportions, lorsque l'œil est disposé pour les bien voir, ou pour les mesurer.

Le sentiment que nous avons de la beauté de ces statues, dépend de ce que nous reconnaissons que nous ne voyons point dans notre âme l'image de l'objet même qui est représenté, mais bien l'image de la représentation que l'art en a produite.

Nous sommes toujours puissamment affectés par les statues colossales qui ont de la beauté. La symétrie exacte de leurs proportions semble leur rendre la facilité d'action que leur grandeur leur refuse, et le sentiment de leur perfection reçoit une force extraordinaire de l'idée du merveilleux de cette grandeur créée par l'imagination.

Mais des statues d'un très petit modèle peuvent aussi faire

une grande impression, quand ce sont des chefs-d'œuvre. Les anciens ont admiré et célébré une statue d'Hercule qui n'avait que la hauteur d'un pied, mais dans laquelle Lysippe avait exprimé des traits caractéristiques de la force et de la grandeur de ce Dieu (16).

2° Les peintres sont beaucoup moins astreints que les sculpteurs à observer les règles des proportions du corps humain. Mengs en donne pour raison, que les peintres ont infiniment plus de besoin d'user de variétés que les sculpteurs. Mais cette différence me paraît tenir simplement à ce qu'une figure sculptée et solide du corps humain, rappelle beaucoup plus fortement les proportions naturelles de ce corps humain, que ne peut faire une figure peinte : de sorte qu'une bien moindre altération de ces proportions dans la figure sculptée affaiblit trop la ressemblance qu'elle doit avoir.

Polyclète composa un Traité sur les proportions que doivent avoir, pour leur harmonie parfaite, toutes les différentes parties du corps humain (a). Il fit, en suivant ces mêmes proportions, une statue qui fut fameuse par sa perfection, et à laquelle on donna le nom de *canon* ou règle.

Il est évident, comme MM. de Caylus et Falconet l'on fait voir en détail, qu'il n'a jamais pu exister aucun modèle universel des productions qu'on doit donner à toutes les parties du corps humain, qui ait pu convenir à tous les hommes, sans distinction de l'âge, du sexe et du genre de la conformation.

(a) Galien, qui nous apprend ce fait (*De Hippocr. et Platon, Pacit.*, lib. V, cap. 2), assure qu'Hippocrate avait aussi composé un semblable traité où il examinait quelles devaient être les proportions de toutes les parties du corps de l'homme (*De usu Partium*, lib. I, cap. 8 et 9, et lib. II, cap. 16).

C'est ce qui me donne lieu de conjecturer que cette fameuse statue de Polyclète appartenait à un genre particulier, du nombre de ceux auxquelles peuvent être rapportées les diversités principales de la conformation dans les figures humaines. Cette statue était sans doute un modèle pour ce genre (*Exemplar*), non seulement par l'exécution achevée des règles des proportions, mais encore par la symétrie ou correspondance des formes, entre les parties des figures de ce genre (17).

Cependant les anciens peintres et sculpteurs se sont souvent éloignés de l'exactitude des principes sur les proportions et la symétrie des formes des parties du corps humain, dans la vue de donner à leurs figures plus de perfection et de grandeur apparente.

Ainsi ils ont très bien vu que, pour indiquer que les mouvements d'un corps humain s'opèrent avec facilité et avec force, il faut donner de la légèreté au tronc du corps par rapport à ses extrémités. C'est pourquoi ils ont fait ces extrémités un peu plus grandes, et leurs articulations un peu plus grosses que dans l'état ordinaire.

Le peintre Euphranor avait porté trop loin l'application de ce principe, puisque, suivant le rapport de Pline (*Hist. nat.*, sect. XL, n° 25), il faisait les articulations trop fortes, ou les *emmanchements* trop nourris, et le reste du cors trop grêle à proportion.

Je pense que ce peintre ne s'éloigna ainsi de la perfection de la correspondance entre les parties du corps, qu'il observa le premier et sur laquelle il écrivit, que dans l'intention de donner plus de grandeur apparente à ses figures, car il fut aussi le premier, dit Pline, qui parut bien rendre le caractère de dignité des personnages héroïques ou du moins il fut au premier rang de ceux qui y réussirent.

Suivant l'opinion d'Hogarth (dans son *Analyse de la Beauté*, p. 167-8, de la traduction par M. Jansen), la grandeur inexplicable de l'Apollon du Vatican tient au défaut de proportion de ses cuisses et de ses jambes qu'on observe être trop longues et trop grosses. Ces extrémités (dit Hogarth, *ibid.*, p. 170) étant, avec le cou, les seules parties du corps dont les dimensions puissent être augmentées sans produire un effet désagréable.

On a aussi généralement reconnu que la grande manière qu'on sent dans les tableaux de Parmesan, quelque incorrects qu'ils soient d'ailleurs, dépend de ce que, dans ses figures, il a fait les extrémités inférieures plus grandes qu'il ne convenait à la justesse des proportions ordinaires.

J'explique ces faits en considérant que la tendance qui porte notre âme au grand, fait que, dans une belle figure, elle élève toutes les parties à un module de grandeur approchant de celui qui domine dans quelques-unes d'entre elles, en supposant néanmoins que celles-ci ne soient pas trop fortement disproportionnées dans cette figure.

Les anciens sculpteurs grecs s'étaient approchés, autant que possible, de la beauté idéale des figures héroïques ou divines, non seulement par la composition harmonique des plus belles formes des diverses parties d'un corps humain, qui se succédaient de manière à marquer le mouvement et la grâce (a) mais encore par l'exclusion de toutes les parties et

---

(a) Cette grâce divine a été indiquée par Virgile, lorsqu'il a dit : *et vera incessu patuit Dea*.

Une succession des formes du corps humain, qui, dans des figures divines, pouvait rappeler et marquer l'idée du mouvement, me paraît avoir été ce qu'ont eu en vue les anciens sculpteurs, lorsque dans leurs statues des dieux ils ont donné à la tête et aux autres parties supérieures du corps une position, par laquelle ces parties ne se présentent point entièrement en face au spectateur, mais s'en détournent graduellement vers l'un des

de tous les mouvements qui pouvaient indiquer une nature périssable (18).

C'est ce que M. Winkelmann a fort bien développé. Cependant il me semble qu'il a avancé sans fondement qu'une nature mortelle aurait été indiquée par des traits qui auraient marqué des effets disproportionnés de certaines parties, comme dans une forte saillie des vaisseaux, des tendons et des muscles.

Winkelmann eût dû reconnaître que, lorsque les efforts les plus puissants se distribuent et se combinent avec de justes proportions dans les différentes parties du corps, leur expression peut ne pas empêcher que les formes de ces parties ne se fondent pour ainsi dire, les unes dans les autres et par conséquent peut ne pas détruire l'idéal de perfection d'une nature divine.

Il me paraît, d'autant plus que cette opinion de Winkelmann est beaucoup trop étendue, qu'on voit dans les pierres gravées et dans d'autres monuments antiques, que les artistes ont représenté Jupiter, ayant les muscles du visage très fortement exprimés ; ce qui indique un effort proportionné dans l'action de ces muscles.

SECTION II.

Des beautés idéales du coloris et du clair-obscur.

Lorsqu'un peintre préparé par ses études à bien connaître les agréments des couleurs qui sont répandues dans la nature, a le génie qui crée les beautés idéales de coloris, après qu'il les a réalisées sur la toile, il peut ressortir, de leur

---

côtés. J'observe du moins ce détour dans l'Apollon du Belvédère et dans la Vénus de Médicis.

mélange et de leur harmonie, des effets dont il n'est pas en son pouvoir de définir la nature et de déterminer la cause. (Sulzer, *l. c.*, art. *Coloris*, p. 478).

Le peintre peut produire des beautés idéales ou d'un coloris naturel, ou d'un coloris factice.

Pour donner une beauté idéale à un coloris naturel, il rend plus vives et plus fraîches les couleurs *locales*, ou propres de l'objet représenté, en les épurant des teintes imparfaites et multipliées qu'elles ont dans la nature ; en les faisant ressortir par un choix avantageux de couleurs accessoires ; en mêlant et fondant ensemble les nuances, les teintes et les reflets des couleurs, de telle sorte que leur harmonie soit encore plus parfaite et plus flatteuse que celle qu'on sent dans les objets qui sont le plus agréablement colorés par la nature. C'est par ces divers procédés que le Titien est parvenu, dans son coloris, à surpasser la nature.

Mais d'autres grands coloristes ont introduit un coloris factice, dont les agréments font sentir une autre sorte de beauté idéale, et qu'on ne trouve point dans la nature quoiqu'elle varie sans cesse les couleurs de son immense tableau.

En produisant des beautés idéales dans ce coloris factice, ces peintres, et surtout le Tintoret et Rambrandt, ont négligé les dégradations qu'on peut mettre dans la fonte des couleurs ; mais ils ont rapproché immédiatement, tantôt des couleurs amies, et tantôt des couleurs opposées, de manière qu'elles ont formé des accords et des contrastes qu'on ne voit pas dans les objets naturels, et qui cependant ont des effets magiques, ou font des impressions dont l'agrément est merveilleux.

La perfection du clair-obscur consiste en ce que les accidents des ombres et des lumières, ou simples ou colorées, soient marqués dans tous les objets que représente un tableau, avec la plus grande vérité, et en même temps de la manière la plus agréable qu'il est possible.

Le Corrège a excellé à produire des beautés idéales de clair-obscur par la dégradation savante de la lumière et des couleurs ; et en rendant leurs reflets dans les ombres, il a donné à ces reflets la vraisemblance nécessaire, en imitant les teintes de l'air interposé entre les corps, qui communique la lumière dont il est pénétré à des surfaces de ces corps qui ne peuvent la recevoir directement.

C'est surtout par ce moyen qu'il a mis la plus grande variété et la vérité la plus parfaite dans ses peintures ; qu'il a exprimé les formes les plus délicates, et celles qui étaient comme insensibles. C'est ainsi que, dans les tableaux enchanteurs du Corrège, comme Mengs l'a observé, les yeux voient plus que l'esprit ne peut comprendre.

On est porté à croire que les anciens se sont élevés à un haut degré de perfection du clair-obscur, d'après ce que Pline dit (*Histoire nat.*, 1, LXXXIV, chap. 10), en parlant du talent de bien terminer les figures, qu'il croit être la partie de l'art la plus belle et la plus difficile, et dans lequel il rapporte, qu'excella Parrhasius.

Pline y dit qu'en effet il est rare qu'on puisse, en rendant bien les parties extrêmes du corps, les renfermer dans les formes que doit avoir la peinture aux endroits où elle finit, et il ajoute : *car les contours doivent s'arrondir sur eux-mêmes ; et en se perdant au tournant des parties, annoncer derrière eux la continuité des objets, et les faire voir même en les cachant* (a).

(a) M. de la Nauze a traduit ainsi et très bien, à ce qu'il me paraît, ces mots de Pline : *Ambire enim debet se extremitas ipsa, et sic desinere ut promittat alia post se, ostendatque etiam quæ occultat.*

Par cette description ingénieuse et très recherchée, Pline me semble avoir voulu dire que dans la manière parfaite de tracer les contours qui terminent des figures peintes (par où il est clair qu'il a entendu les parties voisines de ces contours extrêmes), les objets représentés semblent s'arrondir sur eux-mêmes, et permettre de voir leur entour.

Or il est certain que cette perfection, indiquée par Pline, est en partie attachée à l'arrondissement ou aux courbes de ces contours ; mais qu'elle ne peut être complètement obtenue que par une grande connaissance des effets du clair-obscur et de la perspective aérienne, perspective qui rend comme vague la terminaison des formes tournantes qu'on fait participer au ton de ce qui l'avoisine.

SECTION III

Des beautés idéales de l'expression.

L'expression est cette partie de l'art imitatif qui rend les caractères et les passions des hommes qu'il imite.

La composition ou l'ordonnance d'un tableau peut donner à toutes ses parties un arrangement qui ajoute beaucoup à l'expression.

Le mérite essentiel de la composition n'a peut-être point été connu des peintres grecs les plus célèbres. Mais c'est trop généralement que Mengs a dit que leurs tableaux ne contenaient pas un grand nombre d'objets (19).

On donne une beauté idéale à la *composition pittoresque* d'un tableau, lorsqu'on y produit l'ensemble le plus agréable à l'œil par la disposition harmonieuse des masses de lumières et d'ombres, et par un accord général dans les positions des objets et dans les groupes des figures.

Mais c'est la *composition poétique* d'un tableau qui est surtout susceptible de beautés idéales. Raphaël paraît avoir créé cette sorte de composition ou du moins l'avoir portée à la perfection. Il y est parvenu, en combinant toujours d'avance et profondément toutes les parties qui devaient composer son tableau, et en y disposant chacune de ces parties, avec un avantage proportionné à son importance relative par l'effet général, de manière qu'elle contribuât le plus possible à l'expression parfaite du sujet.

Les beautés idéales de l'expression, dans un art imitatif, sont relatives, ou au caractère moral habituel, ou aux mouvements des diverses passions que l'artiste donne aux personnages dont il rend les figures.

L'expression du caractère moral d'un individu dans son portrait, fait que ce portrait est *l'idéal* de l'homme qu'il représente, comme a bien dit Lessing (***Laocoon***, p. 13 de la traduct.).

On exprime de la manière la plus parfaite le caractère générique moral qui est attribué à un personnage, en réunissant dans sa figure les traits qui sont relatifs à ce caractère, avec exclusion de tous ceux qui n'y sont pas conformes.

Sulzer a fort bien dit (*l. c.*, art. *Idéal*, p. 669-70), que la nature n'a formé aucun homme pour en faire une image visible de la majesté ; mais que ce but étant le seul qu'avait Phidias quand il forma son Jupiter, il dut ne prendre dans aucun homme que les traits qui s'accordaient avec le caractère de la majesté, et dut exclure tous les autres.

Mengs dit que Raphaël trouvait avec précision les divers mouvements du corps qui répondent aux diverses affections de l'âme. Mais je crois qu'on doit analyser plus en détail les facultés qu'a eues Raphaël pour produire une expression parfaite des mouvements de l'âme.

Son imagination pénétrante et féconde lui présentait avec une succession rapide toutes les impressions qu'un personnage d'un caractère donné pouvait recevoir dans une situation déterminée : son âme tendre et flexible se prêtait à un sentiment vif de ces impressions, comme si elle les avait reçues directement ; et son goût choisissait entre les mouvements qui répondaient à cette sensibilité profonde, ceux qu'il pouvait peindre avec le plus d'avantage pour émouvoir sympathiquement l'âme du spectateur (20).

Mengs a observé que Raphaël excellait surtout à rendre l'expression des passions délicates et les plus intérieures, qui se marquent seulement par l'action des traits du visage, des doigts et des autres parties externes du corps (a).

On voit dans la statue de Laocoon, que les sculpteurs grecs exprimaient les douleurs les plus violentes, que la fermeté d'un héros pouvait soutenir, par des gonflements et des mouvements irréguliers des muscles, des tendons et des vaisseaux dans toutes les parties du corps, mais surtout aux extrémités.

Lessing a soutenu (dans son *Laocoon*) que les sculpteurs grecs s'étaient astreints à n'exprimer qu'avec modération l'effet des douleurs les plus cruelles dans les traits des visages des héros, pour ne point affaiblir la grandeur idéale des figures héroïques.

Mais je pense que, quelque jaloux qu'ils fussent d'ailleurs de conserver la beauté des formes du visage, ils en altéraient

---

(a) Mengs dit, là-dessus, que c'est dans les extrémités du corps que se fait sentir le premier mouvement de toutes les passions, ce qui me paraît être fort remarquable. C'est aussi dans l'état convulsif de ces parties extrêmes, que se marque principalement l'excès de la douleur, d'autant que c'est là que sont le plus multipliées les cordes musculaires, que les contractions que cause une douleur vive rendent saillantes sur leurs articulations.

fortement les traits, même chez les héros, lorsqu'ils jugeaient devoir exprimer le sentiment d'une douleur déchirante.

Sans doute les muscles de la face étaient en convulsion dans cette statue d'Hercule mourant sans pouvoir se séparer de sa tunique empoisonnée, où il était représenté, au rapport de Pline, avec un visage qui exprimait le sentiment d'horreur que lui causait l'approche de la mort : *Torva facie, sentienteque suprema* (*Hist. Nat.*, liv. XXXIV, chap. 8).

SECTION IV

Résultats de l'expérience sur les caractères que doivent avoir les qualités agréables des objets visibles, pour faire naître le sentiment de la beauté.

Je vais indiquer les résultats que l'expérience me paraît donner sur les caractères que doivent avoir les qualités agréables des objets visibles, pour que, plusieurs de ces qualités étant réunies, puissent faire naître le sentiment de la beauté.

Les chefs principaux de ces agréments, qui peuvent être des éléments de beauté, sont relatifs :

1° Aux couleurs combinées dans ces objets ;

2° Aux formes variées que présentent les surfaces de ces objets ;

3° A la grandeur d'un objet qui est supérieure à celle des objets de son espèce ;

4° A des rapports de formes et de proportions dans les parties d'un objet qui sont moyens entre ceux qu'ont le plus communément les parties correspondantes dans les objets de la même espèce ;

5° A des rapports de forme et de grandeur entre les diverses parties d'un objet qui plaisent par des dispositions, primitives ou habituelles de l'âme, dont on ne peut lier les effets à des principes suffisamment déterminés.

§ I⁰ʳ. — **Des caractères que doivent avoir les couleurs d'un objet pour que leur réunion puisse produire un sentiment de la beauté de cet objet.**

C'est par une extension impropre du sens du terme de beauté, qu'on dit communément *une belle couleur*, lorsqu'on désigne une couleur dont l'agrément peut être un des éléments du sentiment de la beauté.

On ne peut sentir complètement de la beauté dans aucune couleur seule, quelque agréable qu'elle puisse être à la vue, mais uniquement dans un ensemble de couleurs qui se combinent ou se succèdent.

Dans les ensembles de couleurs diverses, dont l'expérience a fait voir que les agréments peuvent être des éléments du sentiment de la beauté, l'âme, ayant une action *comme réfléchie* sur les sensations, de chacune de ces couleurs, peut comparer leurs forces respectives, leurs successions, leurs oppositions, leurs accords ; et de la comparaison de ces sensations résulte en elle le sentiment de la beauté.

C'est surtout lorsque les agréments, qui sont des éléments du sentiment de la beauté, étant présentés par un ensemble de couleurs, ont un degré de force que n'ont point eu communément de semblables groupes ou ensembles de couleurs, qui sont rappelés au spectateur par sa réminiscence, qu'il éprouve avec plus de force le sentiment de la beauté.

Nous sommes ainsi affectés de ce sentiment, lorsque nous voyons les couleurs les plus variées se modifier l'une dans l'autre par des teintes qui graduent et unissent les couleurs principales de l'arc-en-ciel (21).

C'est dans les beaux paysages des pays heureux, où la nature rajeunie et florissante qui travaille en grand présente les couleurs les plus agréables rapprochées et groupées avec la plus grande variété, et dans les tableaux d'excellents coloristes, que la beauté qui résulte des mélanges et des successions des couleurs se manifeste avec le plus d'énergie aux âmes sensibles. En voyant ces beaux objets, on éprouve quelquefois que les couleurs produisent dans l'âme, sans qu'on puisse en expliquer le comment, des sentiments de volupté d'un repos aussi doux qu'aimable, enfin d'un plaisir céleste (a).

Le charme de ces combinaisons de couleurs a sans doute son principe dans des dispositions innées de notre âme, et il est analogue à celui de ces suites d'accords des sons qui forment des modulations délicieuses.

Une réunion des agréments des couleurs et de ceux des formes, dont il sera parlé dans l'article suivant, qui ont des caractères propres à exciter par leur concours le sentiment du beau, fait que la rose est d'une beauté supérieure entre les fleurs. En même temps que le sens de la vue distingue les nuances variées de la couleur de la rose, qui est vive sans être trop forte, il saisit les surfaces veloutées de cette fleur, que le toucher lui a appris à connaître, et les formes heureusement diversifiées qu'ont prises ses nombreuses pétales en se développant.

§ II. — Des agréments des formes des surfaces des objets visibles, qui peuvent concourir à produire le sentiment de la beauté de ces objets.

Les formes les plus agréables d'un objet, qui peuvent concourir à y faire sentir de la beauté, sont celles que donne

(a) Comme l'a observé Sulzer, *Allgemeine Theorie der schönen Kunste*, art. *Colorit*, sec. édit.

une variation graduée dans les directions des parties de sa surface qui se succèdent.

Ainsi, dans les contours des figures, les lignes qu'on a désignées comme *lignes de beauté*, doivent toujours tendre à l'arrondissement de ces contours, et cependant s'en éloigner en formant des arcs très surbaissés. Les agréments de ces figures des objets du sens de la vue concourent puissamment à produire le sentiment de la beauté de ces objets, lorsqu'ils s'unissent à d'autres agréments que leurs formes ont pour l'imagination.

On sait que le Corrège retranchait dans le dessin de ses figures toutes les parties anguleuses et de détail. Par ce moyen non seulement il donnait à ses figures les formes dont la grâce était la plus séduisante pour la vue, mais encore il les rendait belles, en leur donnant une apparence de grandeur relative qui plaisait à l'imagination.

Les formes circulaires et tournantes d'un objet qui est vu en repos, concourent à produire un bel effet parce qu'elle rappelle à l'imagination les idées d'un mouvement successif et gradué, d'autant que les idées de ces formes et celle de ce mouvement sont le plus fréquemment associées dans les phénomènes des corps mobiles.

Cependant les formes arrondies ne sont pas les seules qui plaisent au sens de la vue ; et il peut trouver aussi, dans les figures anguleuses des corps réguliers, un agrément qui devient un des éléments du sentiment de la beauté.

C'est ainsi que la figure de la pyramide a eu pour divers anciens peuples un agrément singulier, qui a pu tenir à ce qu'elle présente l'image de la flamme, qui, en s'élevant de sa base, va se terminer en pointe. Cette image a été surtout agréable aux Egyptiens qui ont donné à leurs obélisques, ou pyramides quadrangulaires étroites, un nom qui signifiait dans leur langue *rayon du soleil* (a).

§ III. — **De la grandeur d'un objet, qui, étant supérieure à celle qu'ont communément ceux qui lui sont analogues, peut concourir à produire le sentiment de la beauté de cet objet.**

La grandeur d'un objet qui est médiocrement supérieure à celles qu'ont les objets de la même espèce, en est une qualité agréable, qui peut concourir à exciter le sentiment de la beauté de cet objet.

Cette grandeur relative, lorsqu'elle est modérée, donne plus de force à la sensation que nous en recevons pour rappeler, réaliser et terminer dans les détails l'ensemble des souvenirs vagues que nous conservons des objets de la même espèce.

Ce principe que j'établis est contraire à une assertion générale de Burke, qui prétend que les objets pour être beaux doivent être petits comparativement à ceux qui leur sont analogues (b).

Burke dit, pour appuyer cette opinion, que les petits objets peuvent être beaux, d'autant qu'ils disposent généralement à l'amour ; tandis que les grands objets ne peuvent guère

---

(a) C'est ce que dit Pline (*Hist. nat.*, lib. XXXVI, sect. 14). La Croze en a conclu que le nom de pyramide était donné à ces obélisques, d'autant que dans le Cophte, *pi-ra-mue* veut dire *rayon du soleil* (Voy. Jablonski, *Prolegom, in Pantheon Ægyp.*, p. LXXXII-III).

(b) Liv. cité, part. III, sect. XIII.

Aristote (*De moribus Ethicor. ad Nicom.*, lib. IV, cap. 7, t. II, p. 49), dit que la beauté est un attribut propre aux corps qui ont de la grandeur, et que les hommes de petite taille peuvent être gentils et bien proportionnés, αρειοι (venusti, και συμμετροι, mais non pas plus beaux. — Cependant on peut regarder d'ailleurs le joli et le beau comme les espèces d'un même genre.

causer que de l'admiration, et doivent être regardés comme sublimes (*l. c.*, p. 181).

Mais puisqu'il faut, comme Burke le fait ailleurs (*l. c.*, p. 138), distinguer du désir des jouissances l'amour proprement dit ; qu'il définit la satisfaction qui naît de la contemplation d'un bel objet ; certainement de grands objets peuvent être beaux, puisqu'ils peuvent inspirer cet amour.

La grandeur d'un objet, par rapport à ceux qui lui sont analogues, nous fait une impression qui peut influer sur le sentiment de sa beauté, lorsque cette grandeur est extrême ou colossale ; mais avec cette condition que nous puissions embrasser la forme entière de cet objet, ou l'ordre qui est entre ses parties.

Il paraît que l'âme se sent alors comme agrandie en quelque sorte par l'impression qu'elle reçoit de ces objets. L'âme, dans la perception *réfléchie* d'un grand objet, a les deux idées simultanées, ou très rapprochées de cet objet, et de l'image qu'elle s'en fait ; et elle lie intimement ces idées, au point de donner à l'une les qualités de l'autre. Ainsi elle étend à l'idée qu'elle a de l'image, la qualité de grandeur que présente l'idée de l'objet ; et elle se voit agrandie par l'étendue de cette image qu'elle sent exister en elle.

Si l'étendue d'un objet extrêmement grand n'avait point de limites assez sensibles, l'âme ne pourrait l'embrasser en le contemplant, et ne pourrait saisir l'ensemble et l'unité de cet objet (a).

Mais avec la condition de pouvoir embrasser un objet qui a une très grande étendue, ce que peut favoriser sa figure géométrique, sa grandeur contribue à exalter extraordinai-

(a) C'est ce qu'a fort bien dit Aristote, dans un passage du septième chapitre de sa *Poétique*, qui a été mal traduit.

rement le sentiment de la beauté que cet objet peut avoir d'ailleurs.

L'admiration que cause la beauté d'un objet qui a de très grandes dimensions, est accompagnée d'un certain degré de saisissement (a).

Ce saisissement, résultant de cette cause, doit être distingué de celui que produit la terreur ; et cependant on éprouve une semblable sensation de trouble dans l'un et dans l'autre.

Cette sensation, causée par une forte admiration, tient à un grand et intime ébranlement de l'âme, qui parait être jetée hors de son assiette ordinaire par cette affection inaccoutumée. Il est remarquable qu'une sensation du même genre est produite par une semblable agitation de l'âme, que causent des mouvements du corps qui se font avec une très grande vitesse (b).

Cette distinction simple et essentielle des causes de ce saisissement peut être négligée par les poètes, mais ne doit pas l'être par les philosophes. C'est pour ne l'avoir pas faite que Burke a fait un sophisme perpétuel dans ce qu'il a dit du sublime, dont il a soutenu que la cause devait toujours exprimer un sentiment de terreur.

Les masses colossales étant renfermées dans un espace étroit, leur grandeur en ressort d'autant plus, et en rend l'effet imposant au plus haut degré.

Il me parait que c'est peut-être dans cette vue que la statue colossale du Jupiter Olympien, faite par Phidias, fut pla-

(a) Ammian Marcellin dit que Constantin fut saisi d'une admiration mêlée de trouble, à la première vue du superbe *Forum* de Trajan, à Rome.

(b) Virgile attribue à la colombe, lorsque son vol est très rapide, une semblable sensation, qu'il impute à la terreur (*vocatque exterrita*). Ces causes, quoique très différentes, produisent un effet qui est sensiblement le même.

cée dans un temple dont les dimensions étaient sensiblement trop bornées pour répondre à la hauteur et à la grandeur de cette statue (a).

M. Ripault rapporte qu'à Luxoc (Ruines de Thèbes), dans un espace de trente pieds, on voit deux obélisques de quatre-vingt-douze pieds de hauteur, derrière deux colosses de trente cinq pieds de proportion, et plus loin deux môles de cinquante-cinq pieds d'élévation. Il dit que personne ne résiste à l'impression de grandeur que produit l'accumulation de ces masses (Magas, *Encycl.*, n° 7, an VIII, p. 334).

§ IV. — **De l'effet qu'ont, pour concourir à produire le sentiment de la beauté d'un objet, les rapports de formes et de proportions de ses parties, qui sont moyens entre ceux qu'ont le plus communément les parties correspondantes des objets de la même espèce.**

L'âme se plaît à trouver, dans un objet qu'elle considère, des formes et des proportions de ses parties, dont les rapports sont moyens entre ceux qu'ont les parties correspondantes dans les objets de la même espèce. Cet agrément est un des éléments principaux dont peut naître en elle le sentiment de la beauté de cet objet.

L'homme ne compare point alors cet objet avec un autre objet analogue individuel dont il ait eu auparavant la perception, ni avec un modèle abstrait ou archetype des objets unis par la même analogie ; modèle qu'on a supposé en vain

---

(a) Strabon dit (*Rer. Géographie*, lib. VIII, p. 542 édit. d'Almœveen) : Phidias a fait la statue d'ivoire de Jupiter Olympien d'une telle grandeur, que, quoique le temple qui la renferme soit très grand, il paraît que l'artiste a manqué aux proportions convenables, d'autant que cette statue de Jupiter, qui est assise, touche presque du haut de la tête au sommet de la voûte du temple ; de sorte qu'il présente cette apparence que, s'il se redressait, en se relevant il enlèverait la voûte du temple.

qu'il voit exister dans son âme : mais il fait la comparaison de l'image de cet objet avec un ensemble de souvenirs vagues de plusieurs autres objets analogues qu'il a vus antérieurement.

Cette opération de l'esprit, qui doit précéder la production du sentiment de la beauté, est une réminiscence vague, qui a plus d'étendue et moins de précision que la mémoire proprement dite.

Plus l'âme a été fortement et souvent modifiée par les impressions des détails très diversifiés que lui ont présentés les perceptions des individus d'une espèce, plus est sûr et rapide le sentiment qu'elle peut avoir de la beauté dans un objet appartenant à cette espèce.

Mais les connaissances qu'on a acquises par l'observation pour sentir la beauté dans une espèce d'objets, sont le plus souvent inutiles pour avoir le discernement de la beauté dans les objets d'une autre espèce. Le P. Buffier a avancé que la beauté du visage de l'homme est la chose la plus *commune* (a) dans ce sens : que parmi les différentes dispositions particulières de difformité dont ses traits sont susceptibles, aucune ne renferme autant de visages humains formés sur son modèle, que la disposition particulière qui fait la beauté, en renferme de formés sur son même modèle.

Cette assertion du P. Buffier ne peut être admise que par rapport aux difformités très marquées des traits du visage ; mais des imperfections médiocres ou légères de ces traits sont généralement répandues chez les divers individus de l'espèce humaine : et les visages qui présentent semblablement telle ou telle de ces imperfections, sont sans comparai-

---

(a) Dans son *Cours des sciences par des principes nouveaux*, Paris, 1732. Au *Traité des premières vérités*.

son plus nombreux ou plus communs que ceux où les formes des mêmes traits sont parfaites.

Le P. Buffier a dit aussi que la forme la plus *commune* parmi les objets d'une même espèce, est celle à laquelle il semble que la nature ait visé dans tous ses objets, et qu'il est rare qu'elle saisisse ou *attrape*, exactement.

Mais, dans une espèce quelconque, les individus ne sont point pour la nature des copies d'un plan ou d'un modèle dont elle doive plus ou moins se rapprocher. Elle s'est astreinte seulement, dans leur production, à ne point atteindre ni dépasser les limites des formes de l'espèce à laquelle ils appartiennent : et d'ailleurs elle fait varier sans fin, au dedans de ces limites, les parties ou les traits de ces individus.

Lorsque l'esprit humain a perçu, par les impressions d'un très grand nombre d'individus d'une espèce, une grande étendue de modifications des diverses parties des objets appartenant à cette espèce, il conçoit des termes moyens, plus ou moins déterminés, entre les parties de ces individus, par un effet de la disposition naturelle qu'il a à comparer des objets analogues. Il saisit ensuite avec d'autant plus de facilité et de satisfaction, dans un nouvel objet de la même espèce, des rapports de formes et de proportions entre ses parties, qu'ils se rapprochent le plus d'un semblable terme moyen.

Les rapports de formes et de proportions des parties d'un objet, qui sont les plus rapprochés de ces rapports moyens, constituent éminemment ce qu'on a appelé la symétrie ou la correspondance des parties. Elle est toujours agréable à l'âme, et particulièrement lorsque ces parties se raccordent manifestement pour former un tout, dont l'harmonie annonce l'exécution la plus facile, soit des mouvements forts et précis, soit des mouvements doux et gracieux.

Réciproquement on peut observer que, lorsque la nature produit des unions des parties d'un même corps qui ne se correspondent pas, leur vue inspire en général un sentiment d'aversion.

Le P. Buffier était persuadé encore, et Smith a cru, d'après lui (a), qu'il n'y a point de forme extérieure si difforme, qu'elle ne puisse plaire, si la coutume nous la présente dans chaque individu d'une espèce.

Mais j'objecte contre cette assertion que l'espèce elle-même peut être trouvée laide, par un effet de la comparaison des proportions et des formes qui lui sont propres avec celles qui sont propres à d'autres espèces de la même classe, de sorte qu'il n'est pas possible alors que la coutume fasse trouver beau aucun individu de cette espèce.

Ainsi l'espèce du cochon est vilaine, et celle de la chauve-souris est hideuse, quoique les proportions des parties du corps dans ces animaux soient convenables à leurs fonctions. Il n'est point de cochon qui ait de la beauté, ni de belle chauve-souris. Cependant la laideur de l'espèce peut quelquefois être effacée par les affections morales des individus ; et un sanglier peut paraître beau par ses mouvements rapides et pleins de courage.

§ V. — De l'influence qu'ont pour produire le sentiment de la beauté certains rapports de forme et de grandeur entre les diverses parties d'un objet, qui plaisent par des dispositions, primitives ou habituelles, de l'âme, dont on ne peut lier les effets à des principes suffisamment déterminés.

L'on s'accorde généralement à regarder comme des traits des plus agréables du visage de l'homme de grands yeux et

(a) *Théorie des sentiments moraux*, trad. par Mme de Condorcet, t. I, p. 438.

une petite bouche. Cependant il est rare que les yeux et la bouche aient ces rapports de grandeur à l'ensemble des traits du visage.

Il est vraisemblable, mais fort douteux, que l'agrément de ces rapports vienne de l'avantage qu'ils donnent à la physionomie. De grands yeux ont en général plus d'expression, et une petite bouche sans excès s'ouvre et se développe avec plus de grâce.

Les différentes parties du corps des animaux peuvent aussi présenter, dans des rapports de leurs grandeurs et de leurs formes, des agréments qui influent à le faire trouver beau, et dont on ne peut assigner des causes assez certaines.

De tels agréments ont peut-être leur principe dans des perfections qu'on a pu observer, que ces rapports singuliers donnent pour le mouvement de ces parties.

Ainsi l'on reconnaît, avec Solleysel, qu'une partie essentielle de la beauté du cheval est que sa tête est menue, étroite, décharnée et sèche. Or cette petitesse de la tête, qui est portée sur une haute encolure, donne au cheval des avantages sensibles. Cette structure fait qu'il peut, avec d'autant moins d'efforts, redresser sa tête et son col dans la station, et graduer leur renversement ou leur transport en avant, selon qu'il convient le mieux, pour préparer ou pour aider ses divers mouvements progressifs.

C'est à des dispositions primitives et cachées dans la nature de nos âmes, qu'on doit attribuer des agréments singuliers dont naît le sentiment de la beauté, que nous donnent de certains rapports des parties des objets naturels représentés par les arts imitatifs ; tandis que ces rapports sont étrangers à ceux que les parties de ces objets ont dans la nature.

(a) *Théorie des sentiments moraux*, trad. par Mme Condorcet, t. I, p. 488.

Les sculpteurs grecs, dans leurs statues (même dans celles de Vénus et des femmes les plus belles), ont formé le nez de manière qu'il descend en faisant une ligne droite depuis le front, sans présenter la moindre trace de dépression entre les yeux. J'observe que cette dépression existe, mais qu'elle est peu marquée dans la tête de l'Apollon du Belvédère.

Cependant on a lieu de croire, avec M. de Pauw, que ce profil n'a jamais été réellement copié d'après un grand nombre d'individus vivants, la nature n'affectant pas cette forme du nez en ligne droite.

Camper a dit (dans sa *Dissertation sur les variétés naturelles de la physionomie*, p. 41 et 92-3) que pour qu'une tête ait la plus grande beauté, il faut que la ligne faciale (il appelle ainsi celle qui passe par la jonction la plus antérieure des dents des deux mâchoires et par la partie inférieure du front) forme un angle de 100 degrés avec l'horizon.

Il est surpris que les anciens artistes grecs aient justement choisi *ce maximum*, tandis que les meilleurs graveurs en pierres fines chez les Romains se sont contentés de l'angle de 95 degrés ; ce qu'il dit n'avoir pas la même grâce. Cependant il est persuadé que les Grecs n'ont jamais trouvé de semblables têtes dans les individus de leur nation, d'autant qu'ils n'ont jamais représenté des physionomies de cette beauté sur leurs médailles quand ils y ont mis des figures de portraits.

On a objecté vainement contre Camper, que cet angle facial des plus belles têtes antiques n'est que de 90 à 92 degrés ; et d'autre part, *qu'il n'est pas rare*, dit-on de voir des hommes dont l'angle facial est de 90 jusqu'à 95 degrés.

Mais en admettant même cette dernière assertion, on ne peut dire que, par rapport à la généralité des têtes humaines, ce soient des exemples communs, que ceux des têtes dans lesquelles cet angle facial est de 90 degrés et au-dessus.

Ainsi l'on doit reconnaître toujours, et rapporter à l'observation générale que j'indique, la remarque de Camper, qu'un agrément singulier a été découvert par les artistes grecs dans ce grand angle facial dont les exemples étaient peu communs, lorsqu'ils l'ont choisi constamment pour donner aux têtes la plus grande beauté :

C'est encore à des dispositions de l'âme, qui nous sont inconnues, qu'il faut attribuer des agréments déterminant le sentiment de la beauté qu'ont certains rapports des parties dans les ouvrages d'arts qui ne sont pas imitatifs, comme par exemple de l'architecture.

Quoiqu'on puisse donner aux différentes parties des colonnes un grand nombre de proportions et de figures diverses qui sembleraient devoir être parfaitement agréables, on s'est arrêté, depuis les plus beaux siècles de l'architecture jusqu'au nôtre, aux proportions de grandeur, et aux rapports de forme de ces parties qui ont constitué d'abord trois ordres des colonnes chez les Grecs, et ensuite cinq ordres chez les Romains (22).

Cependant ces cinq ordres d'architecture n'ont point été reconnus par les architectes égyptiens, par les syriens, ni par les goths qui ont donné aux parties des colonnes des proportions entièrement différentes.

Des grands ouvrages d'architecture peuvent exciter le sentiment de leur beauté par certains rapports de leurs parties, dont on voit l'utilité d'une manière générale, mais qui ne peuvent être soumis, au calcul, et qui n'ont pu être trouvés que par une opération transcendante du génie.

Je vais rendre sensible la vérité de cette proposition, en considérant la beauté d'un des grands ouvrages d'architecture que nous ont laissés les anciens ; qui est le fameux pont du Gard (a).

Mais pour développer en quoi consiste la beauté de ce grand ouvrage, je dois faire quelques observations préliminaires.

Une muraille toute nue n'est point un objet aussi grand à nos yeux qu'une colonnade qui a la même hauteur et la même longueur. Burke a observé ce phénomène ; mais il en donne une explication qui n'est pas fondée (l. c., p. 230-1). La cause en doit-être rapportée à ce principe d'optique : qu'un objet a d'autant plus de grandeur apparente, que son étendue se trouve être sensiblement divisée par un plus grand nombre de ses parties égales entre elles, pour que l'œil puisse voir distinctement toutes ses parties.

Mais, d'un autre côté, il faut observer encore que si divisions ou parties égales, qui mesurent actuellement un grand objet, sont trop multipliées, celles qui sont dans l'éloignement raccourcissent à nos yeux la grandeur réelle de l'objet, parce qu'elles présentent d'autant plutôt confusément à la vue des limites les plus reculées de cet objet qui autrement seraient apperçues d'une vue plus distincte.

C'est au génie qu'il appartient de trouver pour une suite d'arcs égaux, qui doivent être construits dans un espace donné, le nombre moyen de ces arcs qui peut faire que cette suite

---

(1) L'abbé Barthélemy (dans son *Voyage en Italie*) dit que le pont du Gard est un ouvrage des plus grands, des plus beaux et des plus hardis que les Romains nous aient laissés.

Serlio, dans son Epitre au roi François 1er par laquelle il lui a dédié son troisième livre sur l'architecture, parle avec admiration du pont de Gard, qu'il considère, comme un aqueduc, dans lequel il dit que se démontre le génie romain, *bensi dimostra l'animo generoso dei Romani*. Mais ni Serlio, ni personne autre que je sache, n'a indiqué ce que je vais dire sur l'opération du génie qui a fixé les arches de ce pont célèbre.

ait le plus possible de grandeur apparente, par rapport à son étendue réelle.

Le génie doit aussi déterminer en même temps les dimensions de ces arcs dont il fixe le nombre, de telle sorte que leurs proportions, étant facile à saisir, ajoute à la grandeur apparente de la suite entière.

C'est d'une semblable combinaison que dépend la plus grande beauté que peut avoir une longue suite de colonnes ou d'arcades. Il n'existe peut-être point d'ouvrages de ce genre d'architecture, de ceux même auxquels on a donné les plus grandes dimensions, dont l'effet soit aussi imposant que celui du pont du Gard.

Le second des trois ponts qui y sont construits l'un sur l'autre, n'est composé que de onze arches, dont l'élévation n'est point extraordinaire : mais il me paraît qu'un homme fait pour sentir le beau, ne peut se défendre d'une admiration mêlée de saisissement, que la vue de ces arches doit lui imprimer, lorsqu'il est placé à leurs pieds ou sur le premier pont.

Sans doute le site sauvage qui fait le fond du tableau, sur le devant duquel est le pont du Gard, et les rochers escarpés à une grande hauteur, sur lesquels ce pont est appuyé de côté et d'autre de la rivière du Gardon qui les sépare, concourent à fortifier les impressions que fait la vue de ce magnifique ouvrage.

Mais c'est surtout dans les dimensions de ces arches, dont les rapports les plus parfaits sont combinés avec leur nombre le plus avantageux pour faire l'effet d'accroître la grandeur apparente dans l'espace qu'elles occupent ; qu'il existe une *magie de proportions* qui fait croître merveilleusement le module suivant lequel on mesurerait une des arches vue seule. L'effet en est si puissant que l'âme du spectateur, s'agrandissant avec l'idée que lui donne l'ensemble de ce monument superbe, il croit presque échapper à la position qui le retient sur le sol, et se sent comme élevé dans un état de suspension aérienne.

QUATRIÈME DISCOURS.

Des beautés de l'homme et de la femme.

Les principes que j'ai établis sur les causes du sentiment de la beauté des objets du sens de la vue, ont des applications très étendues dans la considération des caractères de beauté que peuvent avoir le corps de l'homme et celui de la femme.

Des agréments principaux qui peuvent concourir à produire le sentiment de la beauté du corps humain sont : 1° un teint de couleur agréable ; 2° l'élégance des formes arrondies des diverses parties du corps ; 3° une grandeur de ses dimensions un peu supérieure à celle qui est la plus ordinaire (23) ; 4° une correspondance des parties du corps humain comparées entre elles et avec le tout ; qui est telle que les rapports de grandeur et de forme qu'ont ces parties, sont très rapprochées des rapports moyens qu'ont les parties correspondantes, dans la généralité des individus de l'espèce humaine (24) ; la grandeur relative dont manque un objet qui n'est que joli, peut souvent lui être rendue, en apparence, par la perfection de la correspondance de ses parties.

On a une telle habitude de lier, avec l'idée de la beauté du corps humain, l'idée de ses dimensions un peu supérieures à celles qui sont les plus ordinaires, que par une suite de l'association de ces idées, on est porté à croire plus grande qu'elle n'est, la taille peu avantageuse d'un homme chez qui les parties du corps ont de la beauté par l'effet de leur correspondance parfaite.

Suétone rapporte que l'empereur Auguste était de petite taille ; mais que ce défaut était couvert par la convenance d'agencement et les justes proportions de ses membres, de sorte qu'on ne s'en apercevait que lorsqu'il était assis auprès d'un homme de grande taille (25).

C'est par une suite du principe de cette correspondance que doivent avoir les parties du corps humain pour paraître belles, que chaque race d'hommes qui vivent en société, place la beauté dans une semblable perfection des traits caractéristiques communs aux individus de cette race.

On sait que, parmi les nègres qui habitent sur les côtes occidentales de l'Afrique, les plus grands traits de beauté sont un nez plat, de grosses lèvres, et un teint de noir parfait ou couleur de jais, etc.

Suivant l'observation de Pallas, les Tartares Kalmouks accordent le prix de la beauté aux traits du visage qui sont propres à leur nation, et que nous regardons comme difformes : tels que des yeux petits et convergeant obliquement vers le nez, un nez camus et écrasé vers le front, et les os des joues saillants. Ce goût de beauté tartare est aussi général chez les Mogols et chez les Chinois.

Un homme peut donc être trouvé beau à la Chine par des formes et des proportions très différentes de celles que doit avoir un bel homme en Europe. Quelqu'un a très bien dit qu'il est possible qu'un Winckelmann Chinois, voie avec le même enthousiasme la représentation d'un chinois avec des yeux de chat et une grosse tête, que notre Winckelmann voyait la statue de l'Apollon du Vatican.

En général, on peut regarder comme les beautés du premier ordre dans l'espèce humaine, celles qui sont au plus haut degré dans les races d'hommes les plus perfectionnées par les développements de leurs facultés physiques et morales, comme chez les peuples européens, civilisés et particulièrement chez les Grecs.

L'influence du climat, est sans doute la plus puissante des causes qui opèrent ces développements des facultés de l'homme ; et qui fait que la beauté est plus répandue et atteint à un plus haut degré de perfection chez un peuple que chez un autre. C'est probablement par l'effet de cette influence que la beauté est universelle dans certains pays, comme, par exemple, dans la Géorgie. Chardin dit (dans ses *Voyages*, t. I, p. 171), que les deux sexes y sont si beaux qu'il n'y a point remarqué un visage laid ; et qu'on ne peut peindre de plus charmants visages, ni de plus belles toiles que celles des géorgiennes.

La grande beauté du corps humain n'est pas bornée aux traits du visage ; et elle peut être répandue dans toutes les parties du corps ; de manière que le sentiment de cette beauté ne s'y arrête sur aucune des perfections de détail. On peut dire alors de ces personnes parfaitement belles, ce qu'a dit Stace de Parthenopée, que son corps était si beau, qu'il empêchait de sentir la beauté des traits de son visage (*Latuit incorpore vultus*, Thebaïd, l. VI, V. 573) (26).

Il faut considérer séparément les beautés du corps humain qui sont propres à l'un et à l'autre sexe, et celles qui sont particulières aux différents âges.

On sait en général que les formes du corps humain, pour être belles, doivent annoncer dans l'homme l'agilité et la vigueur, et présenter dans la femme des membres souples et délicats (27).

Burke a bien indiqué, dans une partie du corps de la femme, un exemple de la variation graduelle des surfaces qui donne un caractère de beauté. Observez, dit-il (*l. c.*, p. 184) cette partie d'une belle femme où elle est peut-être la plus belle ; les contours de son col et de son sein, leur poli, leur peau douce et souple, leur renflement léger et comme insensible, la variation de leur surface qui n'est jamais la même dans le plus court espace, leurs détours décevants, où un œil volage s'égare sans prévoir où il se fixera ni jusqu'où il peut se porter (28).

Je ne m'arrête point à considérer tous les divers agréments des traits du visage qui ont paru être des beautés chez les nations les plus civilisées par l'effet d'une fantaisie fort répandue et comme épidémique.

Deux semblables traits de beauté, qui étaient généralement reconnus chez les Grecs et les Romains, mais que nous n'admettons pas, étaient un front petit et étroit qu'Horace, Pétrone et Martial ont vanté, et la réunion des sourcils qui se joignaient au milieu du front (a).

On assure qu'on admire encore à présent, chez les Persans, de larges sourcils qui se joignent au milieu du front. Les Espagnols, au contraire, ont mis au nombre des perfections qui font la beauté d'une femme (*la fronte ancha, y el entre cejo ancho*), l'entre sourcil large (b).

Il est des formes du corps humain qui s'écartent entièrement du type primitif de chacune des races humaines, et où cependant un préjugé devenu très général, a fait trouver des agréments qui ont paru pouvoir concourir à exciter le sentiment de la beauté. On s'est même attaché à faire naître communément de semblables formes par des procédés vio-

---

(a) Réunion dont l'agrément est célébré par Anacréon, Tibulle, Pétrone, Aristenète, Coluthus (*Raptus Helenæ*, V. 78), etc.
(b) Voyez les *Œuvres de Brantôme*, t. II, p. 348.

lents, non seulement chez des nations sauvages, mais encore chez celles qui sont très civilisées.

Les unes et les autres ont adopté de semblables agréments de formes bizarres avec un tel aveuglement, qu'elles ont employé des moyens nuisibles, pour contraindre différentes parties du corps humain à se conformer à des modèles d'une perfection purement arbitraire.

Ces erreurs épidémiques sont très remarquables, en ce qu'elles se montrent chez plusieurs peuples divers pendant des suites de siècles. L'esprit humain paraît tendre par une imperfection de sa nature, à goûter et perpétuer de semblables erreurs ; d'autant qu'elles ne peuvent être imputées à aucune convention générale chez les peuples qui s'y conforment.

On sait que diverses nations ont eu la coutume de travailler les têtes de leurs enfants en les comprimant peu après la naissance, de manière à les aplatir au sommet ou latéralement, ou bien à les rendre les plus rondes qu'il était possible.

C'est ainsi qu'étaient produites chez les sauvages américains, les têtes de boule et les têtes plates dont a parlé le P. de Charlevoix.

Gomara dit que les mères, au Mexique aussitôt que leurs enfants étaient nés, s'efforçaient de leur raccourcir le col depuis la nuque en le comprimant vers les épaules et en le liant dans leur berceau d'une manière qui l'empêchait de croître.

Hippocrate a assuré que chez des peuples qui altéraient ainsi la forme primitive de la tête de leurs enfants, au bout d'une longue suite de générations, la nature se prêtait à cette dégradation bizarre de la forme originelle de la tête: et tous les enfants naissaient avec une tête vicieusement allongée (*Macrocéphale*).

Des peuples civilisés ont aussi l'usage d'imprimer à diverses parties du corps, des formes dans lesquelles ils voient une perfection qui est entièrement imaginaire.

On sait que les Chinois trouvent un agrément singulier à ce que les pieds des femmes soient extrêmement petits ; et qu'ils emploient, pour leur donner une forme raccourcie, des moyens douloureux, qui les estropient et les mutilent en quelque sorte.

Camper a bien remarqué que, tandis que nous trouvons, avec raison, que cet usage des Chinois est ridicule, nous avons celui de porter des souliers dont la construction rend, en général, les pieds moins propres à marcher, et qui sont particulièrement nuisibles aux femmes, lorsqu'ils ont de hauts talons.

Les Athéniens regardaient comme une beauté dans les filles, qu'elles eussent le tronc du corps grêle et presque uniformément.

Pour cette fin, leurs mères leur tenaient les épaules abaissées, leur assujettissaient la poitrine par des liens (usage qui fut continué chez les Romains), réduisaient leur embonpoint par une abstinence forcée, et rendaient ainsi leurs corps effilés comme des joncs (a).

Un usage aussi déplacé, qui est très ancien et très répandu en Europe, malgré les souffrances et les dangers qu'il cause, est celui d'étreindre assidûment par le moyen des corps, la ceinture des femmes, de manière que leur taille soit fort atténuée et presque coupée comme celle des guêpes.

(a) C'est ce que dit Térence (*Eunuch.* art. 11, sc. 3, *reddunt curatura junceas*, et sans doute d'après Ménandre.

Je passe à ce qui concerne les beautés particulières des différents âges de l'homme.

Il est des caractères de physionomie qui sont les plus convenables aux divers âges, et qui peuvent exciter un sentiment de beauté singulière, même dans la vieillesse ; lorsque les traits du visage sont animés constamment par des pensées profondes qui impriment du respect, ou par des affections de bienveillance qui inspirent une douce sympathie.

C'est ainsi que la beauté se montre, comme l'a remarqué M. de Pouilly, jusque sur le front austère et dans les rides du Moïse de Michel-Ange.

C'est ainsi, comme l'a observé M. Zacharie, que la sérénité d'une mélancolie tranquille, lorsqu'elle est répandue sur les traits du visage d'une femme âgée, peut encore les embellir.

Les traits du visage de l'homme peuvent à tout âge présenter de grandes beautés, qui sont de différente nature. C'est ce que prouvent les chefs-d'œuvre de l'art qui ont représenté les amours, les héros et les plus anciens des dieux.

Il ne faut excepter de cette proposition générale que les deux âges extrêmes de la vie humaine. Les formes des enfants nés depuis peu, dont les traits ne sont pas encore achevés, ne peuvent exciter le sentiment de la beauté, non plus que les formes de la vieillesse très avancée, où sont imprimés des caractères de destruction désormais ineffaçables.

Mais il est des vieillards dont la vue peut faire éprouver le sentiment d'une grande beauté. Je n'entends point indiquer ici cette vue philosophique qu'a présentée Marc-Aurèle, lorsqu'il a dit (dans ses *Réflexions sur lui-même ou soliloques*, l. III, c. 2) que la malunte de la vieillesse a une sorte de beauté qui plaît aux yeux du sage, comme tous les développements qui surviennent aux productions de la nature.

Cette perfection contemplative n'a rien de commun avec la beauté proprement dite des traits de la figure humaine : mais il existe certainement divers genres de cette beauté dans plusieurs vieillards.

Tel fut dans un genre gracieux, le poète Anacréon, dont la tête conserva les plus belles formes dans l'âge le plus avancé.

Tel fut, dans un genre majestueux, l'empereur Auguste, qui, durant tout le cours de sa vie, posséda constamment les caractères de grande beauté qui convenait à son âge (a).

On voit des belles têtes de vieillards, du genre le plus imposant, dont les traits pleins de vie et d'intelligence, semblent n'avoir été fixés par le long cours des années, que pour annoncer une âme qui survit à tout ; de ces têtes qui pourraient servir de modèles aux grands artistes pour former des images divines de Saturne ou du Temps, qui conserve sa nature immortelle à travers les ruines de tous les âges.

Dans les divers genres de beautés de l'homme et de la femma, celle dont l'effet est encore plus général que celui des beautés physiques, sont les beautés morales ou sentimentales qui sont exprimées dans la physionomie, ou produites par la grâce.

Il me paraît douteux quoique Mengs l'ait assuré, que les affections des traits du visage qui caractérisent la physionomie, aient des influences particulières pour déterminer des formes relatives dans d'autres parties du corps (29).

Chacune des affections morales, dont un homme a l'habitude par son caractère, établit dans les diverses parties mus-

---

(a) Suétone a dit : *Forma fuit eximia, et per omnes œtatis gradus venustissima*.

Plutarque a dit pareillement d'Alcibiade, que sa beauté se conserva florissante dans tous les âges.

culeuses du visage une combinaison de mouvements qui est propre à cette affection. Ces mouvements habituels, qui peuvent être gradués et variés à l'infini, développent diversement telles ou telles de ces parties, dont la force et la grandeur prennent différentes proportions. C'est ainsi que, dans un homme irascible, les muscles de la face se plient par l'habitude à un état constant de disposition combinée, qui a lieu dans les actes de colère.

Cette cause ne peut qu'ajouter beaucoup aux différences que la nature a mises dans les séparations et le relief des muscles de la face ; différences qui sont d'ailleurs très considérables chez les divers individus, comme on peut voir par les planches anatomiques des muscles de la face qu'ont données Santorini, Walther, etc. (30).

Les expressions de la physionomie devant être différentes dans chaque sexe, celles qui sont le plus agréables doivent peindre dans l'homme une fierté de courage qui s'allie avec la bonté, et dans la femme une sensibilité douce ou vive qui attire, jointe à la modestie qui retient.

Les caractères de physionomie qui plaisent le plus dans les femmes, varient encore aux yeux des hommes, suivant qu'ils diffèrent entre eux par leurs mœurs et leurs opinions.

Les anciens, et surtout les grecs, faisaient consister la beauté de l'expression morale de la physionomie des femmes dans un air de repos et de majesté. Un goût assez général de nos jours, est que cette physionomie ait beaucoup de mouvement et d'expression, mais de celle qui annonce et provoque les désirs.

M. Lévesque a dit, en parlant de Le Moine, que la vraie beauté des têtes de femme étant rare en France dans la nature, il est reçu de prendre pour cette beauté une gentillesse de convention.

M. Sulzer dans sa *Théorie des Beaux-arts*, T. IV, p. 320-6), s'est attaché à faire voir que la beauté de l'homme ne dépend pas seulement des agréments de sa forme extérieure, mais encore du sentiment qu'on a de sa perfection morale, dont cette forme n'est que l'enveloppe, etc.

Mais, quoiqu'on ne puisse nier que la bonté morale de l'homme ne le rende accompli, et n'ajoute extrêmement à sa beauté corporelle, le sentiment de celle-ci peut exister, et être même porté à un haut degré, sans avoir pour un de ses éléments le sentiment de sa bonté ou de sa perfection morale.

Les agréments que l'on préfère dans les formes du corps humain prennent une nouvelle force pour exciter le sentiment de la beauté, lorsqu'ils sont unis à ceux des mouvements des diverses parties du corps, et surtout des traits du visage qui rendent d'une manière précise et facile toutes les nuances des volontés ou des intentions de l'âme. De cette union résulte l'un des charmes principaux de la déclamation et de la danse.

La justesse et la facilité d'exécution de ces *mouvements* constituent essentiellement la grâce, qui exclut toute apparence de faiblesse ou d'effort. Elle est un don de la nature, que l'art ne peut atteindre que péniblement, et presque toujours imparfaitement. Elle a pour cause une faculté singulière du principe moteur, lorsqu'il réunit à un haut degré la flexibilité et l'énergie dans les mouvements combinés ou successifs qu'il imprime à un grand nombre de muscles dont les forces relatives et les directions sont très différentes.

La grâce forme une espèce de beauté (31), dont les effets sont souvent supérieurs à ceux que peut produire la seule beauté des formes du corps. La Fontaine, dans son poëme d'Adonis, a très bien dit que la grâce pouvait être encore plus belle encore que la beauté.

Quelque frappante que puisse être l'impression de la grande beauté des formes du corps, si elle n'est soutenue par les effets de la grâce de leurs mouvements, cette impression qui est uniforme, s'affaiblit de plus en plus. Mais une femme d'une beauté ordinaire, qui excelle par la grâce, varie sans cesse ses agréments : et le grand pouvoir qu'elle a pour fixer le cœur de l'homme, se fonde sur ce qu'étant toujours la même, elle paraît toujours nouvelle.

Les agréments des formes du corps, des expressions de la physionomie, et des mouvements réglés par la grâce, étant fort multipliés et divers, se rapportent à différentes facultés de l'âme qui varient extrêmement dans leur constitution originelle et acquise. Il n'est pas surprenant que le sentiment de la beauté, que peuvent faire naître les combinaisons de ces nombreux agréments, soit pareillement excité par les impressions de figures humaines qui sont très dissemblables entre elles.

On voit combien les lumières et les mœurs des nations civilisées ont multiplié les agréments et les éléments de la beauté de la femme, et lui ont donné plus d'influence sur le bonheur de l'homme, qu'elle ne peut en avoir chez les peuples sauvages ou barbares (32).

Montesquieu a très bien dit : Une des plus belles fictions d'Homère est celle de la ceinture qui donnait à Vénus l'art de plaire. Rien n'est plus propre à faire sentir cette magie et ce pouvoir des grâces, qui semblent être données à une personne par une puissance invisible et qui sont distinguées de la beauté même.

Il en est de la perfection des grâces comme de celle de tous les autres agréments. Il est impossible de définir en quoi elle consiste. On peut lui appliquer ce que Denis d'Halicarnasse a reconnu (dans ses *Commentaires sur les anciens orateurs*, à l'article de Lysias, n° XI) en parlant de la grâce parfaite qui faisait le caractère propre des discours de Lysias.

Denis d'Halicarnasse y dit que l'on ne peut expliquer en quoi consiste cette grâce dominante dans l'éloquence de cet orateur, non plus que celle qui est dans l'accord parfait des mouvements des membres, et en général dans toutes les actions, ce qui est au plus haut degré de convenance et de mesure. Il ajoute que ces perfections peuvent être saisies par les sens, et ne sont point dépendantes de raisonnements sur lesquels on puisse les fonder. Ainsi il veut qu'on ne puisse les reconnaître que par un long exercice, qui accoutume à bien sentir la beauté indéfinissable de ces grâces par le moyen d'affections qui ne peuvent être raisonnées.

Les grâces naturelles de la femme ne sont pas les seules qui exercent leur pouvoir sur les hommes. Elles cèdent souvent au charme de grâces imaginaires qui sont produites ou par l'art de la coquetterie, ou par le délire de l'amour.

Lorsqu'une femme affecte dans sa démarche une faiblesse plus grande que celle qui est déterminée par son sexe, ce n'est point (comme l'a pensé Burke, *l. c.* p. 147) pour qu'on la trouve plus belle, d'autant que l'idée de la grande beauté d'une femme entraine toujours quelque idée d'imperfections.

C'est parce qu'une connaissance intime du cœur humain lui découvre que l'homme est séduit, et attaché par cette apparence d'une faiblesse qui excite sa sympathie, et semble solliciter sa protection. Les femmes savent aussi que, lorsqu'elles ont déjà inspiré un vif intérêt par d'autres moyens, cette faiblesse, qui paraît naturelle, leur donne une manière d'être particulière qui multiplie leurs agréments.

Personne n'a mieux peint que Pope (dans la seconde de ses *Epîtres morales*), l'impression entrainante que peuvent faire sur les hommes, les grâces hardies, équivoques et bizarres qu'une coquette habile peut donner à ses manières et à sa conversation.

Après avoir comparé les femmes à ces tulipes qui plaisent par la variété de leurs couleurs, et par leurs taches même, il dit : C'est ainsi que Calypso manquant de beauté et de mérite, et ayant moins d'esprit que de grimace, n'était jamais aussi sûre de plaire, que lorsqu'elle était le plus voisine de tous les défauts qui font l'objet de notre aversion.

Cela doit s'expliquer sans doute, parce qu'un degré extrême d'une qualité agréable touche au premier degré d'une qualité qui déplait. Ainsi une nuance légère sépare de l'audace la confiance très prononcée, etc.

Mais le grand effet de ces grâces équivoques est d'autant plus assuré, quand une femme a déjà de l'empire sur l'homme qui en est amoureux. Congrève est dans la nature, quand il fait dire à Mirabell (*The way of the World*, act. 1, sc. III), qu'il aime sa maîtresse, même pour ses folies qui lui siéent si bien, et pour ses affectations qui ne la rendent que plus agréable.

C'est un des phénomènes les plus singuliers de l'amour, que le pouvoir qu'il a de transformer insensiblement en qualités agréables, par leur association avec des agréments véritables, les défauts et même les difformités manifestes d'une personne aimée, et de finir par rendre attachant, ce qui ne pouvait être d'abord que supportable (33).

Lorsqu'on s'abandonne au mouvement d'une passion qu'inspire le sentiment de la beauté, sans que les clartés de la raison puissent modérer cet entraînement, on peut tomber dans un véritable délire, où l'homme ne trouvant, dans ce qui est possible, que des jouissances faibles et imparfaites, aspire au bonheur chimérique de pouvoir confondre tout son être dans celui de la personne qu'il aime (a).

C'est vainement que les philosophes platoniciens, et d'après eux M. Hemsterhuis (Voyez sa *Lettre sur les désirs*, dans ses *Œuvres philosophiques*, t. I, p. 63-5, et *ibid.*, p. 83-4) ont prétendu que ce vœu d'une identification imaginaire avec l'objet qu'on aime, est fondé sur la nature même du désir : car le désir, quelque ardent qu'il soit, ne peut tendre qu'à la jouissance de l'objet désiré.

Le vrai désir perd son objet de vue et se change en aveuglement lorsqu'après avoir commencé par vouloir la jouissance de l'objet désiré, dont on reconnaît nécessairement que l'on diffère, l'on voudrait s'identifier avec lui ; et l'on fait un vœu qui suppose qu'on puisse obtenir en même temps deux choses contradictoires.

Ce désir aveugle est un sentiment qui devient entièrement confus, à force de s'exalter. Il a été exprimé par plusieurs poètes, surtout parmi les Grecs et les Italiens. Les poésies érotiques de ces derniers ont répété souvent de toute manière cette fiction qui identifie les âmes et les cœurs de deux amants ; et cette affectation extrême ne peut paraître que de très mauvais goût aux hommes qui ont l'esprit vrai, quoiqu'ils soient doués d'une grande sensibilité.

Ce n'est point un tel aveuglement qui peut faire le véritable charme de l'amour. Ce charme est produit par le sentiment même, dans tout homme dont l'âme généreuse et pas-

---

(a) Ce délire est d'une nature singulièrement analogue à une sorte d'instinct aveugle qui survient dans l'ivresse des sens.

Lucrèce a décrit cet instinct, lorsqu'en parlant de l'union intime que forment les plaisirs de l'amour, il a dit (*de rerum natura*, L. IV, V, 1.104-5) :

Nec penetrare (possunt) et abire in corpus corpore toto :
Nam facere interdum id velle, et certare videntur.

sionnée fait du bonheur de la personne qu'il aime, l'objet de ses plus chères affections.

Aristote a bien défini l'amour, en disant (*Rhétoric*, l. II) qu'aimer une personne, c'est lui vouloir pour elle, et non pour nous, ce que nous pensons être des biens, et lui procurer ces biens autant qu'il nous est possible.

On est heureux dans l'amour par les sacrifices que lui fait l'amour-propre, qui nous porterait à ne considérer que notre intérêt personnel dans tous les motifs de nos actions (34).

L'abandon de soi, qui fait que l'on veut vivre sous les lois de la personne qu'on aime, peut sans doute être regardé comme une espèce de délire, par les hommes dont le cœur est froid, et dont la raison ne favorise que les passions qui les isolent et les concentrent en eux-mêmes.

Mais les hommes sensibles et éclairés, quand même ils sont parvenus à croire que tous les soucis humains ne sont que vanité, sont portés à dire avec un de nos anciens poètes : qu'aimer constamment une aimable beauté, est la plus douce erreur des vanités du monde (35).

Cependant les sacrifices auxquels peut engager l'amour le plus vrai, ne sont point immodérés, si la raison est entièrement égarée par cette passion. Un homme dont l'âme est forte autant que sensible, a toujours le pouvoir de conserver une certaine mesure même en se livrant aux séductions de la beauté, et de tous les charmes par lesquels il peut être attiré.

Ce sont surtout les hommes d'un âge avancé qui peuvent se rendre plus heureux et plus sages par ce tempérament réciproque de la raison et de l'amour.

Malgré l'erreur générale qui attache un ridicule particulier à l'amour auquel on se livre à cet âge (36), c'est dans l'arrière saison que cette passion est le plus nécessaire à l'homme, lorsqu'elle n'est point dominée par des impulsions physiques, qui sont ruineuses pour ses forces, et qui peuvent lui faire désirer une esclave plutôt qu'une maitresse (37).

On a très bien dit que, dans la jeunesse, on vit pour aimer, et que dans la vieillesse, on aime pour vivre. Les désirs que l'amour donne à l'homme dont la vie décline, la lui font sentir plus vivement. Ils ne peuvent faire qu'il s'imagine quelques fois être jeune : mais en aimant encore, il se forme un long espoir, et se livre, avec un abandon volontaire, au charme d'une passion dont il ne peut entièrement méconnaitre les illusions.

C'est ainsi que le moral de l'amour peut embellir les derniers jours de l'homme sensible. Il ressent profondément la vérité de ce qu'a dit Rochester et Darwin après lui que l'amour est comme une goutte d'une liqueur céleste, qui a été répandue dans la coupe de la vie humaine, pour que cette vie ne fût pas insipide, et pour nous aider à la supporter (a).

(a) *Thomas à Kempis*, l. III, ch. 5, présente, d'une manière moins illusoire que celle-ci, le charme du moral de l'amour (*Note de l'Editeur*).

CINQUIÈME DISCOURS.

Des beautés de l'éloquence.

Straubæus a dit au sujet de l'Orateur de Cicéron, que Cicéron, par l'assemblage de toutes les perfections imaginables de l'orateur, comme dans la Vénus d'Appelle, ou dans le Jupiter de Phidias, fait un portrait de l'éloquence capable d'abord de nous saisir d'étonnement, et ensuite de faire naître dans notre cœur un désir incroyable de la posséder. Pour faire concevoir et sentir cette beauté si désirable dont l'éloquence est susceptible, je partagerai ce discours en quatre sections.

Je traiterai, dans la première, de l'harmonie et des nombres qui résultent de la construction des mots dans le discours oratoire.

Dans la seconde, des différents genres du style oratoire.

Dans la troisième des moyens oratoires.

Dans la quatrième, des causes qui, à certaines époques, empêchent les orateurs de s'élever au sublime.

SECTION PREMIÈRE.

De l'Harmonie et des nombres qui résultent de la construction des mots dans le discours oratoire.

L'ordre de la construction des mots qui est le plus avantageux dans le discours oratoire, doit être déterminé par deux motifs. L'un se rapporte au degré d'importance ou d'intérêt qu'ont les objets désignés par les divers mots de chaque phrase : l'autre motif est de disposer ces mots de la manière la plus convenable à l'harmonie ou aux nombres dont l'effet est le plus agréable.

C'est en combinant ce qu'indiquent ces deux motifs, qu'on fixe le pouvoir de chaque mot mis à sa place.

L'agrément de l'harmonie de la construction des mots doit l'emporter d'autant plus souvent, que des sons harmonieux réduisent et entraînent la sensibilité de l'âme ; de sorte qu'ils peuvent donner aux mots un effet dont l'étendue vague peut faire changer les rapports d'intérêts qu'ont les idées que ces mots présentent (38).

C'est relativement à ce même motif de produire le plus grand effet de l'harmonie ou des nombres dans le discours oratoire, que l'on doit le plus souvent déroger à l'ordre des mots qui pouvait être réglé par l'importance respective des objets que ces mots désignent.

On doit d'ailleurs préférer d'autant plus généralement ce que demande l'harmonie du discours, qu'on n'est pas d'accord sur la règle qu'on doit suivre en se conformant au premier motif.

Ainsi, quoiqu'il semble que le principe qu'on doit suivre à cet égard, soit, comme l'a pensé l'abbé Batteux sur la construction oratoire, de placer au commencement de la phrase les mots dont les idées sont principales ; cependant Quintilien a enseigné (*Inst. orat.*, l. IX, C. 4) que, si la composition de la phrase le permet, il est beaucoup mieux de finir le sens (de la phrase) par le verbe dans lequel est inhérente la force du discours.

Le pouvoir de l'harmonie et des nombres dans le discours oratoire, se fait sentir aux hommes de toutes les classes, quoique principalement à ceux qui ont l'oreille sensible et exercée.

Une assemblée populaire est communément blessée de ce qui a une longueur immodérée dans le discours et de ce qui est trop court et comme mutilé.

Cicéron (*in Oratore*, n° 175) ayant rapporté cette observation, dit que le vulgaire, ne connaissant ni les pieds, ni les nombres, ne saurait rendre raison de ces jugements ; mais que notre esprit a en soit une certaine mesure naturelle à laquelle il s'attend, que doivent répondre l'étendue moyenne et la perfection des parties du discours (*Animum naturali vocum mensione, perfecta ac moderata expectare*) (39).

Mais l'âme ne connait pas les défauts des nombres dans le discours, en les rapportant à certaines règles ou mesures qu'elle ait en elle-même (40).

Une disposition générale, quoique vague, des sons de l'imagination, fait qu'une phrase oratoire plait à l'âme, lorsque son étendue est médiocre, et lorque ses différentes parties, n'étant ni égales entre elles, ni trop inégales, se répondent suivant un ordre qui en varie les longueurs, sans nuire à l'unité de cette phrase.

Plusieurs faits m'indiquent encore cette assertion, que le désagrément des nombres vicieux qui se font entendre dans la prose est fort augmenté par l'habitude de sentir les nombres qui y sont agréables, et d'en faire implicitement la comparaison avec ceux qui déplaisent.

Ainsi des nombres trop poétiques déplaisent dans le discours en prose, parce que l'habitude de ces discours, ou des pieds métriques, ne sont point communément bien marqués, rend choquantes les formes des vers qui s'y introduisent. Chaque phrase du discours peut avoir un rhythme général, dont l'agrément doit être considéré séparément des rhythmes ou nombres propres des mots de cette phrase. Cet agrément a lieu lorsque les suites des mots qui forment les parties principales de cette phrase, ont dans leurs longueurs respectives une correspondance marquée, et lorsque cette correspondance a un effet plus ou moins expressif, et toujours flatteur pour l'oreille (41).

Entre les phrases dans lesquelles on distingue ce rhythme général, sont spécialement les phrases *périodiques* dans lesquelles ce rhythme peut produire de grands effets, pourvu qu'ils ne reviennent pas trop souvent, et qu'on n'y sente point d'affectation (a).

Buffon, qui a beaucoup travaillé sur le style, sur lequel il a donné d'ailleurs des conseils particuliers qui sont fort bons (42), a généralement négligé les effets du rhythme périodique, en faisant très souvent des phrases qui ne finissent pas, et dans lesquelles les parties principales ne sont point séparées, de manière à former pour chaque idée majeure un son complet, auquel réponde un accord simple et harmonieux.

La qualité du style oratoire, que je regarde comme en étant la principale perfection, dépendante de la construction des mots, consiste en ce que l'harmonie qui résulte des formes de chaque phrase des rhythmes ou coupes de ses différentes parties et des nombres propres aux divers mots, s'accorde avec les images et les sentiments qu'exprime le discours (b).

(a) Démétrius de Phalère, *de Elocut.* n° 15) dit très bien que le discours ne doit pas être en entier composé de périodes, mais qu'elles doivent être entremêlées de phrases coupées ; qu'il réunit ainsi l'agrément de l'art et celui de la simplicité (Aquila donne le même précepte, p. 21).

(b) Cette force imitative des objets et des impressions que fait leur présence, a lieu dans les rhythmes oratoires, ainsi que dans les rhythmes

Il faut rapporter à toutes les espèces différentes des rhythmes ou nombres du discours, ce que Cicéron dit de Démosthène (*Orat.*, n° 234 : *Neque enim Demosthenes fulmine tantopere vibrarent illa, nisi numens contorta ferrentur*). Quintilien dit qu'on avait repris Cicéron d'avoir dit cela de Démosthène, en ce qu'il semblait par là rendre le discours oratoire dépendant des rhythmes. Mais Quintilien explique et justifie pleinement ce dire de Cicéron.

Aristote a dit (au troisième livre de sa *Rhétorique*) que le discours oratoire doit avoir des nombres, mais qu'il ne doit point avoir de mètres, car il serait alors de la poésie, et que les parties des phrases n'y doivent point avoir des terminaisons qui soient des rhythmes exacts, mais seulement qui approche du rhythme.

Cette observation d'Aristote a été confirmée et entièrement développée par Denis d'Halycarnasse, qui fait voir (Sect. 25 de son *Traité sur l'arrangement des mots*) qu'une prose excellente, quoiqu'elle ne doive point renfermer de vers, a de la ressemblance avec la composition poétique.

Denis d'Halycarnasse a montré aussi (*l. c.* sect. 26) qu'il faut que la poésie soit très semblable à une belle prose.

Il n'a point indiqué, du moins d'une manière développée, quels sont les avantages de cette ressemblance qui doit être entre la prose et les vers, et il s'est attaché seulement à

poétiques, et elle dépend de principes entièrement analogues à ceux que j'ai exposés en traitant des beautés de la poésie.

On pourrait en rapporter des exemples sans nombre dans la prose, de même que dans les vers.

Je me borne à indiquer un passage de Cicéron (*Orat. pro Dubl. sestio*, n° 35), où il a parfaitement décrit, ainsi que l'a remarqué Abram, par un discours composé de phrases coupées et comme tumultueux, la sédition et les désordres que les partisans de Clodius avaient fait à Rome dans la place publique.

exposer par quels moyens l'une et l'autre ressemblance pouvait être obtenue.

Je pense que la prose, qui ne doit point coïncider avec la composition poétique, a un agrément de plus lorsqu'elle s'en approche. C'est ce qui a lieu lorsqu'elle présente des mots mesurés, ou formant des pieds analogues à ceux des vers, mais qui ne sont assujettis à aucuns rapports constants de successions de combinaisons ou de retour, comme sont les rhythmes dans les vers. Car les rhythmes propres de ces mots, qui ne sont point liés entre eux comme dans la poésie, fixent et soutiennent l'attention, et introduisent dans le discours en prose une nouvelle cause de variété agréable.

Je crois aussi que les vers ont une perfection de plus dans leur ressemblance avec la prose. En effet, cette ressemblance dépend de la disposition des périodes et de leurs divers membres qui en devient en général plus marquée qu'elle n'est communément dans les vers, et comme elle est dans la bonne prose : ce qui produit dans les vers une autre cause de variété agréable.

Charpentier (*De l'excellence de la langue française*, p. 493) a dit que les mesures et les nombres font les principales beautés de l'élocution dans notre langue, de même que dans les langues anciennes.

Plusieurs autres auteurs ont reconnu la même chose ; mais il faut observer qu'ils ont donné de même au mot nombre, pris dans notre langue, une signification plus étendue que ce mot n'a dans les langues grecques et latines, et qu'ils lui ont rapporté toute espèce d'harmonie dépendante de la construction des mots et des phrases.

C'est ainsi que l'abbé Cassagne (*Préface sur Balzac*) a rapporté aux nombres dont la langue française est susceptible, les rapports d'inégalité de longueur entre les phrases qui se succèdent, et le mélange des plus longues de ces phrases avec les plus courtes. C'est en ce sens qu'on a dit que Balzac avait donné des nombres à la langue française en remédiant à l'inégalité des phrases qui rendaient la composition vague et discordante chez les écrivains qui l'avaient précédé.

Il est reconnu, et il a été bien développé dans le *Traité de la prosodie française*, par l'abbé d'Olivet, que la langue française a des syllabes longues et brèves. Cependant ces syllabes y sont rarement bien marquées et assez nombreuses pour être disposées dans des formes métriques, de même que dans les langues anciennes.

L'abbé d'Olivet veut que dans le nombre oratoire, les longues et les brèves des mots soient assorties de manière qu'elles précipitent ou ralentissent la prononciation au gré de l'oreille. Mais ces valeurs syllabiques ont certainement, comme je le montrerai en parlant des nombres dans la poésie, des utilités pour l'imitation des objets qui sont et beaucoup plus nombreuses et moins vagues (a).

M. Colin, dans sa traduction de l'*Orateur de Cicéron*, dit : Dans notre prose française, pour peu qu'on ait d'oreille, on sent l'harmonie qui résulte des cadences des sons (b), tantôt

---

(a) Il faut rapporter à l'harmonie du style en général, et non au nombre oratoire, comme fait M. d'Olivet, ce qui regarde les qualités des sons, qu'on peut tempérer en adoucissant les rudes et fortifiant les faibles, etc. ce qui fait que, dans l'arrangement des mots, on est souvent obligé de transporter des mots et même des membres de phrase, et de les disposer dans un tel ordre, qu'il n'en résulte rien de dur, rien de lâche, rien de trop long, rien de trop court, rien de pesant, ni rien de sautillant.

(b) Le mot *cadence*, qu'on a employé assez vaguement en parlant de la prose ou des vers, signifie sans doute une chute, ou une désinence de sons qui terminent une phrase entière, ou un membre de la phrase. Mais, à proprement parler, cette désinence ne doit porter ce nom, que lorsqu'elle marque le caractère d'une division faite dans la phrase, conformément à un motif oratoire ou poétique. Il me semble que si on adopte cette définition, on ne peut entendre ces vers de Boileau, qui dit que :

  Malherbe le premier en France,
  Fit sentir dans les vers une juste cadence.

graves et lentes, tantôt légères et rapides, tantôt fortes et impétueuses, tantôt douces et coulantes, que nos bons orateurs savent distribuer dans leurs discours, et varier selon la différence des sujets qu'ils traitent.

Avant de parler des différentes formes que peut avoir le style oratoire dont je viens de montrer que la première base repose sur l'harmonie qui résulte de la construction des mots, je vais exposer une considération générale qui est contraire à ce qu'un auteur moderne justement célèbre a pensé sur l'objet principal que le style doit avoir.

M. Beccaria a dit que l'effet principal qui doit être l'objet du style, est de donner à la fois la plus grande quantité possible de sensations ou d'idées.

Mais le style qui, comme celui de Tacite, renferme un grand sens, et donne beaucoup à penser, dans le moindre nombre de paroles possible, a une sorte de perfection absolument différente de celle que doit avoir le style oratoire, qui est destiné principalement à émouvoir l'imagination et les passions.

Il est nécessaire que, dans le discours oratoire, les parties de chaque phrase soient convenablement étendues pour développer entièrement les idées principales et les accessoires.

Longin a très bien dit (Sect. 20 *initio*), que, dans le discours, le sens et la phrase se développent le plus souvent réciproquement (a).

En effet, la clarté la plus grande et les autres qualités avantageuses de la phrase qui se déploient sans effort, ajoutent de plus en plus à la netteté et à la beauté du sens qu'elle exprime : et réciproquement la perception du sens, à propor-

(a) C'est ainsi qu'il faut traduire δια τουτοι, et non comme ont fait Boileau et Pearce ; la pensée et la phrase *s'expliquent* ordinairement l'une par l'autre.

tion de ce qu'elle devient complète, produit plus d'harmonie et d'effet dans la phrase.

Il faut concevoir par là ce qu'a dit Cicéron (*de Oratore*, lib. II, n° 56), que Thucydide a presque autant de pensées que de mots, et qu'il choisit et rapproche si bien ses mots, *verbis aptus et pressus*, qu'on ne sait si ce sont les choses qui sont éclairées (*illustratur*) par le discours, ou si les mots le sont par les pensées.

SECTION II.

Des différents genres du Style oratoire.

On distingue communément trois genres de style oratoire, le simple, le sublime, et celui qu'on appelle moyen entre ces deux, ou bien le style tempéré.

Cette distinction ordinaire est réelle, soit par rapport aux divers sujets que traite l'orateur, soit par rapport au caractère d'élocution qu'il emploie le plus généralement.

Mais il paraît tout autrement important, de considérer les genres du style oratoire suivant les formes particulières d'élocution qui sont propres à chaque orateur.

Il importe principalement de distinguer le style qui est propre à chaque grand orateur et dans sa forme essentielle, et dans les modifications que cette forme peut recevoir, suivant qu'il est convenable aux effets que doit produire chaque partie du discours. Ces modifications diverses constituent la juste variation du style, qui fait la perfection de l'éloquence, selon les plus grands maîtres de l'art (a).

(a) Hermogène dit que ce qui fait l'orateur parfait, c'est une juste variation du style, laquelle est par conséquent, dans l'éloquence la chose du monde la plus importante. Cicéron et Quintilien ont établi le même principe.

La forme essentielle du style que la nature et l'étude rendent propre à chaque orateur, fait que ce style est élevé, serré, véhément, abondant, etc.

Les modifications particulières dont est susceptible la forme essentielle du style de chaque orateur peuvent affaiblir ou renforcer cette forme, ou bien elles peuvent faire d'ailleurs que le style soit simple ou orné, doux ou austère, etc.

J'observe que la forme fondamentale du style et ses modifications particulières, sont déterminées par la sensibilité de l'âme ; de sorte que le style porte nécessairement l'empreinte du caractère de chaque orateur.

La manière qu'il a de voir et de rendre les objets tient aux sentiments qu'il en reçoit, qu'il réfléchit sur eux, et qu'il communique à ses auditeurs. C'est ainsi qu'il sait oublier l'art qu'il met d'ailleurs à la peinture de ces objets, et qu'il leur donne un caractère de nouveauté et d'intérêt qu'ils n'ont point eu en eux-mêmes.

Le principe de la faculté qu'a l'orateur pour exprimer ses mœurs me paraît être essentiellement dans la perfection avec laquelle il saisit et rend dans son élocution, les divers degrés de chaque caractère qu'on peut appeler moral, comme sont le *simple* et le *naïf* ; le *doux* et le *grave* ; le *vif* et le *fort* le *vrai* et le *naturel*, etc. Ces caractères, qui sont souvent très voisins dans la même partie du discours, sont pourtant séparés entre eux par des nuances bien tranchées ; et l'expression qui fait connaître avec précision et bien sentir ces nuances ne peut avoir lieu assez constamment dans un discours, qu'autant que l'orateur est doué profondément d'une sensibilité morale qu'il peut ainsi transmettre à ses auditeurs.

Il me semble que c'est en développant ce principe sur l'expression des mœurs que l'on peut rendre plus claire et plus exacte la doctrine d'Hermogène et des autres anciens rhéteurs sur les mœurs que l'orateur doit exprimer, et qu'on peut surtout se diriger dans de justes applications de cette doctrine.

Ce que je dis de la forme essentielle et des modifications variées que doit avoir le style de chaque orateur peut être parfaitement éclairci par l'exemple du style de Démosthène.

La forme essentielle du style de Démosthène est d'être : 1° *serré et nerveux* ; les pensées n'y étant point liées d'une manière lâche ou avec des mots superflus ; 2° *grave* ; les tours donnés aux pensées n'ayant point d'affectation de légèreté ou de finesse ; 3° *noble* ou *élevé* ; les expressions y étant éloignées du langage familier sans paraître recherchées (43).

Ces formes constantes du style de Démosthène concourent à lui donner encore le caractère d'un style vrai, ou inspiré par la conviction intime de la chose qu'il veut persuader.

Démosthène modifie à volonté cette forme essentielle de son style, suivant qu'il convient aux choses qu'il doit traiter dans les différentes parties de son discours. Sans altérer cette forme, il y introduit un mélange des divers genres de style avec un art que personne n'a entendu comme lui, et ces variations singulières qui l'ont fait comparer au Protée de la fable.

Son style est tantôt simple et tantôt pompeux, agréable et doux, ou bien austère, exprimant la facilité ou la contention analogue aux différences des mœurs qu'il veut peindre, ou des passions qu'il veut exciter, etc. (a).

(a) Démosthène a connu parfaitement que les causes de l'austérité de la composition, ainsi que ses divers agréments, sont uniquement dans les différences des modulations des sons, des rhythmes, des figures qui se

Démosthène a mis à proportion plus d'agrément et moins d'austérité dans le style des exordes et des narrations de ses discours judiciaires. En effet, il faut attirer l'attention des juges pendant qu'on leur fait des récits toujours arides, et qui souvent présentent des actions odieuses ; il faut ainsi fixer cette attention, pour qu'elle se prête aux discussions sérieuses qui doivent suivre l'exposé des faits.

Ainsi, sans perdre le caractère de style qui était à lui, Démosthène a su s'approprier ceux des différents orateurs qui l'avaient précédé, prenant de chacun ce qu'il y avait de mieux, sans en imiter aucun exclusivement (44). C'est par la réunion de toutes ces formes, variées avec une habileté profonde, qu'il a mis de la clarté dans le style le plus élevé au-dessus de l'usage commun ; du nerf et de la véhémence dans le style simple ; et dans le genre moyen, la variété, la symétrie, les mouvements analogues à ceux des passions entraînantes.

Il a réglé l'usage qu'il a fait de toutes ces formes du style de manière à atteindre une perfection qui y domine constamment, qui est la convenance parfaite que l'expression a dans chaque partie de son discours *avec les choses et les personnes* qui en sont le sujet (a).

Cicéron a modifié la forme essentielle de son style, en imitant, non seulement dans Démosthème, mais encore dans chaque grand orateur (comme dans Platon et dans Isocrate), ce qui convenait le mieux à son talent et à sa manière de sentir les divers objets (*sensibus suis* dit Quintilien).

Mais la forme essentielle du style de Cicéron, loin d'avoir le nerf et la concision de celle du style de Démosthène, a des

succèdent et des résultats des combinaisons de ces divers moyens. C'est ce que dit Denys d'Halicarnasse, dans un texte qui ne doit point souffrir le changement que proposait Martinox.

(a) Je traduis ainsi τὸ πρέπον, que je trouve qu'on a en général mal traduit *decorum*.

tournures librement variées et étendues, souvent même un peu lâches, et elle abonde en répétitions (45).

Les contemporains de Cicéron disaient que son éloquence asiatique manquait de force, et avait de la redondance, et que sa composition était rompue et sautillante (*fractum et exultantem*) (a).

SECTION III.

Des moyens oratoires.

Les moyens oratoires, outre ceux que j'ai parlé jusqu'ici, qui sont relatifs à la puissance de la construction des mots et à celle du style oratoire, sont :

1° Les preuves tirées des principes que l'orateur applique, suivant les règles de la logique, aux questions dont il traite.

2° Les raisonnements sur les faits qu'il s'agit d'établir, de nier, ou d'expliquer d'après les maximes de la probabilité.

3° Les images et les autres développements du sujet qui agissent sur l'imagination de la manière la plus vive et la plus puissante pour émouvoir toutes les facultés de l'âme (b).

(a) Voyez ce qu'a dit l'auteur du dialogue (*De causis corruptæ eloquentiæ*, c. 18 et 73), et les notes qu'a faites Schelius sur ces endroits.
Quintilien (*Inst. Orat.*, l. XII, c. 10) me paraît être mal fondé à désapprouver le sentiment de ces critiques, qui trouvaient que l'éloquence de Cicéron était aride et manquait de substance (*jejunum et aridum*). Les uns et les autres désignaient également ainsi le petit nombre des principales pensées que Cicéron enveloppait d'un grand nombre de tours et de phrases.

(b) Ces images des choses dont on parle, et qu'on fait voir comme présentes, ont été appelées par les Grecs, *phantasiai*, et par les Latins, *visiones*. Quintilien a dit, avec raison, que quiconque peut bien concevoir ces *visiones* dans son esprit, a le plus grand talent pour produire chez les hommes les sentiments qu'il veut, on est *in affectibus potentissimus*.

Cette perfection des images qui en choisit et concentre les traits les plus

4° Et principalement les sentiments moraux, habituels ou passionnés, que l'orateur fait naître du fond du sujet qu'il traite.

L'art doit combiner les sentiments et les images avec les preuves tirées du raisonnement. C'est par ces combinaisons que l'orateur atteint le but principal de l'éloquence, qui est de persuader plus encore que de convaincre et de déterminer les auditeurs à ce qui est le plus juste, quoique souvent contraire à leurs opinions et surtout à leurs passions.

C'est ainsi que l'orateur éveille la nature au fond du cœur de ses auditeurs, affaiblit les impulsions de leurs passions exagérées, et les dispose à recevoir les conseils d'une raison supérieure.

Dans chaque sujet qu'on traite, l'invention des arguments, des images et des sentiments, appartient au génie de l'orateur. Mais cette invention, considérée en elle-même, ne peut être l'objet de l'art de bien parler.

Cependant c'est, et des arguments ou des preuves, et des causes morales des actions que traite principalement Aristote dans sa Rhétorique, dans cet ouvrage fameux que non seulement ses commentateurs, mais beaucoup d'autres, tels que Naudé, Boileau, etc. ont regardé comme un livre par excellence.

propres à émouvoir l'imagination et les passions, est le premier principe de cette *chaleur* qu'on a tant recommandée de nos jours à ceux qui veulent traiter éloquemment des questions générales et abstraites.

Cette *chaleur* fait que, lorsque la pensée de l'écrivain excite en lui un sentiment vif et profond, il met de l'âme dans sa phrase, et communique à ses lecteurs des mouvements passionnés, en rapprochant son sujet de leurs affections morales, sous des rapports qui peuvent les intéresser.

Cette *chaleur* doit être distinguée de celle qui a lieu dans la composition même, lorsque l'écrivain concevant et embrassant pleinement son sujet, après en avoir saisi les idées principales, et bien tracé le plan dans lequel il doit les présenter, se meut avec rapidité dans tous les détails de son ouvrage.

Les deux premiers livres de cet ouvrage, qui en font la partie la plus essentielle, ne renferment que des détails de logique sur les sujets et les moyens des causes que l'orateur peut soutenir, sur les motifs des actions bonnes ou mauvaises, sur les passions, sur les mœurs et sur les lieux des arguments oratoires (a).

Il est évident que de semblables considérations sur les actions humaines, sur les passions et sur les mœurs, ne peuvent former qu'une introduction à l'art de la rhétorique.

Cependant Aristote aurait pu traiter de cet art directement et d'une manière philosophique, si, au lieu de s'arrêter à des spéculations abstraites et générales sur la nature des arguments et sur celles des passions, il eût fait voir, par exemple, dans quel ordre on doit disposer les preuves qui sont d'une force inégale (46).

Les images que l'orateur rend avec énergie sont du plus grand effet, quand leurs détails réunis peuvent servir à soulever des passions violentes ; par exemple, l'indignation est puissamment excitée, quand Cicéron (*Orat. II in Catilinam*, n° 5) peint ainsi les complices de Catilina formant, au sein de la débauche, les complots les plus atroces : *Qui accubantes in conviviis complexi mulières impudicas, vino languidi, confecti* (ou *conforti*) *cibo, redimiti sortis, unguentis obliti, debilitati stupris eructant sermonibus suis cædem bonorum atque urbis incendia.*

La principale source des beautés oratoires est dans les sentiments et les passions qu'excite l'orateur. On a toujours rapporté ces divers genres de beautés que l'orateur

---

(a) Le plus beau morceau de cette rhétorique, quoiqu'il ne soit aussi que préparatoire à l'art de bien parler, me paraît être celui où Aristote a décrit les mœurs des différents âges de la vie ou de la jeunesse, de l'âge mûr et de la vieillesse.

peut produire à deux chefs principaux : le pathétique et le moral ou l'éthique.

On a distingué deux sortes de pathétique : celui qui est simplement *véhément*, et celui qui émeut les affections tendres, comme la bienveillance et la pitié.

Démosthène a manié supérieurement le pathétique véhément qui était propre aux sujets de ses discours qui ne comportaient pas en général un pathétique touchant.

Cette véhémence affectait les anciens au point que, comme l'observe Denys d'Halicarnasse, même en lisant simplement un discours de Démosthène, on était saisi d'enthousiasme, agité en plusieurs sens, mû de différentes passions, défiant, luttant, redoutant, dédaignant, éprouvant la haine, la colère, etc.

Longin (*De Sublim.*, c. XXIV), entre autres avantages qu'il attribue à Hypéride sur Démosthène, dit que la nature semblait avoir formé Hypéride pour l'art d'exciter la commisération (a).

C'est dans cette faculté de produire un pathétique touchant ou qui émeut une pitié tendre, que Cicéron a particulièrement excellé. Plusieurs morceaux de ses oraisons réunissent des descriptions parfaites, dont les objets sont rendus présents par les images et les expressions, avec de grandes beautés sentimentales. Ces beautés naissent du choix et du développement des traits qui, dans ces objets sont les plus propres à exciter généralement des impressions profondes de commisération, émouvant, par l'imagination, toute la sensibilité de l'âme.

(a) J'observe en passant, contre l'opinion de Quintilien, que si Démosthène n'a pas montré le plus grand talent pour exciter la commisération, ce n'est point parce qu'à Athènes, il était défendu d'émouvoir l'amitié et de faire des péroraisons.

Je me bornerai à en citer des exemples pris dans la cinquième oraison de Cicéron contre Verrès. Il y peint (n° 45), l'état affreux des mères de ces commandants de vaisseaux qui avaient été injustement condamnés à mort par Verrès, qui passèrent la nuit, qui précéda le supplice de leurs fils, à la porte de la prison, sans qu'elles pussent obtenir l'unique grâce qu'elles demandaient, celle d'embrasser encore leurs enfants, et d'en recevoir le dernier souffle qu'ils pouvaient respirer avant d'aller à la mort.

Il présente encore ces mères infortunées (*ibid.*, n° 40) qui, dans une ville de Sicile, où il arrivait de nuit et aux flambeaux, vinrent se jeter à ses pieds pour implorer son éloquence vengeresse contre Verrès le bourreau de leurs fils.

On trouve une semblable réunion de beautés d'image et de sentiment dans cet autre morceau si connu de la même Verrine (n° 66) où Cicéron peint Gavius qui, quoiqu'il réclamât le droit de citoyen Romain, fut mis en croix, par l'ordre de Verrès, dans un endroit de la côte de Messine, qui était en face de l'Italie, dont elle était séparée par le détroit. Ainsi, dit Cicéron, Gavius, mourant dans les tourments, vit le court espace qui le séparait de la terre de la liberté, et l'Italie pût voir le dernier supplice de l'homme libre qui était né dans son sein, etc.

Je vois avec peine que la beauté de ce dernier morceau soit déparée par l'exagération triviale qu'y ajoute Cicéron (*ibid.*, n° 67), en disant que le récit de cette atrocité est capable d'émouvoir, non seulement les hommes et les bêtes, mais même les rochers à qui on les raconterait dans les solitudes les plus désertes (a).

(a) Cicéron a aimé particulièrement cette figure vaine et usée ; car il l'a répétée, en l'adoucissant par un, *il semble*, dans son Oraison sur la loi agraire (n° 4), et dans son Oraison pour Marcellus (n° 3).

La force des sentiments passionnés par lesquels l'âme est transportée, peut les élever jusqu'à être une des sources des plus naturelles du sublime (comme Longin l'a enseigné, *Du Sublim.*, C. VIII, n° 3).

Ainsi, me parait s'élever juqu'au sublime, un discours que Plutarque fait tenir à Cléopâtre, dans ses dernières lamentations sur le tombeau de Marc-Antoine. Je vais traduire ce morceau, dont je ne vois pas que personne ait témoigné sentir comme il est pathétique.

Cléopâtre étant assurée que César voulait l'envoyer à Rome avec ses enfants pour servir à son triomphe, elle lui demanda d'abord de lui permettre qu'elle offrit à Antoine les derniers sacrifices pour les morts (χοας) *inférias*. César le lui ayant accordé, elle se fit apporter au lieu de la sépulture d'Antoine, et se prosternant sur son tombeau avec ses femmes : « O mon cher Antoine, dit-elle, mon corps était encore li-
» bre, lorsque je t'ai inhumé : mais maintenant que je t'offre
» ces libations, je suis esclave ; et l'on m'empêche de meur-
» trir et de blesser dans mon deuil ce corps désormais as-
» servi, que l'on conserve pour triompher de toi. N'attends
» plus de moi d'autres honneurs ni d'autres sacrifices : ceux-
» ci sont les derniers que t'offrira Cléopâtre. Rien n'a pu nous
» séparer pendant la vie : mais nous risquons de l'être après
» la mort dans des lieux opposés à ceux qui nous ont vu
» naitre. Romain, tu as ici ton tombeau : malheureuse que
» je suis ! Je risque d'avoir le mien en Italie, et c'est tout ce
» que j'aurais de commun avec toi dans ta patrie. Mais si les
» dieux du séjour que tu habites ont quelque puissance,
» puisque ceux d'ici-bas nous ont abandonnés, ne délaisse
» point ton épouse vivante, et ne souffre point qu'en ma pré-
» sence on triomphe de toi. Mais reçois-moi et que je sois ren-
» fermée dans ton même tombeau. Car de tous les maux in-

» finis qui m'accablent, il n'en est point que je ressente aussi
» cruellement que d'avoir été privée et séparée de toi pen-
» dant ce peu de temps qui s'est écoulé depuis ta mort. »

Après avoir dit ces paroles, elle se couronna de fleurs et embrassa le tombeau d'Antoine ; et de suite elle disposa toutes choses pour se donner la mort.

L'orateur ne peut jamais agir avec une plus grande énergie sur les hommes assemblés, que lorsque son caractère moral s'est élevé au plus haut degré de perfection. Cette cause est celle qui produisit les effets de l'éloquence de Périclès, que la Grèce a reconnu comme le premier et le plus éloquent de ses orateurs.

On a généralement attribué cette supériorité à l'influence qu'eurent sur l'esprit de Périclès les leçons d'Anaxagoras.

Platon, dans son Phédon, fait dire à Socrate que Périclès ayant reçu de la nature d'heureuses dispositions, l'emporta sur les autres orateurs, par l'élévation des pensées et l'énergie du style que son esprit acquit dans ses entretiens avec Anaxagoras.

Mais comment les entretiens de ce philosophe produisirent-ils cet effet merveilleux? C'est ce qu'on a expliqué diversement, et que je crois qui doit l'être de la manière que j'ai indiquée.

Plutarque dit que Périclès employait à tout propos dans son style ce qu'il avait appris d'Anaxagoras, dont il faisait entrer la physiologie dans la teinture de sa rhétorique. C'est ainsi que je crois qu'il faut traduire, et non, comme ont fait Amyot et Dacier, que Périclès ornait la physique des couleurs de la rhétorique.

Mais cette utilité ne pouvait être fort étendue quoique les sciences naturelles puissent former beaucoup de belles images, comme l'ont fait voir Lucrèce, Virgile, qui a adopté en divers endroits, divers systèmes de philosophie suivant la remarque de Brucker, Voltaire, Thompson, etc., etc., on ne saurait les employer fréquemment dans un discours sans affectation vicieuse, et leur emploi ne peut donner à l'orateur un caractère particulier d'éloquence supérieure.

Platon a dit aussi, au même endroit, qu'Anaxagoras, discourant amplement sur la nature et les défauts de l'intelligence de l'homme, Périclès, en retira les principes les plus convenables à l'art de parler ; ce que Budé (*Comm. L. Gr.*, p. 1033) a expliqué, *gnarus quibus oratoriis modis quœque animorum partes pellerentur*. Mais il est évident, et l'on peut rendre très sensible en considérant la rhétorique d'Aristote, que des recherches subtiles et profondes sur les facultés de l'intelligence humaine, ne peuvent donner à un orateur un caractère d'éloquence sublime.

Mais la principale cause de l'influence de ces entretiens d'Anaxagoras pour donner la plus grande beauté aux discours de Périclès, fut que cet orateur y acquit l'habitude d'une hauteur de conceptions, à laquelle il subordonnait tous les mouvements qu'il voulait imprimer à ses auditeurs.

Des connaissances solides et très élevées sur la nature, sur l'univers et sur l'homme, ne peuvent qu'inspirer du mépris pour les objets vulgaires des passions humaines. Comment une âme qui se nourrit de ces hautes pensées, pourrait-elle ne pas être continuellement disposée à ne considérer que ce qui répond à la dignité de sa nature, et ne pas exprimer, dans toutes les occasions, des sentiments profonds d'admiration pour les grandes vertus, et de mépris pour les êtres coupables.

L'orateur qui a en lui le sentiment d'une haute vertu, en

impose nécessairement à ses auditeurs par les mouvements qui expriment ce sentiment (a).

Quintilien a dit que l'orateur est un homme de bien qui possède l'art de parler (*vir bonus dicendi peritus*). Il peut y avoir, dans la conduite d'un grand orateur, quelques circonstances où il ait dérogé aux principes d'une probité rigoureuse (b); mais il est essentiel que son caractère soit habituellement réglé par les principes de la vertu la plus pure.

Plutarque rapporte, dans la vie de Caton d'Utique, qu'avant la bataille de Dyrrachium, les exhortations de Pompée, et des autres capitaines, faisant peu d'impression sur les soldats, ils furent ensuite émus d'une grande ardeur de combattre, par le discours que leur tint Caton ; qui leur parla avec une forte philosophie, et une affection véhémente, sur la liberté, la vertu, la mort et la gloire ; et finit sa harangue par une invocation aux dieux, comme s'ils eussent été présents, et regardant ce combat pour la patrie.

Sans doute Caton était pénétré du sentiment de la présence des dieux, auxquels il adressait cette invocation solennelle. Il était trop grand, trop vertueux pour qu'elle ne fut chez lui qu'une figure de rhétorique.

Il est très apparent que Cicéron exprimait aussi un sentiment vrai, lorsqu'il invoquait les dieux présents à la tribune où il haranguait, et qu'il les prenait à témoin comme voyant le fond de son cœur ; que son discours en faveur de Pompée

---

(a) C'est avec raison que Vauvenargues a dit que les grandes pensées viennent du cœur. Cela se rapporte parfaitement avec ce qu'avait dit Quintilien, *pectus est quod facit disertos, et vis mentis.*
(b) On sait la faiblesse de Démosthène, qui ne put résister à un magnifique présent d'Harpalus. — Quintilien rapporte (*Inst. Orat.*, l. II, c. 17) que Cicéron se vantait d'avoir répandu de l'obscurité dans l'esprit des juges dans la cause de Cluentius, *Tenebras effudisse.* — On cite sur ce sujet Leclerc (*Quæstion, Hieronymit*, l. VIII, § 14).

n'avait point pour motif de se donner du crédit par la faveur de ce général (Voyez son Oraison *Prolège Manilia*).

La persuasion de l'opinion de l'existence des dieux était peut-être exaltée par l'effort même avec lequel il employait alors cette opinion comme un moyen puissant de faire croire à la vérité de ses assertions.

Mais, d'ailleurs, Cicéron a été souvent déterminé, selon qu'il convenait aux motifs de son éloquence, à admettre ou à rejeter, dans ses différents discours, des sentiments opposés sur les plus importantes des opinions religieuses, même sur celle de l'immortalité de l'âme (47).

On peut regarder comme les premiers vestiges, quoique faibles et éloignés de l'altération de l'éloquence, ceux que présentent des figures de mauvais goût, qui ont été adoptés par des orateurs du premier ordre.

Je ne considère point comme des signes précurseurs d'une dégradation prochaine de l'éloquence, quelques traits de mauvais goût, qui peuvent être échappés à des écrivains supérieurs (a).

De ce genre est que Xénophon fait dire à Chrysantas (dans la *Cyropédie*, l. IV) pour appuyer le projet de Cyrus, qui voulut que ses soldats fantassins devinssent des hommes de cheval ; qu'il aimera mieux être cavalier qu'*hippocentaure*, d'autant que celui-ci ne peut se diviser et se recomposer : à quoi il ajoute d'autres choses ridicules, en continuant cette comparaison.

Mais c'est lorsque des erreurs de goût sont répétées plusieurs fois dans un grand orateur, et surtout lorsqu'elles

---

(a) C'est avec raison qu'on a reproché au chancelier de l'Hôpital, que les harangues qu'il prononça aux états d'Orléans, n'étaient qu'un tissu de métaphores prises de la médecine, figures dont il avait peut-être pris l'habitude auprès de son père, qui était médecin.

semblent tenir à une imperfection qui lui est naturelle, qu'elles peuvent contribuer à préparer l'altération de l'éloquence. J'indiquerai dans Cicéron des exemples de semblables erreurs. On doit observer que les figures les plus hardies qu'il emploie sont, en général, choisies avec beaucoup de goût. Ainsi, lorsqu'il dit, dans sa seconde Catilinaire, qu'il a fait sortir de Rome Catilina, *scelus anhelantem, respirant le crime* avec de puissants efforts, il emploie une belle image. Celle de *suer le crime*, qu'ont souvent employé les orateurs des premiers temps de la Révolution, est une idée sans mouvement, également vicieuse et dégoûtante.

Cependant Cicéron a manqué souvent de goût par un penchant vicieux pour tout ce qui se montrait à lui comme ingénieux et agréable (a).

L'âge mûrit le goût de Cicéron, puisqu'il lui fit condamner ce qu'il avait dit étant jeune, dans son discours pour Roscius, sur le supplice des parricides, où il exposait emphatiquement des niaiseries pour de grandes choses.

Cependant Cicéron, à la fin de sa carrière, ne pouvait toujours se défendre d'un entraînement qui lui faisait comparer deux images qui se trouvaient fortuitement rapprochées, sans qu'il put les lier par aucun rapport convenable. C'est ce qu'on doit voir dans ce passage célèbre, et que plusieurs critiques ont justement blâmé, de son oraison *in Pisonem*, n° 10. *Cumque ipse nudus in convivio saltaret, in quo, ne tam quidem cum illum saltatorium versaret orbem, fortunæ rotam pertimiscebat* (48).

(a) C'est ce qu'a bien remarqué Davies, sur ce que Cicéron a loué comme spirituelle la pensée très froide de Timée, que Diane laissa brûler son temple d'Ephèse, pendant qu'elle en était absente, et assistait aux couches d'Olympias, mère d'Alexandre.

SECTION IV.

*Des causes qui, à certaines époques, empêchent
les orateurs de s'élever au sublime.*

Je termine ce discours par des considérations générales sur la solution de cette question, que Longin a discutée à la fin de son *Traité du Sublime*, lorsqu'il a demandé pourquoi les orateurs de son temps ne s'élevaient point au sublime.

Je vais exposer en détail, quelles me paraissent être les véritables causes de la décadence des esprits dans les arts de la poésie et de l'éloquence, qu'on observe en général dans les siècles qui suivent immédiatement ceux où ces arts ont été le plus perfectionnés.

Premièrement, les auteurs qui portent à un haut degré la perfection des ouvrages de poésie et d'éloquence épuisent, pour ainsi dire, presque entièrement, les beautés originales dont chaque genre est susceptible.

Ces premiers auteurs, ayant épuisé les images, les sentiments, les pensées, qui sont dans la nature, ceux qui leur succèdent dans la même carrière, quoiqu'ils aient de grands talents, désespèrent de les surmonter et ne peuvent exciter l'admiration de leurs contemporains, qu'en adoptant de nouveaux genres de style qui sont nécessairement moins parfaits que celui de leurs prédécesseurs.

Ils ne peuvent que très difficilement trouver des idées neuves et piquantes, en conservant les grâces du naturel et de la facilité.

Ils peuvent avoir encore des formes élégantes, mais nécessairement recherchées, quand même elles ne sont pas décidément vicieuses, parce que l'esprit les a travaillées avec effort ; ou austères, parce qu'il ne reste plus de mérite à leur donner que celui d'une précision philosophique.

Enfin, comme ils sentent que ces sortes de perfections ne peuvent donner assez d'intérêt à leurs écrits, ils se livrent souvent à un faux enthousiasme, qui séduit quelque temps les âmes faibles et les cœurs vides, mais qui ne produit jamais ces impressions fortes et permanentes que fait une chaleur toujours soutenue et toujours proportionnée aux sujets qui la font naître (a). Une cause nécessaire qui fait que le *goût du beau*, dans la poésie et l'éloquence, se perd dans le siècle de la décadence des lettres qui succède à celui où elles ont été portées à leur perfection, c'est qu'on voit aussi s'affaiblir alors, et s'effacer par degrés, *le goût du vrai sans lequel il n'y a rien de beau* pour la touche philosophique. Le raisonnement fait perdre la raison ; et les écrivains qu'elle admire le plus, sont des sophistes qui couvrent d'un style éloquent ou sentimental les dogmes d'une philosophie superficielle et contradictoire.

Les écrivains les plus propres à accélérer la dégradation de l'éloquence sont ceux qui, comme Sénèque, ont une grande abondance d'idées et beaucoup de subtilité, mais qui manquent d'une force de jugement proportionnée à leurs avantages ; de sorte que leurs compositions sont perpétuellement défectueuses, pour le choix des pensées qu'ils mettent en œuvre, et pour la solidité de leur doctrine.

(a) Sénèque dit (Épist. CXIV) que, dans un âge corrompu et dégoûté de bons modèles, il est des écrivains qui se plaisent à ce qui est vicieux (*qui ipsum vitium ament*) et qui ne se contentent pas de s'en approcher lorsqu'on veut tenter de produire quelque chose de grand (*Necesse est enim ad vitium accedere, aliquid grande tentanti*).

Pline le jeune dit aussi (Ep. XXVI du liv. IX) que l'éloquence n'est jamais plus admirable, que lorsqu'il est à craindre qu'elle ne s'égare.

Ces assertions analogues de Sénèque et de Pline me paraissent elles-mêmes indiquer la dégradation du goût dans le siècle où ils écrivaient.

Secondement, l'instruction publique n'est point encore dirigée, aux époques que nous observons, suivant un plan méthodique, qui soit assez favorable pour la culture des belles-lettres, et qui tende à y produire des hommes supérieurs.

La vue d'une utilité directe, et qui semble être principale, fait que, dans l'instruction publique, on s'attache à tourner les esprits vers les sciences exactes. Cependant la cessation de la culture des lettres, influe bientôt à arrêter les progrès des sciences mêmes, surtout de celles qui ne sont pas purement physiques ou mathématiques.

Mais l'utilité de la culture des belles lettres est par elle-même d'une grande importance. Elles sont du plus grand intérêt pour charmer les ennuis dont la vie humaine est assiégée, spécialement dans les sociétés dont la civilisation est très avancée.

Elles peuvent aussi, en exerçant et dirigeant le sentiment des vraies beautés dans les lettres et dans les arts, contribuer à perfectionner le sentiment du vrai beau dans les mœurs, et à leur donner un plus grand caractère, chez un peuple où le goût des lettres est fort répandu. Ce principe de l'éducation est analogue à celui qu'une sagesse profonde avait établi chez les anciens Grecs ; il eût dû et devrait être suivi constamment dans l'instruction publique, quoique les applications de ce principe se soient trouvées plus restreintes en des temps postérieurs, et le soient particulièrement dans nos circonstances actuelles.

Il est vrai, d'ailleurs, que ce qui attire de préférence les esprits vers les sciences exactes, dans le temps de la décadence générale des lettres, est que ces sciences sont des mines de découvertes qui semblent inépuisables, et que leur perfectibilité est, sous ce rapport, sans comparaison plus étendue que celle de la poésie et de l'éloquence.

Au contraire, dans les arts de l'imagination, la perfectibilité de l'esprit humain a atteint son maximum ; et on n'espère point qu'elle passe les limites qu'ont marquées Homère et Virgile, Démosthène et Cicéron, quoiqu'une opinion contraire soit adoptée par des écrivains de nos jours (a).

C'est dans les arts seulement qu'il faut reconnaître, comme vrai, ce qu'a dit Velleius Paterculus (*Hist. Rom.* l. I, n° 17) sur la cause générale de leur décadence, peu après le siècle où ils ont été portés à leur perfection ; que cette perfection est un terme en deçà duquel on est d'autant plus retenu, qu'on ne peut aller plus loin. *Difficilis inperfecto mora est ; naturaliterque quod procedere non potest, recedit.*

Troisièmement, il n'est point d'influence plus marquée sur la décadence des lettres chez un peuple, que celle des circonstances politiques auxquelles il est soumis.

La corruption du goût est accélérée par l'énervation et la dégradation des sociétés, qu'entraînent les altérations des circonstances politiques qui changent les mœurs dans les âges avancés des peuples qui ont vu fleurir les arts de la parole et les belles-lettres.

Il est certain, comme l'a dit Homère, qu'une vie bornée à la recherche des plaisirs vulgaires, y corrompt l'âme, y éteint toutes les affections sympathiques, et se concentre dans l'amour-propre le plus grossier. Home ajoute fort bien: lorsque ce genre de vie exclut le sentiment de la bienveillance générale et des émotions qu'elle cause, il ne peut y avoir de place pour les émotions douces et délicates que produisent les beaux-arts.

La corruption des mœurs est encore moins funeste par elle-

(a) L'abbé Gedoyn pensait que l'esprit de toutes les nations s'était rétréci, et que la grande poésie et la grande éloquence avaient disparu du monde avec la Mythologie des Grecs. Voilà une opinion diamétralement opposée à celle de Châteaubriand, dans son *Génie du Christianisme*.

même à l'éloquence, que n'est leur énervation qui est produite d'ordinaire par les vices du gouvernement.

Dans ce temps de dépérissement, il peut exister encore des critiques du goût le plus éclairé. Ainsi Quintilien et Longin ont vécu dans des temps où Rome et la Grèce ne produisaient plus des poètes et des orateurs du premier ordre.

Mais, les âmes des orateurs et des poètes étant généralement énervées et rétrécies, sont portées à goûter de préférence des beautés superficielles. L'effet de ces beautés ne peut être permanent, parce que dans les ouvrages de l'art, comme dans ceux de la nature, les beautés grandes, profondes et durables, demandent de l'effort et de la constance pour leur production.

Quatrièmement, une cause principale de la décadence des esprits, par rapport aux arts de la parole, dépend des destructions que des révolutions violentes ou de longues guerres causent dans les fortunes de la plupart des membres d'un Etat, destructions qui se renouvellent en différents siècles, par la nécessité périodique des retours des événements semblables.

L'appauvrissement général qui suit le bouleversement des fortunes dans une nation, y fait sentir continuellement, et avant tout, le besoin de s'assurer les moyens de vivre.

Ce besoin est très distinct de la passion de l'avarice, que Longin dit être une cause principale de la décadence des esprits dans les temps dont nous parlons.

Ce motif impérieux et perpétuel ne peut que détourner généralement les esprits de l'étude des arts qui sont inutiles à la fortune. Il ne permet que rarement à des hommes d'un esprit supérieur, de se passionner pour la gloire qui est attachée à ces arts, et il arrête sans cesse leur essor par les liens de la société à laquelle ils sont asservis dans tous les sens.

SIXIÈME DISCOURS

Des beautés de la poésie.

Les ouvrages des arts, ou de la poésie et de l'éloquence, ne sont point représentatifs des objets naturels. Ils sont imitatifs uniquement dans ce sens que, pendant qu'ils rappellent les idées des objets dont ils donnent les descriptions, ces arts doivent, par les moyens qui leur sont propres, exciter dans l'âme, le plus fortement possible, des affections relatives à celles que pourrait faire naître la présence de ces objets.

Je partagerai ce discours en plusieurs sections, dans lesquelles je considérerai séparément les chefs principaux des beautés qui sont propres à la poésie. Ces chefs principaux sont l'imitation des objets qu'elle peint ; l'usage qu'elle fait des figures, l'expression poétique des images, celle des sentiments, et le merveilleux. Dans les deux dernières sections de ce discours, je parlerai du sublime que constituent des beautés poétiques de divers genres, lorsqu'elles s'élèvent au plus haut degré, et des beautés de la tragédie.

SECTION PREMIÈRE

De l'imitation directe et indirecte des objets, qui est propre à la poésie.

Avant de considérer les beautés d'imitation directe ou indirecte qui sont propres au style poétique, j'observe que ces différentes et nombreuses beautés qu'un critique savant, comme Quintilien, peut saisir et développer dans des vers d'un grand poète, tel que Virgile, n'ont certainement point été autant d'objets distincts que le poète ait vus directement, eût recueillis antérieurement et entre lesquels il ait choisi de préférence ceux qui devaient entrer dans la composition de ces vers.

Le sentiment des beautés des styles poétique et oratoire, est exercé par la répétition très fréquente des impressions de ces beautés qu'on trouve dans les grands écrivains : il se fortifie en raisonnant ces beautés, qu'il rappelle aux principes généraux du goût : il donne enfin au génie la faculté de créer, dans ses compositions, des beautés de formes qui ne sont pas les mêmes que celles dont il s'est assidûment pénétré ; mais qui leur sont très analogues.

C'est ainsi, par exemple, que, lorsqu'il est rempli des effets d'un rhythme grave et majestueux, il est prochainement disposé à faire entrer, lorsqu'il traite des choses d'un ordre élevé, d'un rhythme *semblable* dans son discours.

La poésie ne peut faire aucune imitation directe et proprement dite que celle de certains bruits copiés par des mots qui ont des sons ressemblants.

On a plusieurs exemples de cette imitation directe dans des vers d'Homère, de Virgile, et d'autres poètes (49).

Ce qui est particulièrement remarquable à ce sujet, c'est que les différentes lettres qui peuvent produire une imitation directe des sons que le poète veut rendre sont souvent en même temps propres à une imitation indirecte des objets qui produisent ces sons ; à raison de la sorte d'analogie que les sensations de ces lettres ont avec l'impression que font sur l'âme ces objets décrits par le poète.

Le fait même est connu : et les exemples en ont été recueillis par divers auteurs anciens et modernes.

Ainsi Vossius (*Institut. Orat.*, l. IV, ch. 2, sect. 2) a observé que la lettre A, qui est très sonore, est particulièrement propre pour exprimer des choses qui font une forte et grande impression : et que la lettre O donne aussi de la grandeur au discours (50).

Une grande partie des beautés d'imitation, surtout directe qui sont contenues dans des vers d'Homère et de Virgile, ne peut qu'être perdue pour nous, parce que nous ignorons la vraie prononciation de ces vers, quant aux sons précis des lettres, aux accents ou différences d'élévation relative des tons et à la prosodie exacte des syllabes plus ou moins longues.

Autant est bornée l'imitation directe que la poésie peut faire des objets sonores ou retentissants, autant sont variés et étendus les effets de l'imitation indirecte dont l'élocution poétique est susceptible ; relativement aux formes, aux mouvements et autres phénomènes des objets qui sont décrits ; ou bien aux affections de l'âme qu'ils peuvent exciter.

Les effets de cette admiration indirecte ont lieu, lorsque les sensations que produisent dans le sens de l'ouïe les formes et la construction des mots, les coupes sensibles des vers et les rhythmes, ont une analogie manifeste avec les figures et les mouvements des objets décrits par le poète, ou avec les caractères des affections de l'âme qui répondent à ces objets (a).

Vida a donné dans sa poétique (l. III, depuis le vers 365 jusqu'au vers 455), de nombreux exemples de la plus par-

---

(a) L'impression que cette imitation poétique fait sur l'âme, a lieu non seulement lorsqu'on entend ces vers, mais même lorsqu'on les lit sans les prononcer, cas auquel leur effet sensible est non seulement rappelé, mais ressenti dans l'imagination.

faite élocution poétique ; où les mots ont, par leurs formes et celles de leurs successions dans les vers, des rapports sensibles avec les objets et les idées qu'ils expriment.

Vida y dit : les petits objets veulent des sons maigres et petits : les grands demandent des mots sonores et majestueux. — Si quelque chose se fait avec des efforts pénibles, que votre marche soit laborieuse, et que les mots arrivent avec peine. — Mais si le moindre retard est dangereux ; si une vipère se montre ; le vers doit tomber et se précipiter. — Un vieillard lance-t-il d'une main faible, un trait inutile ? le vers languit, se traîne débilement, etc.

Ce morceau de Vida, sur l'élocution poétique, a été justement célébré ; mais il n'indique que les effets même que l'on sent en lisant les vers de Virgile dont il a pris presque tous les exemples qu'il allègue.

Or, par quels moyens la poésie produit-elle ces effets ? C'est ce que ni Vida ni personne n'a rapporté à des principes assez généraux.

Cependant quelques-unes des causes particulières de ces effets ont été bien exposées par Denys d'Halicarnasse (*de Compos, Verbor*, cap. XX). Il a le premier fait connaître, en détail, quelle est la puissance des mots pour exprimer un mouvement lent ou un mouvement rapide, suivant que ceux qui sont en plus grand nombre dans le vers, sont seulement monosyllabes et disyllabes, ou qu'ils sont polysyllabes ; qu'ils se heurtent par des *hiatus*, propres à exprimer un mouvement tardif ou laborieux, ou qu'ils sont liés d'une manière coulante ; enfin qu'ils ont plus de syllabes, ou brèves, ou longues, et qu'ils forment ainsi des pieds et des vers plus ou moins longs.

C'est d'après ces considérations que Denys d'Halicarnasse a bien développé la force d'imitation qu'ont les vers par lesquels Homère décrit les efforts toujours extrêmes, et toujours inutiles que Sisyphe fait dans les enfers pour soulever son rocher.

On peut dire que l'imitation indirecte, qu'opèrent de semblables moyens a été portée, dans la poésie d'Homère, à la plus grande perfection possible. Les effets de cette imitation produite par le plus grand des poètes sont tellement énergiques, que S. Cyrille (*advers. Julianum*, lib. 1, p. 26) les a comparés à ceux de l'art des pantomimes.

Métastase a très bien dit que pour qu'une espèce d'imitation soit de la poésie, il faut qu'elle se serve en imitant, de son caractère distinctif, essentiel c'est-à-dire de l'art enchanteur qui force les paroles d'obéir aux lois du mètre, du nombre et de l'harmonie ; et qu'elle compose ainsi une loi qui lui est propre, admirable par les difficultés qu'elle surmonte dans sa formation, et flatteuse par cet espèce de chant interne, qui résulte nécessairement de ses proportions régulières.

Avant de considérer les effets qu'ont dans la poésie les différents mètres et rhythmes, dont je vais traiter successivement, il est à propos d'indiquer comment les séparations, ou exprimées, ou intimement senties, que ces mètres et rhythmes établissent dans les mots, se combinent avec les séparations nécessaires que la prononciation met toujours entre les mots qui se succèdent immédiatement. Ces combinaisons forment les principaux moyens d'imitation indirecte que peut présenter la poésie.

Chaque mot est séparé de celui qui le suit immédiatement dans le discours en vers ou en prose, par un espace ou intervalle de temps qui est presque insensible. Cet intervalle est nécessairement aperçu et senti dans tout assemblage de mots, soit qu'on l'ait entendu prononcer, soit qu'on l'ait d'ailleurs simplement présent à l'esprit (a).

Ces séparations entre les mots qui se succèdent dans le vers, se combinent avec les divisions que la forme propre à ce vers met entre ses pieds ou mètres ; et celles-ci y sont ressenties, toutes les fois que ce vers est scandé, ou entièrement présent à l'esprit.

Si ces deux sortes de divisions se marquaient en même temps à la fin de chaque mot du vers, la marche de ces vers paraîtrait rompue, à raison du concours de l'un et l'autre rapport (b).

Mais lorsque les intervalles nécessaires des mots d'un vers, et les divisions de ses pieds ne coïncident que rarement dans ce vers, l'attention de l'âme est plus continuellement occupée, et par l'une et par l'autre de ces distinctions, pendant la marche du vers. Elle trouve ainsi l'unité plus soutenue, jointe à une grande variété des mètres propres à l'espèce de ce vers, et des mètres qui sont particuliers aux mots qui le composent.

Telle me paraît être la cause principale de la beauté de ce vers de Virgile, qui dit de Neptune :

Atque totis summus levibus perlabitur undas.

Ænéid. I, V. 147.

(a) Quintilien dit : *Esse in ipsa divisione verborum tempus latens.* Denys d'Halicarnasse dit aussi (dans un passage qu'on a mal traduit, *de Compos. Verbor.* c. XX) qu'un vers, dans lequel sont multipliés les mots monosyllabes et disyllabes, est prolongé à proportion, parce que ces mots laissent entre eux d'autant plus d'intervalles de temps.

(b) C'est ce que fait éprouver le vers qu'on a cité plus d'une fois à ce sujet :

Urbem | fortem | nuper | cepit | fortior | hostis.

Virgile a voulu éviter un semblable inconvénient, quand il a dit :

Cornua velatarum obvertimus antenuarum ;

et non *vertimus antenuarum.*

Cette cause consiste en ce que les trois césures des premiers mots empêchent qu'aucun de ces mots ne finisse avec un mètre du vers ; ce qui fait que la prononciation, du moins tacite, de ce vers étant moins interrompue, répond à la continuité et à la facilité des mouvements du char de Neptune (51).

Les formes des mètres, qui sont propres aux différentes espèces de vers, ont des caractères qui peuvent aider à l'expression des différentes sortes de mouvements des objets que décrit le poète (52).

La beauté de l'expression imitative, que la poésie peut produire, se fait sentir dans une infinité de vers d'Homère et de Virgile. L'abbé Batteux dit (*Les beaux-arts réduits à un principe*, p. 183) qu'on trouve presque toujours dans Virgile une expression des objets qu'il appelle *musicale*, ce qu'il n'eût pu expliquer ; et il ajoute qu'on la sent chez ce poète, lors même qu'on ne peut dire en quoi elle consiste.

J'ai dit jusqu'ici comment une expression imitative peut être attachée à l'ordre des mètres qui est propre à chaque espèce de vers ; et aux divisions qui ont lieu entre les mots dont la succession compose chaque vers.

Mais les causes principales de cette énergie, qu'a l'expression poétique des objets et de leurs mouvements, sont dans les rhythmes qui embrassent divers ensembles de mots, faisant des parties d'un vers ou d'une suite de vers ; et dans les rhythmes particuliers qui sont propres à chacun des mots composants. Ces divers rhythmes me paraissent être les principaux des moyens qui peuvent faire que les vers forment l'écho des sens, suivant l'expression heureuse de Pope.

Je parlerai d'abord de la première de ces causes qui n'a point été suffisamment connue et développée jusqu'ici ; et j'exposerai ensuite la seconde, dont je propose la considération comme étant entièrement nouvelle (53).

Premièrement, on sait communément qu'un assemblage de mots très courts peut imiter un mouvement rompu, soit vif, soit lent, soit irrégulier. Ces interruptions répétées d'un mouvement faible et lent, sont manifestées dans ce vers célèbre où Boileau dit que la mollesse

Soupire, étend les bras, ferme l'œil et s'endort.

De même le mouvement rompu et ginguandé du héron est exprimé dans ces vers de La Fontaine, dont presque tous les mots sont monosyllabes :

Un jour sur ses longs pieds allait je ne sais où
Le héron au long bec emmanché d'un long cou.

Mais ce qui est peu connu, c'est que les différentes successions de mots de grandeur fort inégale, dont un vers est composé, peuvent produire un très grand nombre de rhythmes imitatifs de divers mouvements des objets. Je vais en donner quelques exemples qu'il serait facile de multiplier.

Quand Virgile dépeint la marche inégale et gigantesque de Polyphème, qui devient plus frappante à mesure qu'on en est rapproché, il dit (*Æneid*, l. III, V, 656.7).

Ipsum inter pecudes vasta se mole moventem
Pastorem Polyphemum.

L'on voit dans cet exemple que les mots coupés d'abord et mêlés sans ordre, vont en s'étendant vers la fin de la phrase, et déploient, pour ainsi dire, un accroissement progressif qui est sonore et majestueux.

Les effets imitatifs du mouvement des objets que peuvent produire des successions de mots de grandeur fort inégale, sont surtout remarquables, lorsque les mots très inégaux sont placés à la fin du vers, ou qu'ils en terminent une partie où ils forment une césure d'autant que l'attention s'arrête particulièrement sur ces endroits.

Ainsi l'on exprime avec force un mouvement précipité de descente d'un objet, lorsque la suite de mots qui peint ce mouvement finit par un mot monosyllabe, qui fait une chute singulièrement raccourcie. C'est ce qu'on sent dans ces traits si connus,

Procumbit humi bos :
et ter revoluta toro est.

En général l'impression que fait l'idée qu'exprime le mot final d'un vers est plus lente et plus rapide, suivant que ce mot est plus long ou plus court que celui dont il est précédé immédiatement. C'est par cette observation que je crois qu'on doit expliquer la différence très sensible de l'effet d'expression imitative qui est entre l'un et l'autre de ces deux vers d'Horace.

Semotique prius tarda necessitas
Lethi corripuit gradum (a).

Secondement, le rhythme général qui est formé dans un vers ou dans une phrase poétique, a la plus grande beauté d'expression imitative quand les mots qu'il embrasse ont chacun une étendue et des mètres qui leur sont propres, et qu'ils contribuent par ces moyens, suivant la forme de la succession qui leur est particulière dans chaque rhythme général à donner à ce rhythme une convenance sensible avec la nature ou le mouvement de l'objet dont le poète présente l'idée.

J'indiquerai des exemples nombreux de vers d'anciens

(a) L'abbé Batteux n'a pas connu cette cause de différence dans l'effet imitatif de ces deux vers, puisqu'il a fait la remarque, que si deux dactyles donnent une harmonie expressive à *corripuit gradum* ; ils doivent donner une expression vicieuse à *tarda necesitas*, qui a un sens tout contraire (Voyez les *Beaux-arts réduits à un principe*, p. 303,4).

poëtes, qui imitent d'une manière très marquée des genres divers de mouvement et des images des objets, et dans lesquels je crois qu'on doit reconnaître que cette imitation est attachée, non principalement à l'ensemble des rhythmes métriques ou pieds que peut embrasser un rhythme général formé dans un vers, mais à la forme de succession qu'ont dans ce rhythme général les rhythmes métriques particuliers qui appartiennent à chacun des mots dont ce vers est composé.

Je rappellerai, pour un premier exemple, les vers fameux d'Homère sur le rocher qu'a élevé Sisyphe, et qui retombe de suite.

Ces vers célèbres ont été cités par Lam Clarke dans sa note sur le vers 363 du l. III de l'*Iliade*, dans laquelle il a recueilli un grand nombre de vers d'Homère et de Virgile, où il dit *vaguement* que les *nombres du vers* et les *sons des mots même* s'accordent avec la nature des objets qui sont exprimés, de leurs mouvements et de leurs formes.

Dans une comparaison que Virgile a prise d'Homère (*Iliade*, l. XXII, V. 199 et suiv.), est ce beau trait :

In somnis néquidquam avidos extendere cursus
Velle vedemur,

qui est imitatif par la succession des rhythmes propres des mots.

De même, c'est par une imitation que produit une suite de pieds propres à chacun des mots composants du vers, que Virgile me paraît avoir rendu parfaitement la descente d'un oiseau, qui, ayant été percé dans les airs, tombe en roulant avec la flèche qui l'a blessé ;

Fixamque refert delapsa sagittam.

Dans ce vers de Virgile sur la colombe que l'épervier saisit et déchire dans les airs avec ses serres,

Tum cruor, et vulsæ labuntur ab æthere pennæ,

je vois la chute des plumes dont la légèreté ralentit cette chute et les relève en partie bien exprimée par le rhythme des mots : et la beauté de cette expression pittoresque se réfléchit sur l'image même (54).

On trouve aussi dans nos poètes français, et particulièrement dans Racine, qui a connu plus que tout autre poète l'harmonie et les nombres des mots de notre langue, des exemples de l'effet qu'ont les nombres propres à chaque mot pour concourir à l'expression imitative dont la poésie est susceptible.

L'abbé Batteux admire avec raison la beauté de ce vers :

Sa croupe se recourbe en replis tortueux.

Il dit que les syllabes s'y renversent les unes sur les autres : mais cela ne présente point de sens ; il n'explique point en quoi consiste ce renversement supposé.

Une partie de la perfection d'imitation dans ce vers me paraît tenir à ce que dans les nombres propres des mots qui le composent essentiellement, les syllabes brèves qui sont prononcées les premières tombent sur des syllabes longues, sur lesquelles la prononciation doit s'appuyer fortement :

Sa croupe | *se* | *recourbe en* | *replis* | *tortueux* (55).

SECTION II.

De l'usage des figures dans la poésie.

On distingue communément les figures en deux genres, celles de diction, et celles de pensées.

J'exposerai successivement diverses considérations particulières sur l'usage dans la poésie des figures de l'un et de l'autre genre.

Les figures de diction sont fort multipliées dans la poésie, parce qu'elle en adopte plusieurs qui changent entièrement la construction grammaticale usitée, ou l'ordre le plus naturel que peuvent donner aux mots les idées auxquelles ils répondent.

Une semblable confusion de cet ordre naturel se rencontre souvent chez les poètes. Il en est chez qui elle est singulièrement fréquente, au point de produire, par cette sorte de renversement répété dans les expressions, comme une langue particulière.

J'observe en général que pour l'usage convenable de ces figures où les mots sont comme transformés, il est essentiel que les objets dont l'expression est ainsi altérée, soient si intimement liés entre eux, que la construction moins naturelle des termes de cette expression n'empêche pas l'esprit de voir clairement ces objets et de saisir leurs rapports.

Je vais citer quelques exemples de cette espèce de figures, qui transporte à un objet une épithète propre à un autre objet ; lequel a seulement un rapport plus ou moins direct avec le premier.

La figure de translation des attributs entre deux objets qui ont du rapport l'un à l'autre, est portée à un excès vicieux dans Ovide, lorsqu'il fait dire à Hécube (*Métam.*, l. XIII, v. 533) qu'elle doit laver le cadavre de Polixène.

... *Et sparsos immiti sanguine vultus.*

Cette épithète donnée au sang de Polixène ne peut se rapporter qu'aux Grecs qui l'ont égorgée.

La simple coexistence de deux objets dont les idées sont très rapprochées dans l'imagination du poète, peut suffire pour qu'il rapporte à l'un de ces objets qui appartient à l'autre. C'est ainsi que Virgile attribue à la lune le silence de la nuit quand il dit :

.... *Tacitæ per amica silentia lunæ.*

C'est d'après une semblable collection d'idées que La Fontaine a dit le fond des bois et leur *vaste silence*.

De même Virgile (*Æneid*, l. I, V, 713), pour dire que Bitias but le vin dont était remplie une coupe d'or que lui avait présenté Didon, dit :

. . . . *Hausit*
Spumantem pateram, et pleno se proluit auro (a).

Sans doute les poètes n'ont point le privilège d'altérer la nature des choses et de transporter à volonté des attributs sur un sujet auquel ils n'appartiennent pas ; mais on a observé avec raison que l'âme passe facilement et agréablement sur une suite d'objets qui sont liés entr'eux et que lorsqu'ils le sont fortement, elle est disposée à porter les attributs d'un de ces objets sur l'autre.

Une des plus communes de cette espèce de figure dont je parle, est celle où l'on confond dans l'expression grammaticale les objets unis par les rapports de cause et d'effet.

Ainsi dans ces mots, *audax facinus*, l'épithète ne convient point au substantif auquel elle est jointe, mais à la cause dont il est l'effet.

Horace a dit (*Oda*, l. I, p. 37, V, 7) :

. . . . . *Dum Capitolio*
Regina dementes ruinas,
Funus et imperio parabat.

(a) L'auteur avait joint aux exemples ci-dessus le V. 26 de la 14e Ode du liv. II, où Horace dit :
Mero tinget pavimentum superbo ;
mais j'ai observé que l'édition de J. Bond porte *pavimentum superbum*. Tout est sans doute lâche et dissonnant dans cette dernière manière d'adapter l'épithète ; mais cette manière fait disparaître la figure belle et hardie de translation (*Note de l'Éditeur*).

Voilà un exemple remarquable de la figure de translation à l'effet même, produit d'une épithète qui ne convient qu'à une affection de la cause qui a produit cet effet, *dementes ruinas*.

C'est par une figure semblable que Claudien (*de Raptu Proserpinæ*, l. III, V. 383) a dit *mons anhelus* (pour *mons qui anhelando superatur*), que Virgile dit que les chasseurs fatiguent les forêts,

. . . . *Venatu sylvas fatigant.*
Æneid. l. IX, V. 601, etc. (a).

Les poètes qui ont usé sans comparaison, le plus souvent de ces figures d'interversion de l'ordre grammatical dans l'expression des objets sont : Sophocle parmi les anciens, et Shakespeare parmi les modernes.

Sophocle était particulièrement disposé à faire usage de ces figures de mots qui produisent une sorte de langage insolite, d'autant plus que les formes de sa poésie sont généralement hardies et les moins usitées ; de sorte qu'il excelle entre les poètes tragiques dans l'usage des métaphores, et que dans ses chœurs il imite les poètes lyriques et dithyrambiques.

Fr. Portus, qui en a fait la remarque a observé aussi (dans son *Commentaire sur Longin*, à la suite de la troisième édition de *Longin*, par Péarce, *Amsterd.*, 1733, p. 282), que Sophocle fait beaucoup de changements *enallages*, entre toutes les parties du discours et leurs accidents, comme disent les grammairiens, ce qui donne, dit-il, de la *nouveauté* et de la

---

(a) Un désordre analogue dans l'expression, a lieu quand les poètes emploient pour exprimer une cause, un terme qui ne peut avoir cet usage, comme quand ils prennent des verbes neutres dans un sens actif. C'est ainsi que, quoique *ardere* et *requiescere* soient des verbes neutres, Virgile en a fait des verbes actifs, lorsqu'il a dit : *Corydon ardebat Alexin*, et mutata *suos requierunt flumina cursus*.

magnificence à son style. *Ita carmen suum grande et admirabile efficit, ut ejus elocutio emineat, et à quotidiani sermonis usu sit disjuncta.*

Ainsi, dit Portus (ibid), Sophocle emploie tantôt des noms pour des verbes, et tantôt des verbes pour des noms ; des participes pour des verbes, des noms pour des adverbes, etc. Il ajoute que Sophocle se sert aussi des genres masculins pour des féminins et pour des neutres, ainsi que des verbes actifs pour leurs passifs (a), et réciproquement ; et qu'il substitue souvent aux mots qui rendraient exactement ce qu'il doit dire, d'autres mots qui en diffèrent dans les temps, les cas, les personnes et les nombres.

M. Hurd, qui n'a pas connu ces observations sur le style de Sophocle, a dit (dans son *Commentaire sur l'art poétique d'Horace*), que Shakespeare a eu plus que tout autre poète, le secret de construire des mots connus et communs, de telle sorte qu'ils aient la grâce de mots *nouveaux*, et paraissent former des expressions neuves.

Il a donné en détail plusieurs exemples des moyens dont a usé Shakespeare dans de semblables dispositions qui s'écartent des formes usuelles du discours. Les principaux de ces moyens sont la conversion des substantifs en verbes, et celui des verbes en substantifs : — l'emploi des verbes actifs comme neutres, et des neutres comme actifs : — le changement des adjectifs et des participes en substantifs, etc.

Dans ces figures de transposition (*métathèse*) des mots

(a) Aulu-Gelle (l. 18, *Noct. Atticar.* c. 12) dit : *Veteribus id habitum esse in oratione facienda elegantiæ genus, ut proverbis habentibus patiendi figuram, agentia ponerent.* Il en rapporte ensuite des exemples dont celui-ci d'après Varon : *Varro, in libris quos ad Marcellum de lingua latina fecit, dixit : in priore verbo graves prosodiæ quæ fuerunt, manent, reliquæ mutant. MUTANT, inquit elegantissime, pro MUTANTUR.*

dont on fait un usage singulier, il ne faut pas considérer seulement l'agrément de la *nouveauté*, quoique ces licences d'expression, en variant le style du poète, le séparent, comme a dit Quintilien, du langage vulgaire, qui est toujours formé de même.

Mais le principal intérêt qu'ont ces figures me paraît consister dans le sentiment qu'on a d'une espèce de supériorité, que le génie du poète lui donne sur les moyens de l'expression ; de sorte qu'il paraît s'élever au-dessus de la langue qui est communément parlée, et forcer les mots qu'il construit arbitrairement, à rendre ses pensées avec assez de clarté et avec une grande énergie.

Shakespeare a été particulièrement conduit à employer de semblables figures, par la tendance habituelle qu'il avait à dire des choses vicieusement détournées de l'usage commun, et très souvent immodérées.

Hurd reconnaît que de semblables licences sont quelquefois employées par Shakespeare, de manière qu'elles rendent son expression dure, obscure, et non naturelle. Je crois qu'il serait facile de démontrer que ce n'est pas seulement *quelquefois*, mais dans des endroits sans nombre, que Shakespeare a fait un usage vicieux de ces figures.

La différence qui est entre Sophocle et Shakespeare par rapport à l'emploi de ces figures de mots, me paraît avoir été causée non seulement par la perfection supérieure du génie de Sophocle, mais encore parce que le choix entre un plus grand nombre de semblables figures était plus facile dans la langue grecque, qui était sans comparaison plus flexible et plus expressive que ne sont nos langues modernes (a).

(a) J'observe qu'une cause principale qui rend fréquemment vicieux

Je passe à ce qui concerne l'usage qu'on fait dans la poésie des figures de pensées. Je ne traiterai point en détail de toutes ces figures : mais je me bornerai principalement à considérer les figures où l'on confond, dans l'expression des sensations différentes, les métaphores, les allégories et les comparaisons.

Entre les figures des pensées, il en est une singulière qu'ont employée plusieurs poètes, qui fait attribuer à un objet, au lieu de la qualité sensible qui lui est propre, une qualité, qui répond à un sens différent.

C'est ainsi qu'Homère appelle d'un nom qui exprime la vitesse (θοας, *Odyss*. l. XV, p. 29, v. 8) des îles, qui étaient dites ὀξεῖαι, dont les bords étaient hérissés d'écueils transportant, comme dit le scholiaste en cet endroit, l'idée de la saillie que figure un mouvement très vite à celle de la pointe que forme un écueil.

C'est par une figure analogue que Lucrèce et Sénèque ont dit des *sons aveugles*. Le Dante a dit aussi d'un lieu profondément obscur, un lieu *muet de toute lumière*.

Virgile a réuni de semblables confusions de sensations d'organes différents, pour exprimer fortement le trouble des abeilles qu'on chasse, par le moyen de la fumée, de leur demeure dans le creux d'un rocher. Quand alors, dit-il (*Æneid*. XII, V. 587 et suiv.),

l'usage que fait Shakespeare de ces figures de mots, est une chose dont il a été fort loué par M. Hurd (p. 59, *l. c.*). C'est qu'il préfère une idée *spécifique* à une idée générale dans les sujets de ses métaphores et dans les circonstances de ses descriptions ; ce qui fait, dit M. Hurd, qu'on trouve dans son style des termes sans nombre, qui surprennent généralement par leur nouveauté

Je me borne à indiquer comme un exemple de l'abus que Shakespeare a fait de cette substitution d'une idée spécifique à une idée générale, ce qu'il dit d'un vaisseau qui obéit en laquais à tous les mouvements des flots, *lacquyng the varying tide*.

. . . . . *Fumo implevit Amaro* (Pastor)
Volvitur ater odor tectis, tum Murmure cæco
Intus saxa sonant.

Les métaphores, les allégories et les comparaisons sont des figures de pensées, qui sont très généralement employées par les poètes. Elles ne diffèrent point essentiellement entr'elles, mais seulement parce qu'on y développe avec plus ou moins de détail les rapports de ressemblance que peuvent avoir les objets qu'embrassent ces figures.

Toute figure de ce genre est vicieuse quand elle indique par un seul et même terme, les affections de deux objets qui ne se ressemblent que par l'analogie que l'esprit peut concevoir entre les qualités physiques d'un de ces objets, et les affections morales de l'autre.

C'est par une figure semblable, qui est de mauvais goût, et qui résulte de la confusion du mot de *dureté* pris en même temps au physique et au moral, que Virgile a dit (*Georg.*, l. I, V, 63), en parlant de la réparation du genre humain par les pierres que jeta Deucalion,

. . . . *Inde homines* nati *durum genus.*

Ovide a aussi dit (*Métam.* l. I) :

. . . . *Inde hominum durum genus.*
Documenta damus qua simus origine nati (56).

C'est par une faute semblable que le nom de feu ayant été donné communément à l'amour, un grand nombre de poètes se sont servis de ce mot, même dans une seule période, suivant l'un et l'autre sens dont il est susceptible, et comme passion et comme feu physique (57).

Il faut distinguer deux sortes de comparaisons chez les poètes, celles où les objets comparés ont entre eux une ressemblance manifeste, et celles où ces objets ne sont rapprochés que dans la manière dont on les considère.

Les comparaisons de la première sorte sont les plus usitées chez les plus anciens poètes. On peut juger trop sévèrement lorsqu'on ne reconnaît pas qu'elles n'ont été employées par ces poètes, que pour renforcer en partie l'image du sujet de la comparaison par une image semblable d'un autre objet qu'on lui compare. C'est ainsi qu'Homère, voulant rendre plus forte l'image du sang de Ménélas qui coule sur sa peau blanche, rappelle et peint une couleur pourpre qu'on a étendue sur une pièce d'ivoire.

Cependant ces comparaisons même sont toujours répréhensibles, lorsque le poète se livre à peindre des idées accessoires à l'un des objets que l'on compare, au point de faire perdre de vue le rapport de la ressemblance d'images qui est entre les objets comparés.

C'est un défaut dans lequel Homère paraît être tombé souvent. Un point de similitude fort léger peut lui suffire pour faire une longue comparaison : comme lorsqu'il compare (*Iliad.* l. XVI, V. 84-92) le soufle pénible et sonore des chevaux troyens après une course forcée, avec le bruit que font les torrents grossis par les pluies, qui ravagent les monts et les campagnes, quand Jupiter s'en sert pour punir les juges injustes, etc.

Virgile a un très grand nombre de comparaisons de la seconde sorte. Telle est celle ou il compare le trouble de l'esprit d'Énée, quand les peuples du Latium s'unissent contre lui, aux reflets incertains et divers d'un rayon de la lune qui tombe sur l'eau d'un bassin au moment ou elle est fortement agitée. Virgile a pris cette comparaison d'Apollonius, qui l'applique aux agitations du cœur de Médée.

Quelle que soit l'antiquité des poésies d'Ossian, on ne peut nier qu'on n'y trouve plusieurs belles comparaisons de la même sorte qu'a indiqué particulièrement Blair dans sa *Dis-*

sertation sur les poèmes de cet auteur. Je trouve parfaite celle où il compare les gémissements que pousse parfois un homme qui a perdu son amante, et dont le temps a affaibli la douleur, avec le bruit sourd que font entendre les agitations vagues des feuilles des arbres de la forêt, après que la tempête a cessé.

Une ressemblance faible et très éloignée suffit souvent aux poètes orientaux pour former une comparaison, lors même qu'ils ne devraient point admettre d'ailleurs de rapport entre les objets qui sont comparés (58).

Un défaut principal qu'ont, du moins par rapport à nous, les métaphores et les allégories qu'emploient les poètes orientaux, c'est d'être suivies par eux avec des détails poussés à l'extrême, qui font perdre de vue le motif et l'intérêt de ses figures.

C'est ainsi qu'une comparaison qu'Homère a souvent présentée, lorsqu'il dit qu'une blessure *puise* le sang hors du corps (ανθλει αιμα *huarit sanguinem.* Iliad. l. XIII, V, 508), a été suivie jusqu'à un point ridicule par divers poètes arabes, dont il en est même qui, à cette occasion, voient et décrivent jusqu'aux cordes et aux sceaux du puits dont ce sang est tiré (Voyez les *Commentaires de Schultens sur Job*, t. I, p. 153).

Mais ce défaut, qui est réel pour nous, peut être un agrément suivant le goût des Orientaux, qui demandent avant tout au poëte d'occuper avec force leur imagination, qui se laissent entraîner par la peinture successive des objets accessoires, et qui retrouvent ensuite rapidement le trait primitif de ressemblance qui a fait naître la comparaison.

On ne peut s'empêcher de regarder comme étant pareillement trop détaillée la figure qu'on trouve dans le *Livre de Job*, ch. 38, dans ce passage : Dieu compare la mer qui sort du chaos où elle était renfermée avec un enfant qui sort de la matrice. Il dit que, dans cette éruption de la mer, il l'a recouverte de nuages épais en forme de vêtements et de langes, et qu'il l'a contenue dans le lit qu'il lui avait destiné. Il me paraît même que ce lit est assimilé au berceau où un enfant est assujetti (dans le verset 10 de ce chapitre XXXVIII) (a).

Les poètes orientaux ont produit d'ailleurs des comparaisons de la plus grande beauté. Je mets au premier rang, comme étant d'ailleurs vraiment sublime, celle-ci qui se trouve dans l'Alcoran (seconde surate ou section aux versets 18, 19 et 20) (b).

(a) Les Hébreux, en parlant de la formation et de l'origine de chaque chose, ont coutume de se servir de l'expression métaphorique, qu'elle est sortie du sein de sa mère ; et Job présente ainsi cette image de la mer sortant du chaos. Mais le verset 10, qui est à la suite de cette similitude, ne donne point la présomption que Job ait voulu la continuer en assimilant le lit de la mer au berceau qui assujettit un enfant. Voici le texte selon la Vulgate : *Circum dedi illud* (mare), *terminiis meis, et posui vectem et ostia* : J'ai resserré (la mer) dans les bornes que je lui ai marquées, et j'y ai mis des portes et des barrières (*Note de l'Éditeur*).

(b) Marracci dit que les commentateurs de l'Alcoran ont beaucoup de difficulté à déterminer ce que Mahomet a voulu dire en cet endroit, et il ajoute que son objet n'est point de découvrir des mystères dans les inepties de l'Alcoran ; mais il me paraît que le sens est fort clair dans ce passage. Michaëlis dit aussi que c'est le plus beau qu'il connaisse dans l'Alcoran. Mahomet y parle des infidèles, ou apostats, qui ont connu et feint d'embrasser sa religion et qui l'ont reniée. « Ils sont dit-il, comme
» au milieu d'une tempête, où la foudre et les éclairs se succèdent sans
» cesse alternativement avec les ténèbres. Dieu pourrait leur ôter entiè-
» rement l'ouïe et la vue ; mais le bruit du tonnerre fait retentir à leurs
» oreilles la crainte de la mort. L'éclair est au point de leur faire perdre la
» vue : et cependant ce n'est qu'à sa lueur qu'ils peuvent marcher, de sorte
» qu'ils sont arrêtés dès que les ténèbres reviennent sur eux, les entou-
» rer de nouveau (*) ».

(*) L'auteur, savant dans la connaissance de la langue arabe et de plusieurs autres langues anciennes et modernes, a pu trouver de la clarté et de la sublimité dans le passage arabe de l'Alcoran qu'il cite ici. Ce passage, comme le dit Michaëlis, peut être en effet le plus beau de l'Alcoran :

SECTION III.

De l'expression poétique des images.

Un poète choisit et rapproche à son gré les principaux traits caractéristiques de l'objet qu'il veut peindre, et la réunion de ces traits leur donne une force singulière.

Gravina a dit, avec raison, que la poésie rend comme nouveau un objet ordinaire, parce qu'elle détache son image de celle des autres objets sensibles qui l'accompagnent dans la nature, dont la multiplicité empêche de saisir cet objet, et de le distinguer parfaitement.

Lorsque le poète sépare ainsi l'objet qu'il décrit des autres objets qui l'accompagnent dans la nature, chacune des impressions diverses que peuvent produire, et les traits de cet objet ainsi rapprochés, et les moyens que l'art (a) emploie dans sa description, est nécessairement plus faible qu'une impression relative que ferait cet objet présent, ou même représenté par un art essentiellement imitatif.

Cependant l'ensemble de toutes les impressions que fait une peinture poétique, peut agir sur notre âme avec plus de force que n'agirait la réalité de l'objet dépeint.

La véritable cause d'un phénomène aussi remarquable me parait dépendre d'un nombre plus grand d'impressions que

mais il est certain que la plupart des lecteurs, semblables aux commentateurs dont parle Marcacci, trouveront de très grandes difficultés à en déterminer le véritable sens (*Note de l'éditeur*).

(a) Quand une image est fortement exprimée par la combinaison des moyens qui appartiennent à la poésie, comme sont les rhythmes des vers et des mots qui les composent, l'esprit voit à la fois cette image et son expression. Il passe rapidement et alternativement de l'un à l'autre, et il sent de plus en plus leurs impressions par l'effet de cette réflexion réciproque.

fait le poète, qui réunit toutes les circonstances intéressantes dans la chose qu'il décrit, et qui sont relatives, soit à l'état présent, soit à l'état antérieur. L'âme sent à la fois ces diverses impressions que l'art rend coexistantes, et la combinaison de leurs rapports fait naître en elle de nouveaux sentiments qui se multiplient et se fortifient réciproquement. Ainsi elle peut être alors beaucoup plus émue qu'elle ne le serait par les impressions de l'objet présent que leur force même isole, et empêche de se combiner entre elles aussi puissamment.

La peinture poétique a souvent cet avantage qu'en séparant de l'objet dépeint des accessoires étrangers qui l'accompagnent ordinairement, elle en fait ressortir d'autant plus des détails essentiels qu'on négligeait de remarquer.

C'est ainsi que la lecture attentive des poètes peut donner occasion de faire sur les phénomènes des objets naturels des observations qui restaient ignorées. J'en ai donné plusieurs exemples dans ma nouvelle mécanique des mouvements de l'homme et des animaux.

Entre diverses autres remarques de ce genre que je pourrais indiquer, je me bornerai à citer les vers de Stace (*Thebaïd*, liv. 7, V, 471 et s.), où il peint les effets de la lumière du soleil qui s'élève sur l'Océan.

Cum jam tumet igne futuro
Oceanus, lateque novo Titane reclusum
Æquor anhelantum radiis subsidit equorum.

Lorsque le soleil commence à paraître, la limite de l'Océan qui borne la vue est beaucoup plus colorée : ce qui contribue à ce qu'elle paraît s'élever au-dessus de la plaine liquide ; et à mesure que les rayons du soleil levant répandent plus de lumière sur toute la surface de cette plaine, ils semblent y produire un abaissement sensible par rapport aux bords qui la terminent.

La poésie peut réunir dans ses tableaux plusieurs des avantages qu'a la peinture, et elle en a qui lui sont particuliers, étant attachés à la succession dans les images qu'elle présente.

Des beautés communes aux tableaux que forment la poésie et la peinture, sont celles de l'ordonnance et des contrastes entre les images que présentent ces tableaux.

L'ordonnance est parfaite dans ce petit tableau plein de grâce et d'expression, où Catulle a peint un tendre enfant qui reconnaît et caresse son père.

> *Torquatus volo parvulus.*
> *Matris e gremio suæ.*
> *Porrigens teneras manus,*
> *Dulce rideat ad patrem*
> *Semi-hiante labello...*
> Epitalam. Manlii et Juliæ, V. 216 et 5.

Le contraste des images, des flammes et des neiges de l'Etna, est très bien rendu dans la description que Claudien a faite de cette montagne, description que Gessner a dit être divine (*De raptu Proserpinæ*, l. I, V. 151-177).

Un exemple très remarquable d'un tableau poétique où les images qui se succèdent présentent des beautés de plusieurs genres que ne peut avoir la peinture, est celui que Virgile a fait d'un homme qui a marché sur un serpent, et qui recule et fuit lorsque ce serpent menace de le blesser (a).

> *Improvisum aspris veluti qui sentibus anguem*

(a) Ce tableau est si parfait, qu'il n'est pas surprenant que Faydit (*Rem. sur Virgile et sur Homère*, p. 7) ait dit qu'il lui cause un mouvement de frayeur, et qu'il se sent prêt à fuir comme ce passant qui a marché sur le serpent.

Pressit humi nitens, trepidusque repente refugit
Attollentem iras et cærula colla sumentem
Æneid., l. II, V. 379 et 5.

Le premier vers présente d'abord le sujet du tableau, le lieu de la scène et son commencement. Cependant tout y est peint avec une sorte d'embarras dans le déploiement des images, qui rend ensuite d'autant plus sensible l'expression forte des mouvements successifs de l'homme et du serpent.

Ces mouvements sont ensuite bien exprimés par les rhythmes propres des mots qui leur correspondent singulièrement. Dans le second vers, la compression du serpent contre le sol est bien rendue par la succession du trochée *prēssĭt*, de l'iambe *hŭmī*, du spondée *nītēns* : et les nombres *rĕpēntĕ rĕfŭgīt* se renversent pour peindre l'homme effrayé qui se replie dans sa fuite : enfin, dans le troisième vers, les nombres se relèvent comme la tête du serpent.

Le troisième vers a une beauté particulière, parce qu'il indique dans les mêmes traits qui expriment les mouvements physiques du serpent des rapports avec les affections par lesquelles se développe sa colère : *attollentem, sumentem*.

Il n'est point de plus belle description d'un orage épouvantable que celle qu'en a donné Virgile (dans les *Géorgiques*, liv. I, V, 316 et s.) (a).

Le génie de Virgile lui a présenté directement, et non, comme on l'a dit, par l'application d'un modèle qui se fut formé auparavant d'après d'autres descriptions poétiques, tous les traits d'une tempête horrible qui produit d'affreux ravages ; et il a choisi, entre ces traits, ceux qui devaient produire le plus grand effet. Il a ajouté, de plusieurs maniè-

---

(a) Cependant Home critique avec raison comme tombant tout à coup, et ne soutenant pas le même ton, le trait par lequel Virgile finit cette description superbe : *ingeminant austri et densissimus imber*.

res, aux impressions puissantes que devaient faire ces grandes images.

1° En rapprochant et accumulant, dans un espace resserré, les parties les plus frappantes de ce grand spectacle, et en les isolant des images de détail plus faibles ou vagues qui en auraient diminué l'effet en partageant l'attention ;

2° En y joignant d'autres grandes idées, prises hors de ce qu'on voit, et qu'on entend dans la tempête, et empruntées d'une fiction vraisemblable, comme est l'image de Jupiter foudroyant ;

3° En exprimant très fortement, et faisant ainsi partager les sentiments de terreur que causent ces convulsions de la nature, exagérées par des êtres sensibles exposés à des commotions aussi violentes ;

4° En coloriant ce tableau, avec un style dont l'harmonie et les richesses ont les plus grandes beautés.

J'observe, en général, par rapport aux beautés des descriptions poétiques, que Home a fait à ce sujet une observation subtile, mais qui me paraît peu fondée.

Il prétend (*Eléments of Criticism*, t. I, p. 131), qu'en lisant la description de l'enfer dans le premier livre du Paradis Perdu, on éprouve une affection confuse par l'effet de deux émotions dissemblables qui sont forcées à s'unir ; savoir le sentiment de la beauté de la description, et l'horreur de l'objet décrit. Il dit, par rapport à ce passage, et à plusieurs autres du Paradis Perdu, qu'il censure par le même motif, que ces émotions de genres opposés s'obscurcissent et s'affaiblissent réciproquement.

Il me semble au contraire que, plus une description poétique est belle, plus elle augmente l'énergie propre à chacune des images qu'elle renferme ; et cet effet, qu'on sent le premier, n'est que peu distrait ou affaibli ensuite par la réflexion sur la nature horrible de l'objet décrit, que l'on ne voit point comme existant réellement.

La faiblesse que l'image poétique d'un objet a toujours par rapport à la vue de cet objet présent, ou de sa représentation par un art imitatif, ne suffit pas pour nous expliquer comment la poésie peut plaire, en imitant un objet dont la vue et même la peinture nous serait odieuse.

Ainsi, tandis qu'un tableau de Polyphème, rejettant avec le vin qu'il a bu, les membres des compagnons d'Ulysse qu'il a dévorés, nous soulèverait le cœur; nous lisons avec intérêt les belles descriptions qu'Homère et Virgile ont faites d'un objet aussi dégoûtant (a).

Il parait qu'en lisant la description d'un objet horrible, et dont l'image est dégoûtante, on dirige son attention de manière à voir vaguement et superficiellement l'objet même, pour ne considérer que la perfection qui est dans la peinture poétique d'un semblable objet.

Mais cette espèce d'abstraction ne peut avoir lieu que difficilement, lorsque l'objet est odieux et dégoûtant au plus haut degré. Le plaisir de voir la beauté poétique de la description d'un tel objet, est alors effacé par le sentiment de l'aversion extrême que son idée inspire (59).

SECTION IV.

De l'Expression poétique des Sentiments et des Passions.

L'expression poétique des sentiments et des passions ajoute à l'énergie des impressions que leur récit fait sur les âmes.

(a) Virgile (*Æneid*. l. III, V. 628 et suiv.) fait une peinture horrible des compagnons d'Ulysse, écrasés et dévorés par Polyphème, d'après Homère, chez qui cette boucherie est encore plus hideuse. Voyez aussi Ovide, *Métam.* XIV, 200-1 et 211-17.

Lorsque cette expression cause des émotions agréables, elle concourt à produire un genre de beauté qui est nécessaire pour la perfection des ouvrages de poésie. Horace a dit :

Non satis est pulchra esse poemata, dulcia sunto.

Ce degré de plus grande force que ces sentiments reçoivent par leur expression dans la poésie, dépend en partie du choix et du rapprochement de leurs motifs, et en partie de l'influence qu'ont les beautés poétiques des images, des figures, et des autres moyens qu'emploie l'art de la poésie.

C'est par le concours de ces moyens que Virgile a rendu si touchantes les plaintes de la mère d'Euryale, sur la mort de son fils et celles d'Evandre lorsqu'il reçoit le corps de son fils Pallas qui a été tué par Turnus.

Certainement ces plaintes sont beaucoup plus émouvantes que celles qu'Homère a fait faire sur la mort d'Hector par Hécube ; Andromaque et Priam.

J'observe, en général, qu'Homère qui, presque toujours est l'auteur original par rapport à Virgile, dessine à grands traits et d'une manière large tous les sujets que celui-ci a traités ensuite : mais que Virgile, en l'imitant, retranche, avec un goût parfait, les détails superflus et les répétitions auxquelles Homère était entraîné par la force de son imagination ; et qu'il ajoute aux traits principaux qu'il emprunte d'Homère, des accessoires qu'il rend avec le plus grand talent poétique.

On sait que c'est surtout dans la peinture des douleurs de Didon, lorsqu'Enée l'abandonne, que Virgile s'est surpassé.

Il a peint un effet de ces douleurs extrêmement touchant, lorsqu'il a feint que Didon avait alors des songes affreux dans lesquels elle parcourait un long chemin, sans pouvoir retrouver son peuple, et sans être accompagnée de personne.

In somnis............. : *semperque relinqui.*
Sola sibi, semper longam in comitata videtur
Ire viam, et Tyrios deserta quærere terra.
Æneid. l. IV, V, 465,8.

M. Heyne dit avec raison que c'est un des plus beaux endroits de Virgile. J'ai toujours trouvé sublime et puisé dans une observation profonde des affections qu'éprouvent les hommes affligés, la fiction de ce songe, où se peint, dans une situation analogue à la sienne, le sentiment qu'a Didon d'un abandon universel, quand elle perd celui qu'elle aime.

Virgile me paraît avoir élevé à une beauté divine ce trait qu'il a emprunté d'Apollonius, où il oppose au repos que la nuit amène, et qui se répand sur les êtres animés et sur toute la nature, l'état de Didon qui ne peut goûter un instant de sommeil.

La beauté de ce contraste a été généralement sentie. Mais il est tracé avec une telle perfection, qu'elle paraît ne pouvoir être estimée que par le degré de sensibilité de celui qui lit cette admirable description.

Virgile dit (*Æneid.* l. IV, V, 522 et suiv.) :

Nox erat et placidum carpebant fessa soporem
Corpora per terras. . . . .
Cum tacet omnis ager, pecudes, pictæque volucres,
. . . . *Somno positæ sub nocte silenti*
Leribant curas, et corda oblita laborum.

Ce dernier vers, qui dit que le repos alternatif que la nuit étendait sur les êtres sensibles, calmait leurs inquiétudes, et produisait l'oubli de leurs peines, prépare admirablement ce qu'il dit ensuite de l'insomnie et des tourments de Didon. Après avoir parfaitement peint ce calme répandu sur tout l'univers, il en ressort immédiatement d'une manière frappante par ces mots :

*At non infelix animi Phœnissa, neque unquam
Solvitur in somnos.*

Il est superflu d'observer que l'expression d'un sentiment cesse d'être poétique, lorsqu'elle est portée par le poète jusqu'à une exagération invraisemblable.

On trouve des exemples nombreux de ces sentiments exagérés dans les tragédies de Sénèque. Ainsi, dans ce poète, Médée, lorsqu'elle a égorgé un de ses enfants et qu'elle est au moment de tuer l'autre, dit à Jason que si elle avait encore dans le corps quelqu'autre gage de lui, elle s'ouvrirait le ventre pour l'en tirer.

*In matre si quod pignus etiam nunc latet,
Scrutabor ense viscera, et ferro extraham.*

Cependant, lorsque l'expression poétique d'un sentiment tendre amène des idées feintes, qui ne sont pas d'une absurdité manifeste, le sentiment qui pourrait les faire naître les ferait pardonner, et on s'y livre en négligeant leur invraisemblance.

M. de Luzan (*la Poëtica, o Reglas de la Poësia*, tomo primero, p. 115 et s.) a fait une remarque fort juste au sujet de ces vers que le Tasse a fait dire à Armide :

. . . . *O tu che porte
Teco parte di me, parte ne lassi,
O prendi l'una, o rendi l'altra ; o morte
Da insieme ad ambe : arresta, arresta i passi,*

Il convient que ces deux parties ou moitiés de la vie d'Armide, sont plus ingénieusement imaginées que ce que demande la passion : mais, dit-il, l'âme des lecteurs est pénétrée par la douceur (dulzura) d'un sentiment exprimé d'une manière si tendre, qu'il lui fait adopter tout ce qu'il fait et ne lui laisse point de liberté pour critiquer.

M. de Luzan ajoute, avec raison, que si les fautes, contre

le vrai beau, étaient telles ou si grandes qu'elles l'emportassent sur la douceur de ce sentiment, il faudrait alors céder à la raison, parce que l'émotion de ce sentiment étant interrompue et trop affaiblie par le vice sensible de l'affectation et de l'abus de l'art, ne pourrait plus faire que le cœur opposât une résistance suffisante aux lumières de l'entendement.

L'effet de l'expression poétique d'un sentiment profond est singulièrement augmenté, lorsqu'elle se combine avec l'expression d'une grande image.

On a un exemple simple et frappant de la beauté d'une semblable réunion dans ses vers, par lesquels Ovide exprime les premières affections de la statue de Pygmalion.

> . . . . *Dataque oscula virgo*
> *Sensit et erubuit timidumque ad lumina lumen*
> *Attolens pariter cum cœlo vidit amantem*
>
> *Metam*, l. X, V, 292, 4.
>
> *Elle vit à la fois le ciel et son amant.*

Il est peu de descriptions qui puissent faire mieux sentir l'effet des expressions poétiques de grandes images et de sentiments énergiques, que la description que fait Lucain (*de Bello civili*, lib. III) d'une forêt consacrée aux dieux des Gaulois, qui était auprès de Marseille, et de la destruction de cette forêt, dont César donna l'ordre et l'exemple à ses soldats, qui étaient arrêtés par une terreur superstitieuse.

Lucain dit que la crainte religieuse qu'inspiraient les dieux des Gaulois, que l'on croyait habiter cette forêt, était attachée même à la rudesse et à l'imperfection des formes qu'avaient leurs statues :

> *Simulacraque mœsta Deorum*
> *Arte carent cæsisque extant informia truncis.*
>   *Non vulgatis sacrata figuris*
> *Numina sic metuunt : tantum terroribus addit*
> *Quos timeant non nosse Deos.*

Lucain ajoute que l'armée de César obéit à cet exemple par l'effet d'un sentiment mixte, qui lui fit craindre la colère de César plus que celle des dieux.

Non sublato secura pavore,
Turba sed expensa superorum et Cæsaris ira.

SECTION V.

Du merveilleux poétique.

C'est par rapport aux beautés du merveilleux comparées aux autres beautés poétiques, que je crois pouvoir d'abord concilier les jugements opposés qu'Horace et Longin ont portés sur l'Odyssée d'Homère.

Horace (dans son *Art poétique*, V. 140 et s.), après avoir parlé du début très simple de l'Odyssée, vante (V. 144-5) les merveilles qu'Homère raconte ensuite dans ce poème.

Longin dit, au contraire (*de Sublim.* sect. IX, n°s 25 et s.), que l'Odyssée est l'ouvrage de la vieillesse d'Homère qu'il compare au soleil couchant. Il dit qu'il n'y a plus la même vigueur, ni la même rapidité de mouvements et d'images que dans l'Iliade, et qu'il y a dans l'Odyssée plus de narration que d'action. Cependant il reconnait qu'on trouve dans l'Odyssée de belles choses, comme dans la fable de Polyphème, mêlées avec d'autres qui sont incroyables, comme le massacre des amants de Pénélope (a).

L'éloge qu'Horace donne à l'Odyssée, tombe sur ce qu'U-

(a) Je trouve que dans cet endroit de Longin, on n'a pas bien traduit le passage suivant : οιου υποχουντος, etc., que je rends ainsi (*in Odyssea Homeri*) : *Non secus ac in Oceano in sese recedente, et desolato circà proprios terminos* (περι τα ιδια τερματα (ou μετρα ερημομενου) *apparent magna œstuaria* (j'explique ainsi μεγαλους αμπωτικες) *et errores* (*in fluxu maris immensi*) *per loca fabulosa et incredibilia* (*veluti syrtes*).

lysse rapporte des merveilles de son voyage, et par conséquent sur ce que contiennent les premiers livres de ce poème. Je suis du même avis sur ces premiers livres, où sont racontées les aventures d'Ulysse ; mais je trouve, avec Longin, que la fable en est fort au-dessous de celle de l'Iliade.

Cependant il y reste toujours les beautés poétiques des vers admirables d'Homère, qui doivent sans doute avoir d'autant moins de grands effets, qu'elles portent sur un fond qui a moins d'intérêt et d'élévation. C'est ainsi que je crois que doit être modifiée l'opinion de Longin sur l'Odyssée d'Homère.

Je vais parler actuellement du merveilleux poétique, mais je ne m'arrêterai pas longtemps à considérer des genres de ce merveilleux, dont on ne peut feindre même la possibilité.

Tel est ce merveilleux outré et absurde auquel Virgile s'est laissé aller, lorsqu'il a dit (*Æneid*., l. 1, V, 58-9) que s'ils n'étaient contenus par Eole, les vents entraîneraient dans l'air (*per auras*), les mers, les terres et le ciel même, auquel Virgile donne l'épithète de *profondum* comme si cette profondeur pouvait faire que cette action des vents eût plus de prise.

On peut regarder comme approchant du genre de ce faux merveilleux les descriptions d'un objet naturel où l'on feint des détails exagérés au delà de toute vraisemblance.

On peut rapporter ici ce que dit Claudien, lorsqu'après avoir parlé des rochers tout entiers que l'Etna lance dans l'air il considère les cavernes ou autres que renferment ces rochers. Tel est le sens de ce vers que le célèbre J. M. Gessner a dit qu'il ne comprenait pas :

Quæ speculos tormenta rotant? quæ tanta cavernas
Vis glomerat.
De Raptu Proserpinæ, l. I, V. 169-70.

Une autre sorte de merveilleux auquel ont été entraînés des poètes du premier ordre, est celle qui donne de la vie et de l'âme aux figures d'un bouclier, etc.

C'est ainsi qu'Homère a dit que dans le bouclier d'Achille on entendait le son des flûtes et des trompettes, et la voix d'un jeune garçon, et que Virgile a dit de même (*Æneid.* l. VIII) que sur le bouclier d'Enée était représentée une oie du Capitole, qui avertissait par ses cris de la présence des Gaulois (60).

C'est par un semblable abus de la fiction, que Virgile a dit aussi que la chimère qui était sur le casque de Turnus vomissait des flammes, dont l'éruption était d'autant plus forte dans les combats que le carnage y était plus grand (*Æneid.* l. VII, V, 785).

On a de nombreux exemples de figures, par lesquels divers poètes ont prêté du sentiment à des êtres inanimés.

De ce genre est le fameux vers de Racine :

Le flot qui l'apporta recule épouvanté.

Ce vers est imité de ce que dit Virgile (*Æneid.* l. VIII, V, 240), que par la chute d'un rocher dans le Tibre :

Dissultant ripæ, Refluisque exterritus amnis.

Chaussepié (dans son Dictionnaire, art. Racine, à la fin de la note 10) a donné une raison particulière pour critiquer, sous un autre rapport, ce vers célèbre, de même que ceux-ci de Corneille :

Ce sang qui tout versé fume encore de courroux
De se voir répandu pour d'autres que pour vous.

Le défaut que Chaussepié trouve dans ces deux pensées, qu'il met sur la même ligne, consiste en ce qu'on y fait exécuter, par un sentiment moral, une action purement physique et naturelle : le sang nouvellement répandu devant *fumer*, et le flot qui a porté quelque chose sur le rivage devant *reculer*.

On connait l'image qu'a employée un poète hébreu, qui, animant les montagnes, les fait sauter comme des béliers. Helvétius a critiqué cette image (au 4ᵉ Discours, du livre de l'*Esprit*) ; on lui a répandu (dans les *Mémoires de Trévoux*) que Virgile a dit aussi :

Ipsi lætitia voces ad sidera jactant
Intonsi montes.

Mais ce merveilleux parait toujours exagéré (61).

L'homme se livre d'autant plus aisément à des fictions qui vivifient des être inanimés, qu'il est porté à donner une âme à tous les objets qui l'entourent, que son expérience étend toujours à ses yeux l'influence des principes de la vie dans toutes les parties de la nature et qu'il ignore jusqu'où ces principes peuvent pénétrer des corps qui lui paraissent inanimés.

Un genre de merveilleux qui est reçu dans la poésie, est celui qui attribue aux animaux des idées et des passions semblables à celles des hommes.

C'est ainsi que Virgile compare Turnus qui tourne autour des retranchements des Troyens, et ne peut y pénétrer, avec un loup affamé, rôdant autour de la bergerie où sont renfermés les moutons qu'il voudrait dévorer, et il dit *Æneid*. l. IX, V. 63) que ce loup : *Sœvit in absentes*. On ne peut pas pénétrer plus avant dans la faculté pensante des animaux auxquels on prête une imagination tourmentée par des appétits violents.

C'est par une figure analogue que Stace peint bien (*Thebaid*, l. VI, V, 400 et s.) l'impatience des chevaux au moment qui précède leur course dans les jeux publics :

Stare adeo miserum est ; pereunt vestigia mille
Ante fugam, absentemque ferit gravis ungula campum.

Le merveilleux poétique est principalement relatif à l'influence qu'on suppose dans des êtres surnaturels, dont on admet l'existence comme certaine, lors même qu'ils ne sont produits que par des fictions de l'imagination.

Entre ces fictions, celles qui sont le moins susceptibles de produire le merveilleux poétique, sont celles qui ont résulté de l'assemblage des formes de corps entièrement divers, dont les images ont été réunies en un seul tout. C'est ainsi que l'imagination a engendré les centaures, les chimères, et autres monstres de la mythologie.

Le merveilleux produit plus d'effet dans les fables des métamorphoses qui présentent une succession de formes de corps divers, quoique cette succession soit invraisemblable. On ne peut concevoir qu'il existe un lien d'unité entre deux êtres totalement différents, dont l'un est détruit et l'autre est produit au même instant dans le même lieu. Cependant, lorsque cette première absurdité est comme éludée par l'intervention supposée d'un pouvoir divin, les détails de la métamorphose peuvent être d'une beauté entraînante, comme on le voit dans plusieurs endroits d'Ovide.

L'esprit fécond de ce poète était singulièrement propre à répandre, dans les développements de ces fables vaines toute la variété de gradations, de proportions et d'images qui pouvaient étayer et rendre intéressante leur vérité de convention.

Le merveilleux poétique est principalement attaché à la fiction d'êtres différents de l'homme, dont l'imagination a créé l'existence, et auxquels elle a attribué un pouvoir surnaturel plus ou moins limité. On a nommé dieux ou démons ces êtres dont on a peuplé les cieux, la terre et les enfers.

Ces dieux ont été formés à l'image de l'homme auquel on les a faits très ressemblants dans leurs opérations et leurs affections (a).

Les hommes mêmes ont été divinisés après leur mort, sous le nom de dieux manes, dont la supposition à fait naitre plusieurs idées absurdes qui ont été communément reçues chez les anciens (b).

Il est dans l'essence de toute fiction d'un être merveilleux, de n'avoir point de conformité avec l'état vrai et naturel des choses ; mais ce qui contitue la vraisemblance relative d'un tel être, dépend d'une vérité conventionnelle, ou bien de la croyance que les affections de cet être se rapportent à celles qu'on sait exister dans la nature entre des objets auxquels il est supposé analogue.

Si, dans la fiction d'un être merveilleux, on suppose entre les parties de cet être ou dans ses actions, une improportion extrême par rapport à l'ordre naturel qui existe dans les

---

(a) La confusion des effets d'une cause divine et des traits d'une nature humaine, est toujours absurde, et cependant elle a pu produire des images très poétiques.

Ainsi je trouve une grâce charmante dans ce qu'a imaginé Claudien (*de Raptu Proserpinæ*, l. II, V, 49-72), lorsqu'il peint les premiers développements de la formation du soleil, qui venait de naître sur le sein de Thétis. Il y dit que ce dieu verse alors un feu *tendre* dans ses vagissements ou dans les premiers mouvements de sa bouche.

Tenerum vagitu despuit ignem, etc.

(b) Plusieurs de ces idées ont été réunies dans ce beau passage de Juvénal :

Dii majorum umbris tenuem, et sine pondere terram,
Spirantesque crocos, et in urna perpetuum ver,
Qui præceptorem Sancti voluere parentis,
Esse loco.

(*Sat.* VII, V, 207-10).

Juvénal a supposé, dans ces vers, que les manes des morts habitent toujours leurs tombeaux ; qu'ils y sentent la pression de la terre, ou pesante ou légère ; qu'il peut naître autour de leurs urnes des fleurs odorantes, qui y font régner un printemps éternel, etc.

objets analogues, on ne peut que détruire la persuasion de son existence (62).

Les poètes ont atteint un haut degré de merveilleux, lorsqu'ils ont peint l'influence que les dieux exerçaient sur leurs prêtresses, pour les forcer, malgré leur résistance, à rendre leurs oracles, en s'emparant de leurs sens, et en éclairant leurs âmes de lumières sur l'avenir qu'ils les forçaient de révéler.

C'est ainsi que Virgile (au 6° livre de l'*Æneid*, V. 77-80) a décrit une semblable opération d'Apollon, qui lui soumet la sibylle de Cumes qui s'efforce de lui résister. Mais Virgile n'a exprimé que d'une manière générale les effets d'une semblable influence, et les détails en ont été imaginés et rendus de la manière la plus poétique par Lucain (*de bello civili*, l. V).

Lucain a fort élevé la beauté de ce tableau par une conception sublime. Il y présente les destins des événements futurs, qui, se découvrant à la pythie de Delphes consultée par Appius, se pressent et s'efforcent à l'envi de se manifester par sa voix, tandis que le dieu met un frein à ce trouble de la prêtresse et ne lui permet de parler que sur le sort d'Appius.

Le plus haut degré du merveilleux poétique, est celui qui attribue aux armes et même aux ornements des dieux une vertu qui leur attache, comme à des espèces de talismans, les passions les plus puissantes des dieux et des hommes.

Telle est la fiction d'Homère sur l'égide de Pallas, dans laquelle il dit (*Iliad.* liv. V, v. 739 et suiv.) qu'étaient la Terreur, la Discorde, la Vaillance et la Poursuite.

On peut encore rapporter ici les fictions de Virgile et d'Ovide sur les furies qui inspirent des sentiments de fureur à des hommes : elles lancent des serpents, dont Ovide dit qu'ils ne font point de blessures dans aucune partie du corps, et que l'âme seule en ressent les morsures,

. . . . *Mens est quæ diros sentiat ictus.*

La première des fictions de ce genre, est celle d'Homère sur la ceinture de Vénus, dans laquelle il dit (*Iliad.* l. XIV, V. 214-17), qu'étaient renfermés tous les attraits de l'amour, et cette séduction des tendres entretiens qui dérobe la raison aux sages mêmes. Le charme des idées, que présentent les vers de la description qu'en fait Homère, agit sur nous, et nous fait trouver belle la conception de cette ceinture merveilleuse, que la raison trouverait absurde.

Un très haut degré du merveilleux poétique, est celui qui donne de la réalité à un être dont l'existence n'est pas même concevable, comme lorsque le poète suppose qu'une puissance divine peut former un être composé d'éléments dont la nature est inalliable.

Ainsi Herder a bien observé que, dans les balances où Jupiter pèse la destinée d'Hector, Homère a présenté comme réel ce qu'il est impossible de comprendre, et a voulu indiquer une mesure de ce qui n'est pas mesurable.

Ainsi Burke a dit avec raison (*l. c.*, p. 329), que Virgile a fait une description sublime des foudres de Jupiter que forgeaient les Cyclopes (*Æneid*, l. VIII, V, 429-32), et cependant que, si on la considère de sang-froid, elle présente une peinture vraiment folle et absurde.

En effet, Virgile, disant que la foudre est frappée, et plus ou moins polie sous les marteaux des Cyclopes, la fait composer avec parties égales de grêle, d'eau de la nue, du feu replié (*ignis torti*) et de vent; et il y fait joindre ensuite non seulement les éclairs saisissants et les éclats retentissants du tonnerre, mais la terreur qu'il produit et la colère divine qui le précède et le dirige.

Burke conclut de cet exemple (*ibid.*, p. 330), que si la poésie forme un assemblage magnifique (noble) de mots correspondant à plusieurs belles idées, qui sont liées par des circonstances de temps ou de lieu, par des rapports de cause et d'effet, ou par toute autre sorte d'association naturelle (*in any natural way*), ces mots peuvent être fondus ensemble de manière à prendre une forme quelconque, et répondre parfaitement au but pour lequel ils sont employés ; d'autant que, ne formant point de peinture réelle, on ne demande point qu'ils aient une connexion pittoresque.

Mais j'observe que, dans cet exemple, des idées exprimées par les mots n'ont point entr'elles d'association qu'on puisse dire naturelle, comme sont les idées de la grêle et de la peur du tonnerre. La coexistence de semblables idées dans un même temps et dans un même lieu ne pouvant être regardée comme une liaison naturelle, diverses idées qui entrent dans cette description ne peuvent avoir aucune liaison qui en fasse des éléments d'un seul tout : elles sont uniquement rapprochées par la fantaisie arbitraire du poète.

Dans ce merveilleux créé d'après la seule supposition d'une influence divine, Virgile a forcé de s'unir dans un même objet, et les substances matérielles les plus hétérogènes, et des affections morales, comme des sensations diverses et des passions violentes de Jupiter et des mortels. Il n'a pu former de cet alliage un tout vraisemblable : mais il a fait oublier ce que cet ensemble avait de fantastique, en fixant l'attention sur ses parties par le charme d'une poésie qui a peint leurs images des plus belles couleurs.

Burke (*l. c.* p. 328), dit à ce sujet que la poésie perdrait beaucoup de son énergie, si toute description poétique devait nécessairement exciter des images sensibles. Il pense que ces images affaibliraient souvent la force, la consistance et l'effet des ensembles des mots propres à affecter l'âme, mots dont il ditque la réunion est le plus puissant des instruments poétiques (68).

SECTION VI.

Du sublime dans la poésie.

J'ai parlé dans les sections précédentes des beautés que produisent dans la poésie les moyens d'imitation directe ou indirecte, l'usage des figures, l'expression des images et des sentiments, et l'emploi du merveilleux. Des beautés de ces divers genres peuvent concourir à produire le sublime ; mais il existe principalement dans celles des sentiments et des images.

Burke (dans son livre sur l'*Origine de nos idées du Sublime et du Beau*), traite toujours du sublime comme étant essentiellement différent du beau. Mais le sublime proprement dit réside dans le plus haut degré de la beauté des productions des arts, particulièrement de l'art poétique et de l'art oratoire. D'ailleurs il ne peut être attribué qu'improprement aux ouvrages de la nature dont l'immensité nous étonne.

Burke, dans plusieurs endroits de son livre cité, et particulièrement (part. II, sect. 2, p. 97), dit que la terreur est, dans tous les cas quelconques, d'une manière plus ouverte ou plus cachée, le principe qui détermine le sentiment du sublime.

Mais il me paraît évident qu'un trait sublime peut être, ou n'être pas joint à l'idée d'un objet terrible, et réciproquement.

Mon opinion est que l'idée d'un objet nous paraît sublime, lorsqu'elle produit un sentiment qui nous *étonne*, de la beauté et de la grandeur de cet objet.

L'âme est élevée par l'impression d'une image ou d'un sentiment sublime ; et Longin a observé que les passages sublimes des poètes ou des orateurs semblent nous faire participer à leur élévation, et nous remplissent d'un sentiment de grandeur intérieure.

La ressemblance qu'ont souvent les effets sensibles de l'admiration ou de la terreur que de grandes idées peuvent inspirer, a fait souvent qu'on a confondu ces deux affections dans des expressions semblables, et qu'on a désigné par des noms de terreur des émotions que causent des idées sublimes, et qui mettent l'âme hors d'elle-même (64).

Quand un objet est à la fois sublime et terrible, le sentiment de la sublimité est un sentiment mixte, dans lequel nous sommes pénétrés de la nature effrayante de cet objet, et nous éprouvons, en même temps, une force d'âme qui nous fait embrasser entièrement son idée, en résistant à la terreur qu'il pourrait causer (65).

Les sources principales du sublime sont les beautés que présentent la poésie ou l'éloquence dans l'expression de grandes images et de sentiments élevés ou passionnés.

Je parlerai d'abord du sublime des images, et ensuite du sublime des sentiments.

M. Burke (*l. c.* p. 129) croit que l'infinité (l'idée de l'infinité) est une source du sublime, parce qu'elle tend à remplir l'âme de cette sorte de saisissement qui lui plaît (*delightful horror*), qui est l'effet naturel et la marque la plus vraie du sublime.

L'idée de l'infini ne produit point par elle-même le sentiment du sublime, d'autant qu'elle est simplement négative. Pour la rendre sensible en quelque manière, et propre à causer de fortes émotions, il faut lui comparer des objets limités, mais dont la grandeur est étonnante pour notre imagination.

En général, pour élever jusqu'au sublime l'idée d'un objet

dont on présente l'étendue comme immense, l'on ne peut dessiner dans son image que quelques traits dont la grandeur hyperbolique semble devoir être proportionnée à celle des autres parties de cet objet, et on laisse tout le reste indéterminé. C'est ainsi qu'Homère peint la Discorde qui marche sur la terre, et appuie sa tête contre la route des cieux (ουρανῷ ἐστήριξε, *Iliad.* 1. IV, V, 443); ce que je traduis *adversus cœlum caput fulcit*, et que Virgile a traduit imparfaitement, en l'appliquant à la Renommée (*Caput inter nubila condit. Enéid.* 1. IV, V, 177).

Lowth a très bien dit que, lorsqu'on voit l'idée d'un objet immense comme extrêmement supérieure aux plus grandes et aux plus hautes idées d'objets qu'on accumule pour les lui comparer, les limites sont ôtées en tout sens ; et l'esprit se sentant mouvoir dans cette immensité où il ne peut se fixer ni atteindre des bornes, l'image vaste et informe de l'infini, auquel il est conduit autant que possible, le pénètre d'admiration et de saisissement.

Lowth a cité plusieurs exemples pris des écrivains sacrés, où l'on trouve entassées des images accessoires faites pour donner une certaine consistance à une chose aussi subtile que l'infini ; pour lui appliquer en tout sens les mesures les plus grandes qui peuvent fixer et faire saisir en quelque manière cette notion qui glisserait sur l'entendement (66).

L'expression poétique des sentiments élevés ou passionés peut être portée à un degré sublime. Tel est le langage que Lucain donne à Caton d'Utique pour exprimer des sentiments d'une vertu républicaine la plus haute et la plus éclairée.

Le sublime de ce genre de sentiments peut se faire sentir également dans un seul trait d'un grand caractère dont l'habitude a formé une seconde nature supérieure aux natures ordinaires. Tel est le fameux *qu'il mourût* du vieil Horace de Corneille.

Stace a peint d'une manière sublime (*Thebaid.* 1. VII, V. 818 et s.) le sentiment avec lequel Amphiaraüs, monté sur son char, descendit aux enfers, par un abime qui s'ouvrit à la suite d'un tremblement de terre, abime dont la vue épouvantait les habitants des cieux et les ombres ;

Illum ingens haurit specus, et transire parantes
Mergit equos. Non arma manus non frena remisit :
Sicut erat, rectos defert in Tartara currus,
Reepexit que cadens cœlum, etc.

Le tableau des symptômes d'une passion violente peut être vraiment sublime. Il peut donner à l'âme une émotion exclusive de toute autre, et assez puissante pour la transporter hors d'elle-même.

Telle est la belle ode de Sapho, que Longin nous a conservée, et qu'il a donnée comme un modèle du sublime. Le spectateur anglais a très bien dit que ce fragment de Sapho a été pour les poètes ce que le torse antique a été pour Michel-Ange.

Il est suprenant que Home ait objecté contre cette opinion de Longin, que l'amour est une passion qui déprime l'âme au lieu de l'élever. Comment n'a-t-il pas vu que c'est la peinture que Sapho fait de sa passion, et non cette passion même qu'on doit trouver sublime ?

On peut regarder comme sublime l'idée de ce dernier sentiment que Virgile attribue à Didon mourante.

. . . . *Alto*
Quæsivit cœlo Lucem, ingemuitque reperta.

Beccaria dit que ce sentiment est sublime, parce qu'en le développant, nous voyons rapidement une foule d'autres idées accessoires, au travers de la seule expression de ces yeux qui cherchent la lumière, et gémissent de l'avoir trouvée.

Je pense que l'expression de ce dernier sentiment est sublime, parce qu'elle met le comble aux diverses affections de tristesse dont nous a pénétrés l'histoire de la malheureuse Didon. Elle ne nous découvre pas un grand nombre d'idées accessoires qui, étant confuses ou distinctes, ne pourraient que partager notre attention ; mais son effet est, pour ainsi dire, grossi de tout ce qu'ont laissé d'émotions les sentiments douloureux qui ont été exprimés précédemment (67).

Je termine ce que j'ai dit jusqu'ici sur les beautés que doit avoir tout genre de poésie, par quelques observations sur l'enthousiasme ou le génie poétique qui est nécessaire pour la production de ces beautés.

L'enthousiasme est une exaltation forte et constante des facultés de l'esprit qui produit les plus beaux ouvrages dans les arts, et surtout dans la poésie et l'éloquence. On a cru généralement, d'après les effets singuliers de cette force, qu'elle était donnée à l'esprit humain par une cause surnaturelle et divine ; ce qui fait dire à Cicéron :

Nemo unquam magnus evasit sine afflatu divino.

On ne considère communément dans l'enthousiasme que l'essor que donne à l'imagination cette agitation extraordinaire, et qu'elle n'aurait pas dans une situation tranquille.

Mais il me parait essentiel d'observer que la force de l'enthousiasme, en même temps qu'elle élève toutes les facultés de l'esprit, lui donne le pouvoir de coordonner leur action de la manière la plus avantageuse pour l'exécution des ouvrages de l'imagination.

Ainsi, dans l'enthousiasme, le poète voit avec plus de force et de netteté dans chaque objet les principaux traits caractéristiques : son jugement plus excité lui fait choisir ces traits qui doivent séparer des idées accessoires qui sont superflues, et il imprime une énergie nouvelle aux pensées et aux mouvements sans altérer leur vérité radicale.

L'enthousiasme donne le pouvoir de parcourir rapidement la chaîne des idées qui lie des idées extrêmes, ou fort éloignées entre elles : ce qui engage le poète à supprimer l'expression de plusieurs de ses idées intermédiaires. Un jugement fort est souvent nécessaire pour empêcher que les écarts de l'enthousiasme ne rompent les connexions des idées à un degré déraisonnable. Mais, je l'observe, l'enthousiasme même peut exciter la force habituelle du jugement.

Pour constituer l'enthousiasme, il ne suffit point, comme le prétend Beccaria, que l'esprit soit constamment dans cet état où il parcourt, avec un mouvement agréable et rapide, une semblable chaîne d'idées nombreuses, importantes, et dirigées à un seul centre.

Il faut, de plus, que, dans le génie du poète qu'anime l'enthousiasme, les premières pensées germent en naissant, comme disait Gravina, et suffisent à produire et à féconder plusieurs générations d'idées et de sentiments. Ainsi la faculté génératrice des idées, qui peut en créer, de nouvelles suites plus ou moins étendues, est portée au plus haut degré par l'effet de la grande activité que l'enthousiasme excite dans toutes les puissances de l'âme.

Dans les mouvements de l'enthousiasme, le poète doit se soumettre toujours ses pensées, en même temps qu'il les multiplie, les resserrer suivant qu'il veut rendre leur liaison plus rapide et plus marquée, ou les étendre pour ajouter un caractère de grandeur qu'il veut leur donner.

C'est ainsi qu'il dirige les opérations de son enthousiasme en même temps qu'il s'y livre.

C'est alors que son intelligence entière, ou l'ensemble des facultés de son esprit, se montre avec une énergie supérieure à celle qu'ont prise toutes ses facultés particulières, et qu'elle les maîtrise pour les faire concourir aux combinaisons les plus parfaites des idées que lui inspire l'enthousiasme.

SECTION VII.

Des beautés de la tragédie.

Après avoir parlé des beautés qui sont communes à tous les genres de poésie, je terminerai ce discours par des considérations sur les beautés de la poésie dramatique, dont je prendrai la tragédie pour exemple.

La poésie dramatique forme, dans l'art de la poésie, un genre qui est essentiellement imitatif, et qui diffère entièrement de la poésie narrative qui a lieu dans le poëme épique.

Les critiques de tous les temps et de tous les pays sont d'accord sur les principes généraux auxquels il faut rapporter les diverses espèces de beauté de l'art de la tragédie. On convient qu'elles dépendent de la construction de la fable tragique dans son ensemble et dans toutes ses parties ; des caractères des principaux personnages et des sentiments convenables à leurs situations, qui sont propres à émouvoir fortement le spectateur, et enfin des perfections de la poésie du style.

L'application de ces principes généraux est facile et sûre par rapport aux ouvrages des auteurs tragiques les plus célèbres chez les Grecs, et aux principales tragédies de Corneille et de Racine où se trouvent réunis ces divers genres de beauté. Mais cette application semble pouvoir être rendue incertaine par les effets du goût national. Ce goût fait que chez tel peuple, on regarde comme des beautés dans les ouvrages de tel auteur dramatique, ce que de bons juges reconnaissent défectueux ou même vicieux dans les peintures des caractères, dans les expressions des sentiments et dans les formes du style.

Ce goût national, quand il est transmis d'âge en âge chez ce peuple, est une espèce de croyance religieuse qui peut entraîner des hommes très éclairés, et leur faire adopter une opinion consacrée depuis longtemps dans leur pays ; de sorte qu'un ouvrage, qui est le plus fréquemment insipide, peut leur paraître presque constamment agréable.

Une semblable illusion a fait dire à Gravina, qui a d'ailleurs écrit sur la poésie avec beaucoup de goût et de lumière, que le poème du *Dante* lui paraît former un tissu ourdi et travaillé par une imagination agitée d'un enthousiasme extraordinaire et *presque divin*.

Un semblable préjugé national a produit l'admiration outrée qu'ont les Anglais pour leur fameux poète tragique Shakespeare.

On ne peut pas donner la même excuse d'un intérêt national à ce qu'ont écrit quelques critiques allemands même éclairés d'ailleurs, tels que Lessing et Sulzer, dont l'admiration pour Shakespeare est sensiblement exaltée par un sentiment de jalousie concentrée contre les grands tragiques français qu'ils louent le moins possible, et qu'ils s'efforcent même de déprimer (68).

Voltaire me paraît fondé à dire (dans sa *Correspondance générale*, t. IX, p. 507) que Shakespeare est précisément, à son avis, comme le Lopes de Vega et comme le Calderon. C'est, dit-il, une belle nature, mais bien sauvage. Nulle régularité, nulle bienséance, nul art ; de la bassesse avec de la grandeur ; de la bouffonnerie avec du terrible ; c'est le chaos de la tragédie dans lequel il y a cent traits de lumière.

Si les Espagnols avaient, au même degré que les Anglais, la passion de cette espèce de gloire nationale ; ils pourraient justement élever leur Calderon à côté de Shakespeare. Linguet (dans sa *Préface du Théâtre espagnol*, p. 41) a dit de Calderon, que c'était un génie singulier dont on ne prononcerait le nom qu'avec respect, s'il était grec.

Shakespeare et Calderon (auxquels on peut associer le Vendel des Hollandais) étaient sans doute des hommes d'un génie distingué dans leur siècle. J'observe cependant que la nature brute et l'excessive irrégularité de ces génies, empêchent de pouvoir en estimer la grandeur réelle avec aucune précision (69).

Les perfections que doivent avoir dans la tragédie les caractères des principaux personnages, leurs sentiments et le style du poète, sont les mêmes dans cette poésie dramatique que dans la poésie épique ou dans la narration poétique.

Ainsi, on ne doit considérer, comme étant propres ou particulières à la tragédie, que celles qui se rapportent à la construction de la fable tragique.

Les lois ou règles essentielles de la tragédie, sont relatives à son but, qui est d'exciter et de renforcer des sentiments analogues à ceux que produiraient, s'ils étaient réels, les objets que présente la tragédie. Mais de plus, ces lois sont relatives au degré de vraisemblance que doit toujours avoir l'imitation dramatique pour en produire les effets.

Je me propose de considérer séparément ces deux sortes de règles de la tragédie ; celles qui assurent le degré de vraisemblance que doit avoir l'imitation dramatique ; celles qui sont relatives à l'excitation des sentiments que causeraient, s'ils étaient réels, les événements qui y sont représentés.

Premièrement, toutes les invraisemblances extrêmes nous révoltent dans une tragédie : non parce qu'elles nous démontrent la fausseté de ce spectacle, puisque nous n'en croyons jamais, la réalité entière, mais parce qu'elles sont conçues péniblement, à proportion de ce qu'elles ont moins de connexion ou d'analogie avec les notions auxquelles l'esprit est accoutumé.

De telles invraisemblances extrêmes sont les représentations faites sur la scène d'actions qui sont d'une nature horrible, ou de changements dont le merveilleux est outré ; ces objets ne peuvent plaire à l'imagination, ni la fixer : et dès lors l'âme ne sent plus, avec le dégoût d'une image atroce ou absurde, que l'incrédulité constante de sa raison.

Ainsi Horace, après avoir dit qu'Atrée ne doit point faire cuire des entrailles humaines sur le théâtre, ni Cadmus s'y changer en serpent, ajoute avec raison.

Quodcumque ostendis mihi sic, incredulus odi.
Art. Poët. V. 188.

Cependant le spectateur se refuse moins à admettre des faits, sensiblement fabuleux ou chimériques, lorsqu'ils sont seulement racontés ; d'autant que la raison s'oppose fortement à la narration historique d'un fait qui n'est pas vraisemblable. Mais alors l'imagination passe rapidement sur le récit de ces faits, pour se porter sur d'autres choses intéressantes qu'amène leur supposition.

Il est évident qu'il ne faut point mettre au nombre des invraisemblances qui ne doivent point être mises dans la tragédie, des faits extraordinaires, mais dont il a existé de nombreux exemples ; comme est le sacrifice d'une victime humaine, ou un amour incestueux. C'est cependant sous ce prétexte frivole que ces faits sont hors de la nature, et causent plus d'horreur que de compassion, que Home a critiqué, comme ne convenant point à la tragédie, le sujet d'Iphigénie et même celui de Phèdre.

La première des règles de la tragédie qui ont été généralement observées depuis Aristote jusqu'à nous est de ne point altérer l'unité de l'action principale.

Les unités de temps et de lieu qui ont été fixées, depuis Aristote, comme essentielles dans l'action de la tragédie, y sont commandées jusqu'à un certain point par le motif de conserver à cette imitation un certain degré de vraisemblance mais elles y sont susceptibles de grandes modifications.

Métastase (dans son *extrait de la poétique d'Aristote*) a prouvé fort au long que les règles des unités de temps et de lieu qu'on a si fort recommandées comme essentielles dans l'art dramatique, n'ont point été rigoureusement observées par les poètes dramatiques grecs, ni par Plaute et Térence.

Il pense que les modernes n'y ont été assujettis sévèrement que d'après cette fausse supposition, que l'imitation dramatique a pour objet de produire une véritable illusion, et non de donner aux scènes qu'elle présente cette ressemblance avec la réalité qui convient à l'imitation que l'art dramatique peut produire.

Cependant il est évident qu'on ne doit pas porter à l'excès les distances des temps et des lieux que l'on fait parcourir à l'action. Quelque disposée que soit l'imagination du spectateur à se prêter à une suppression soudaine de grands espaces intermédiaires dans les lieux et dans les temps, cette fiction ne peut être étendue ou répétée au-delà de certaines bornes, sans que l'imagination du spectateur ne soit en géral fatiguée et rebutée de suivre cet amas d'invraisemblances (70).

D'ailleurs, en général, le spectateur est disposé à négliger des invraisemblances qui ne soient pas extrêmes, pour se livrer volontairement au charme des impressions réunies que fait sur lui une belle tragédie. C'est pourquoi il la revoit toujours avec un plaisir nouveau, quoiqu'il en ait vu plusieurs représentations lorsque dans cette pièce l'intérêt des situations va toujours en croissant, et qu'il y est soutenu par l'énergie avec laquelle les sentiments se développent et se contrastent, par le langage éloquent des passions, et par l'harmonie continue des vers. Le spectateur parcourt alors le même cercle d'émotions, d'incertitudes, d'agitations que lui a présenté le cours des scènes d'une pièce dramatique, lorsqu'il l'a vue pour la première fois, quoiqu'il en connaisse présentement toutes les variations et l'événement final (71).

Secondement, je passe à ce qui concerne les règles de la tragédie, qui sont relatives à l'excitation qu'elle doit produire de sentiments analogues à ceux que causeraient, s'ils étaient réels, les événements qui y sont représentés.

Les sentiments que produirait la présence réelle des événements, tels que ceux qu'imite la tragédie, sont principalement ceux de la pitié et de la terreur, et ils sont toujours accompagnés d'émotions vives qui inspirent à l'âme un intérêt mêlé d'agrément.

Pour mieux déterminer les lois de l'excitation de sentiments semblables que la tragédie doit se proposer, il faut rechercher, avant tout, qu'elles sont les causes qui nous rendent agréables la pitié et la terreur qu'inspirent les événements tragiques, lorsque leur réalité est évidente.

Lucrèce a dit qu'on voit avec plaisir, du rivage de la mer, un vaisseau battu par la tempête contre laquelle lutte l'effort des navigateurs, parce qu'il est doux de voir des périls dont on est garanti dans sa position (a).

(a) *Suave mari magno turbantibus æquora ventis
E terra alterius magnum spectare laborem ;
Non quia vexari quemquam est jucunda voluptas ;
Sed quibus ipse malis careas, quia dulce videre est.*

Cette exemption des dangers est, sans doute, une des causes du plaisir que nous fait ce spectacle ; et cette sécurité est même une condition nécessaire pour ce plaisir.

On a indiqué d'autres causes de ce plaisir, mais qui ne sont que vagues, et pour ainsi dire superficielles. Ces causes sont le sentiment de la curiosité et celui de l'intérêt que nous prenons en général à considérer les actions et les passions des hommes placés dans des situations très périlleuses. (Voy. Barnes, *Mém. de la Société de Manchester*).

La pitié, qui se joint à la terreur, lorsqu'on voit le spectacle d'un grand danger que courent des navigateurs, est un sentiment plus faible que celui de cette terreur, si le danger de ces navigateurs ne devient extrême ; auquel cas il excite notre compassion, au point de détruire l'attrait de ce spectacle.

Lorsque la pitié n'est pas excitée par la vue d'un événement tragique, au point d'être un tourment pour l'âme, elle est sans doute un sentiment mixte qui lui est agréable. Les émotions tendres et généreuses que donne cette affection sympathisante l'emportent alors sur ce que la commisération a de pénible. Cette sympathie douce nous attache par nos rapports avec l'homme malheureux, lors même qu'il l'est dans des circonstances où nous ne pouvons jamais nous trouver (72).

Il me paraît que c'est dans le plaisir que l'âme trouve à se pénétrer, non d'une forte émotion quelconque, mais du sentiment de la terreur, qu'il faut chercher la principale cause, qu'on n'a point donnée jusqu'ici, du grand intérêt que lui inspirent des objets qui présentent l'idée d'un danger effrayant.

Lors même que ce péril est étranger au spectateur, il se le rend propre, en quelque manière, par un effet de la disposition générale qu'ont les hommes à se substituer par leur imagination, comme s'ils étaient à la place de ceux qui souffrent cette situation violente.

Des faits qui prouvent que l'homme aime à se pénétrer du sentiment de la terreur ont été particulièrement bien vus par Moses Mendelssohn (*Philosophische Schriften*, tom. 1, p. 604).

Cependant je ne trouve point que cet auteur ni aucun autre, ait reconnu ce que je mets en principe, que cette disposition générale des hommes est la cause la plus puissante du plaisir qu'ils ont à voir des spectacles cruels, comme sont ceux des combats de gladiateurs (73).

Il est dans la nature humaine de trouver du plaisir à voir un objet effrayant, lors même qu'il l'est seulement pour notre imagination, comme est un rocher escarpé et suspendu sur nos têtes, dont la saillie semble nous menacer. Même après avoir détourné les yeux de cet objet, lorsque l'impression en devient trop forte, nous les y reportons bientôt après avec un attrait singulier.

Les enfants sont particulièrement sensibles au plaisir avec lequel ils s'occupent de tout ce qui leur donne de l'effroi, parce qu'ils sont beaucoup moins retenus par leur jugement trop faible, qu'ils ne sont attirés par la mobilité de leur imagination. On sait avec quelle avidité ils écoutent le récit des choses merveilleuses et effrayantes. On a remarqué aussi que lorsqu'on leur peint très vivement un danger attaché à tel mouvement ou à telle position, on excite d'autant plus en eux l'envie de courir ce danger. L'homme est toujours enfant à un certain degré, en ce point qu'il aime la vue de ce qui lui cause un sentiment de terreur, lorsque la raison le rassure contre la crainte du danger. Un spectacle effrayant plaît d'autant plus à son imagination, qu'il est plus terrible avec la persuasion de la sécurité. Le plaisir du saisissement que nous donne une image effrayante fait que nous tâchons de nous en pénétrer, et que nous partageons en idée un danger que nous ne pouvons courir.

Après avoir expliqué comment la cause de l'attrait qu'a pour nous la vue d'un événement tragique ou d'un genre funeste, est dans le plaisir que nous trouvons à ressentir la pitié ou la terreur que cette vue nous inspire, il reste à déterminer comment la simple représentation d'un semblable événement nous est agréable lorsqu'il est imité suivant les règles de l'art dramatique.

L'objet de la tragédie n'est pas comme on l'a dit presqu'universellement, de faire une telle illusion au spectateur, qu'il se persuade voir les personnes et les actions qu'on a voulu y présenter. Mais son objet principal est d'affecter fortement, par les effets des situations et des sentiments qu'elle imite, l'imagination du spectateur, qui, étant ainsi émue, met en jeu les passions de la pitié et de la terreur par la nécessité des lois de la sympathie qui est entre les puissances ou facultés de l'âme.

Cette sympathie fait que, lorsque l'imagination est fortement ébranlée par les idées qui la frappent, il se détermine une agitation correspondante dans la sensibilité morale, ou dans le principe des passions, soit que la raison affirme, ou qu'elle nie la présence réelle des objets auxquels se rapportent ces idées.

Une condition essentielle pour que l'on voie avec plaisir la représentation des événements tragiques, est qu'on puisse se livrer volontairement à cette illusion jusqu'à un haut degré, pendant qu'on ne voit que très faiblement que l'action représentée n'a de réalité qu'autant qu'elle est une fiction.

La fiction est d'autant moins rappelée, et l'illusion a d'autant plus de force, que le poète, observant les règles de l'art tragique relatives à la vraisemblance, dont j'ai parlé ci-dessus, excelle davantage à concentrer et à rendre plus énergiques les idées des objets imités.

Cet effet est encore augmenté par les beautés qui sont communes à tous les genres de poésie, qui sont celles du style, des figures, des images et des sentiments, ainsi que par les perfections de l'art des décorations et de la déclamation théâtrale.

La réunion de tous ces moyens fait que le spectateur est vivement affecté par les effets que la scène produit en lui, et qu'il s'abandonne de plus en plus à l'illusion à laquelle il aime à se livrer (74).

Aristote veut que le poète tragique se propose principalement d'exciter les passions de la terreur et de la pitié. Ce précepte est d'autant plus fondé, que ces passions sont celles qu'exciteraient éminemment, s'ils étaient réels, les événements que représente la tragédie.

Lessing a été fondé à dire, qu'il n'a pas entendu par *terreur* un sentiment de crainte avec épouvante. Il est néanmoins évident qu'Aristote a dû entendre par là une crainte portée à un haut degré, ce qui en fait une sorte de terreur.

Lessing prétend aussi que la pitié, qu'Aristote dit que la tragédie doit exciter, ne peut avoir lieu, qu'autant qu'elle a pour objet un mal que nous ayons à craindre pour nous ou pour quelqu'un des nôtres. Mais c'est sans aucun retour de crainte relatif à nous-mêmes ou aux nôtres, que nous avons de la pitié pour les malheurs d'Œdipe, qui ne peuvent jamais nous regarder.

L'objet essentiel de la tragédie, est sans doute d'exciter les sentiments de la pitié ou de la terreur. Mais il faut toujours y mêler ces sentiments avec d'autres, qui en adoucissent l'amertume, et il ne faut jamais les porter au delà du point où le cœur trouve ces émotions agréables. On ne doit point rendre ces affections pénibles et douloureuses, en chargeant le tableau des infortunes et des misères humaines.

On peut dire que la sensibilité est défectueuse chez les hommes qui ont besoin d'être frappés par la vue de scènes atroces, et qui sont peu touchés par les gradations et les nuances des sentiments.

Cette imperfection de la sensibilité peut être un effet de l'influence du climat, comme en général chez les peuples du Nord, qui ne peuvent être ébranlés que par des secousses qui seraient violentes dans le Midi (a).

Elle peut aussi être produite par l'effet d'une société dégénérée, comme dans les capitales, où la sensibilité des habitants s'étant divisée et affaiblie à l'excès, ils ne peuvent être assez fortement émus que par des scènes dont la violence soit extraordinaire.

Telles sont les causes de la préférence que les Anglais ont donnée constamment, et que les Français ont donnée souvent, dans ces derniers temps, à des drames où les scènes funestes sont multipliées et détaillées, de manière à donner le plus de jeu possible aux expressions communes et forcées de l'effroi, de l'angoisse et de la douleur.

Au contraire, les hommes qui ont beaucoup d'imagination, et dont la sensibilité est plus cultivée et plus perfectionnée, voient avec aversion une imitation dramatique qui leur montre des copies de scènes affreuses. Mais ils aiment à se pénétrer des mouvements qu'excite la tragédie, lorsque, sans

---

(a) Que le Français des provinces, ainsi que celui de la capitale, soit désormais modeste, quand il parlera de l'imperfection de la sensibilité chez les peuples du Nord (*Note de l'éditeur*).

présenter rien de révoltant, elle peut faire frémir délicieusement toutes les cordes de leur être sensible.

Dans la tragédie, la première des règles est de conserver l'unité de l'action principale. Cette action doit avoir une étendue médiocre, et toutes ses parties doivent former un ensemble facile à saisir. Le principe qui rend essentielle cette unité d'action, c'est qu'elle fixe et concentre l'attention du spectateur ; de sorte que l'intérêt peut aller toujours en croissant jusqu'à la fin de la pièce.

Pour assurer cet accroissement d'intérêt jusqu'à la fin de la tragédie, il est plus convenable qu'elle finisse par un dénouement funeste. Aristote observe (*Poet.*, ch. XII, n° 4), qu'Euripide, qu'il dit être le plus tragique des poètes, a terminé ainsi la plupart de ses pièces.

D'ailleurs le poète et le romancier savent qu'en finissant tragiquement leurs ouvrages, ils gravent dans les âmes d'une manière durable les impressions de tristesse et d'intérêt qu'ils ont produites, et qu'un dénouement heureux aurait bientôt effacées.

L'excitation des sentiments de terreur et de pitié que doit produire le poète, ne peut que dépendre en grande partie du caractère moral qu'il donne aux principaux personnages de sa tragédie.

On ne peut douter, d'après ce qu'a dit Aristote (*Poet.*, ch. XIV, n° 1, 5 et 8), qu'il n'ait voulu que le caractère des principaux personnages de la tragédie soit bon d'une bonté morale ; ce que Métastase et d'autres ont nié mal à propos.

Mais il me paraît remarquable qu'en cela Aristote ne s'est point proposé un but moral. L'objet principal de la tragédie ancienne, aussi bien que du poème épique, n'était point de prêcher la vertu, quelque convenable qu'il fût d'en inspirer le sentiment par des maximes répandues dans le cours de la pièce.

Le motif de la règle établie par Aristote sur la bonté morale qu'on doit attribuer aux personnages malheureux est qu'ils en sont d'autant plus propres à inspirer la terreur et la pitié. Il ne veut pas même qu'on donne à ces personnages une vertu et une justice parfaites, parce que, dit-il, leur malheur ne serait qu'odieux, et n'aurait rien de *pitoyable* ni de terrible (*Ibid.*, ch. XII, n°ˢ 1 et 2) (75).

L'abbé Terrasson (dans sa *Dissertation critique sur l'Iliade d'Homère*), dit une chose qu'il croit, sans fondement, être opposée à ce conseil d'Aristote : c'est qu'il faut chercher pour la tragédie un héros le plus parfait qu'il puisse être, à quelques vices ou à un seul vice près. Sa perte, dit-il, excitera la compassion par les grandes qualités du personnage ; et elle imprimera d'autant plus de terreur, qu'elle montrera aux hommes, qu'avec toutes les bonnes qualités qu'on peut avoir, il suffit de nourrir quelque passion déréglée ou quelque habitude vicieuse, pour porter en soi le principe de sa chute et de sa ruine.

La fable, dans la tragédie d'Œdipe et dans beaucoup d'autres tragédies grecques, est fondée sur cette opinion très immorale, qu'un homme né juste et vertueux, peut être condamné, par l'ascendant de sa destinée, à des crimes si grands, que ses remords ne peuvent les expier.

Cette opinion, qui d'ailleurs pouvait subsister avec les idées vagues qu'avaient les Grecs sur la destinée et sur le pouvoir des dieux était évidemment pernicieuse, puisqu'elle justifiait le parricide d'Oreste. Cependant elle devait d'ailleurs produire l'effet le plus tragique, et elle portait au plus haut degré les mouvements de la terreur et de la pitié, en représentant l'homme comme un être faible et malheureux, toujours enveloppé des liens d'une fatalité aussi obscure que redoutable, dont tous ses efforts et sa vertu même ne pouvaient le délivrer.

Aristote me paraît avoir indiqué une cause très vraisemblable de l'utilité morale que doit avoir la tragédie. Il a dit (*Poët.*,ch. VI,n° 2) que la tragédie opère par la terreur et par la pitié la *purgation* de ces même passions.

Je ne m'arrêterai point à réfuter toutes les opinions diverses des commentateurs sur ce passage célèbre (76).

Je remarquerai seulement ce qu'a dit M. l'abbé Batteux, dont l'explication a été adoptée par La Harpe (*Cours de littérature*, t. I, p. 72-3 et p. 312), que cette purgation s'opère, parce que la tragédie, en produisant des mouvements de terreur et de pitié, en affaiblit l'impression trop vive, et la réduit au degré et à l'espèce, où elle n'est plus qu'un plaisir sans mélange de peine.

Il reste toujours à expliquer comment on opère la *purgation* d'une passion, dès qu'on l'excite d'une manière faible.

Il faut observer que, suivant Aristote, l'objet essentiel n'est pas de corriger ou purger l'homme de toutes ses passions, mais seulement de fortifier son âme contre les sentiments trop forts de crainte ou de compassion que peut causer en nous la vue de grandes infortunes.

Aristote a considéré qu'il existe dans toutes les âmes une habitude plus ou moins forte de disposition aux passions de la terreur et de la pitié. Je crois que c'est relativement à cette habitude, qu'il a pensé que l'excitation artificielle de ces passions, qu'opère la tragédie, étant plus au moins répétée, est analogue à la *purgation*.

Les scènes tragiques qui excitent vivement nos affections de terreur ou de pitié par cet exercice répété, dissipent, pour ainsi dire, et purgent en quelque sorte la surabondance de notre disposition à ces affections (77).

En effet, ces passions pourraient se porter à un excès pernicieux, si, après avoir été longtemps sans être vivement excitées, elles venaient à être déterminées violemment et soudainement par des malheurs réels.

On peut ajouter que la tragédie est encore utile, en nous faisant connaître que de grands mouvements de terreur et de pitié peuvent être produits par des causes vaines, puisqu'ils le sont au théâtre par des objets dont nous sentons continuellement l'illusion.

SEPTIÈME DISCOURS

Du sentiment de la beauté des différentes parties du spectacle de la nature.

Le spectacle de la nature présente à l'homme sensible et éclairé une infinité d'objets divers qui affectent agréablement ses sens et son intelligence. Lorsqu'il éprouve qu'un de ces objets produit sur lui un ensemble d'impressions agréables, qui est supérieur aux réunions de semblables agréments qu'il sent dans d'autres objets analogues, cet ensemble fait naître en lui le sentiment de la beauté de cet objet.

Je parlerai d'abord des beautés sensibles que nous présente la terre dans les parties de sa surface qui sont cultivées et dans celles qui ne le sont pas, dans ses mers et dans son atmosphère. J'exposerai ensuite mes considérations sur les beautés du système des êtres animés qui peuplent la terre, et sur celles du système des corps célestes; beautés intellectuelles dont le sentiment nous conduit à celui de l'existence de l'Être suprême.

Il est surprenant que Buffon ait pu dire que sur la terre la nature brute est hideuse et mourante, et que le travail de l'homme seul peut la rendre agréable et vivante (a).

(a) L'homme, dit-il, fait écouler les eaux mortes et croupissantes, met le feu aux vieilles forêts et à la bourre que forment les végétaux agrestes en se desséchant, emploie le fer, et à l'aide des animaux utiles à la culture, élague le chardon et la ronce, multiplie le raisin et la rose. — Qu'elle est belle, ajoute-t-il, cette nature cultivée, etc. ! (*Histoire naturelle de Buffon*, t. XII. *Première vue de la Nature*, p. XI-XIII).

Cependant il est certain que, dans plusieurs lieux de la terre, la nature produit d'elle-même, et sans être dirigée par les travaux de l'homme, des beautés semblables à celles des pays les plus heureusement cultivés (b).

Mais de plus, combien la variété et la grandeur des objets agréables que la nature répand dans ces paysages qu'elle crée sans le secours de l'homme, rend leur beauté supérieure à celle des scènes de la plus riche culture, et même à celle des gardiens les plus magnifiques, où l'art, dès qu'il se fait sentir, manifeste ses limites, et une sorte d'uniformité qui rapetisse tous ses effets !

Dans les beaux paysages que produit la seule nature, elle travaille en grand, et la liberté de ses développements ajoute à la richesse de ses productions.

. . . . *Quippe solo natura subest.*
Virg. Georg. l. II, V. 49.

Des végétaux des formes les plus variées couvrent dans toute son étendue une terre toujours renouvelée qu'ils fertilisent par leurs débris, et à laquelle ils rendent sans cesse de nouveaux germes qu'elle féconde.

Les plus grandes beautés que la nature a données à la terre, sont d'un autre ordre que celles que peut faire naître l'agriculture.

Quelles que puissent être les beautés que présente la terre cultivée, les agréments qui font naître le sentiment de ces beautés, sont fort inférieurs à ceux de ces sentiments mixtes

---

(b) Il est encore à remarquer qu'il est des hommes pour qui ce genre de beauté n'existe pas ; car Bosman (cité par Buffon lui-même, *Hist. nat.*, t. 3, p. 462) rapporte que les nègres de Guinée demeurent très souvent dans des pays sauvages et stériles, tandis qu'il ne tiendrait qu'à eux d'habiter des collines agréables et couvertes d'arbres, des campagnes vertes, fertiles, entrecoupées de rivières et de ruisseaux agréables ; mais que tout cela ne leur fait aucun plaisir.

que l'homme éprouve lorsqu'il pénètre dans des forêts vastes, ou qu'il s'élève sur de hautes montagnes.

Les formes extrêmement variées de ces objets, de l'espace sur lequel ils s'étendent, et leur immensité, intéressent fortement les sens qu'elles étonnent, et agrandissent l'imagination en la troublant ; ce qui produit dans l'homme des sentiments mêlés d'une terreur qui le saisit, et d'une admiration qui le flatte. Les agréments extraordinaires qu'ont pour lui ces impressions combinées, ont d'autant plus de force pour lui donner le sentiment de la beauté de ces grands objets, qu'il sent la comparaison de ces agréments avec ceux des objets analogues d'un rang inférieur, ou des bois et des montagnes ordinaires que son imagination est accoutumée à voir et à mesurer.

L'obscurité et le silence des vastes forêts produisent dans les sens un repos tout autre que celui dont ils peuvent jouir communément durant le jour et dans l'état de veille : et cette situation singulière qui surprend et remue l'imagination, en excite puissamment les forces. Ces ombres qui affaiblissent de plus en plus la clarté du jour, et qui s'épaississent enfin au point de lui être presqu'impénétrables ; ces grands arbres qui arrêtent l'homme à chaque pas, au delà duquel il les imagine multipliés, sans nombre, dans un espace dont il ne connait point les limites ; cette solitude absolue où tout est muet, et lui fait sentir qu'il n'a de ressources qu'en lui-même ; en un mot, ces ténèbres, cette immensité, cet isolement dont il est frappé au fond des forêts, lui suggèrent des idées vagues des choses possibles qui ont la plus grande force pour émouvoir et accroître ses dispositions naturelles à la terreur et à l'amour du merveilleux.

Alors ces mouvements de crainte se joignent à son admiration pour les richesses de la nature dans les productions dont elle l'entoure : et ces affections réunies, ont un effet très puissant pour faire naître en lui et pour fortifier de plus en plus un sentiment profond et religieux de la présence de puissances surnaturelles qui lui sont inconnues (a).

Les hautes montagnes présentent les objets les plus imposants dans leurs sommets couronnés de neiges permanentes, qui s'élèvent au-dessus de la région des nuages, ainsi que dans leurs chaînes et leurs ramifications dont les prolongements embrassent une étendue immense. Mais ce sont surtout les traces de ruines que la main du temps a imprimées à ces masses qui sembleraient devoir être indestructibles, qu'on ne peut contempler sans éprouver un sentiment mêlé de plaisir.

L'action de l'air et des eaux a dégradé les bases et les cimes majestueuses des montagnes : elle a ruiné leurs flancs, en a détaché des masses énormes de rochers, et y a creusé

(a) Divers auteurs ont recherché quelles étaient les causes de ce saisissement d'un caractère religieux que nous éprouvons dans la profondeur des forêts. Pline (l. XII, c. I) dit : *Lucos atque in iis Silentia ipsa, adoramus.* — Voyez Juste Lipse sur Tacite, *De Moribus Germanorum.* — Sénèque dit (Epist. XLI) : *Proceribus sylvæ, et Secretum loci, et admiratio umbræ in aperto tam densæ atque continuæ, fidem tibi numinis facit.* Il dit (ibid.) : *Si quis specus saxis penitus exesis montem suspenderit, non manu factus, sed naturalibus causis in tantam laxitatem excavatus, animum tuum quadam religionis suspicione percutiet.* — *Subita et ex abdito vasti amnis eruptio aras habet.*

Il me paraît que c'est par l'influence des sentiments réunis de la crainte et de l'admiration qu'inspirent les grandes forêts, qu'un grand nombre de peuples divers se sont portés à rendre aux forêts un culte religieux, comme ensuite à consacrer des bois dans le voisinage des temples.

Ces pratiques religieuses, qui ont été si répandues sur la terre, doivent être rapportées à un effet général de ces sentiments mixtes que j'indique, et non à des motifs fondés sur des accidents singuliers, tels que ceux qu'en a donnés Shaftesbury (*Caractéristicks, the Moralists*, part. III, sect. I). Il explique cet ancien culte des forêts, parce qu'on y entend des sons effrayants que renvoient de vastes cavernes et que répètent les échos parce qu'on croit y entendre des voix mystérieuses, et y voir la divinité sous diverses formes, etc.

d'affreux précipices. Elle continue sans cesse cette démolition dans un silence perpétuel, qui n'est interrompu que dans les profondeurs de ces monts par le bruit retentissant des torrents.

Une suite de siècles que nous ne pouvons calculer, peut amener, par les progrès de cette destruction, des temps où les montagnes, même primitives, seront effacées de dessus la surface de la terre, où leurs vallées auront disparu, ainsi que les collines qui sont à leurs pieds. Les plaines, que fertilisent à présent les eaux venant de ces montagnes, seront alors nécessairement frappées d'une stérilité éternelle, si les suites funestes de ce nivellement ne sont prévenues par une nouvelle révolution de la nature (78).

Moses Mendelssohn est peut-être le premier qui a dit (*Philosophische schriften, zweyter theil*, p. 36-7.) que la vue ou la considération d'un objet immense, nous cause un sentiment qui est mêlé de plaisir et de peine.

Mendelssohn ajoute que ce sentiment mixte excite d'abord en nous un saisissement comme d'horreur (*ein schauern*); et lorsque nous continuons de considérer le même objet, une sorte de vertige qui est agréable. Il croit aussi que le même sentiment mixte est produit par l'impression de tous les objets qui sont pour nous hors de mesure, soit physiques, soit intellectuels.

Mais cette sorte de vertige, qui est le plus haut degré de ce sentiment mixte ne peut exister que chez quelques hommes qui ont un excès de sensibilité. Même chez ces hommes, ce sentiment mixte ne peut être produit par un objet intellectuel, qu'autant qu'ils se livrent habituellement, avec un abandon vicieux, aux contemplations d'êtres métaphysiques.

Une erreur principale de Mendelssohn, au sujet de ce sentiment mêlé de plaisir et de peine que nous éprouvons en voyant un objet dont l'étendue sensible est immense, consiste en ce qu'il dit (*ibid.*, p. 37 et p. 157), que ce qui est agréable dans ce sentiment, étant causé par la grandeur de l'objet, l'impuissance où nous sommes malgré tous nos efforts, d'embrasser les limites de cet objet (*Seine grenzen, zu umfassen*), produit la peine qui se mêle à ce plaisir et qui cependant aussi peut le rendre plus vif.

Il est évident que la vue d'un objet, dont la grandeur est immense, produisant chez tous les hommes un mélange de plaisir et de peine, cette peine ne peut être l'effet de l'impuissance qu'ils éprouvent, en faisant des efforts pour saisir les limites de cet objet. Car il est infiniment peu d'hommes qui désirent alors, et se proposent de connaître les limites ou même une circonscription approchée de cet objet.

Mais il n'est point d'homme à qui les objets, qu'il voit être d'une étendue immense, ne fassent sentir une disproportion comme infinie avec le peu d'espace qu'il occupe, de sorte que son existence lui paraît en être anéantie. C'est de là que naît le sentiment pénible d'une terreur plus ou moins profonde, qui se mêle au sentiment agréable de l'admiration pour ces grands objets.

Mendelssohn a fait (*l. c.*, p. 37) cette remarque très juste, que lorsqu'un objet immense est sans aucune variété dans ses différentes parties, comme l'est par exemple une mer tranquille, son uniformité fait naître une espèce de dégoût, au point qu'on en détourne ses regards.

En effet, quoique la vue de l'Océan soit toujours imposante, même lorsqu'il est tranquille, le dénuement d'objets variés dans cet amas d'eaux immense, dont les limites se confondent avec les bords de l'horizon, ne peut qu'en rendre bientôt la vue désagréable, ainsi que l'est celle des plages arides, et sans bornes déterminées, que présentent les grands déserts de l'Afrique.

Nous ne pouvons attacher à la vue de l'Océan aucune idée de perfection de cet objet, qui soit pour nous un principe du sentiment de sa beauté, puisque nous ne saurions assigner aucune raison suffisante de l'existence des mers.

Cependant des idées relatives aux causes du système de l'univers, peuvent nous présenter la mer sous des rapports grands et intéressants, et nous y faire sentir des beautés que nous n'y trouverions pas, si nous la considérions seulement dans son aspect. Telle est l'idée de l'ordre admirable qui, pendant une longue suite de siècles, assujettit l'immense océan à des limites à peu près constantes, et maintient la stabilité de son équilibre, malgré toutes les agitations que peuvent lui imprimer le flux et le reflux, les vents, les courants et les tremblements des terres qu'il recouvre.

L'atmosphère terrestre n'a pour nous aucun effet d'une grande beauté, lorsqu'elle donne seulement une teinte uniforme et bleuâtre à la vaste étendue des cieux. Mais elle présente de grandes beautés de couleurs, dont les nuances se succèdent et se fondent entr'elles, dans les nuages que le soleil colore diversement à son lever, et plus encore à son coucher (Voyez Sulzer, *l. c.*, art. *Coloris*), et dans les météores lumineux, tels que l'arc-en-ciel et l'aurore boréale.

Mais c'est par les contrastes, et dans les couleurs, et dans les sons, que peut être portée au plus haut degré l'impression de beauté qu'une tempête d'une extrême violence fait sur les sens et sur l'imagination. Cette beauté y est toujours d'autant plus fortement ressentie, lorsqu'on a vu souvent d'autres tempêtes dont les effets sont assez communs.

Ainsi l'on est frappé d'admiration, par des accidents très variés des couleurs les plus vives contrastées avec les teintes les plus noires, dans ces tempêtes d'un grand genre, où la plus profonde obscurité du ciel est sillonnée par les traits tortueux (zigzags) de la foudre, tandis que les seuls éclats du tonnerre interrompent et couvrent les mugissements continuels des eaux et des vents.

Les beautés de la nature animée que nous pouvons connaître, se font sentir à nous particulièrement par les phénomènes de sensibilité et de mouvement spontané que présentent les êtres vivants qui sont répandus sur la terre et dans les mers.

Ces phénomènes sont produits par des principes de vie qui, lorsqu'ils cessent de pouvoir conserver la forme et l'activité des corps auxquels ils sont attachés, se reproduisent dans des corps nouveaux. C'est ainsi que la scène de la nature animée est renouvelée sans cesse par des êtres qui passent en la formant, et n'y laisse rien qui soit immuable, si ce n'est la vicissitude continuelle de ces métamorphoses.

Les beautés intellectuelles du système où règne des animaux, que présentent leurs divers mouvements progressifs, ont été indiquées, quoique trop généralement, par Hutcheson qui dit (*Recherches sur l'origine des idées que nous avons de la beauté et de la vertu*, t. I, p. 45 de la traduction française) :
« Peut-on s'empêcher d'être surpris de l'unité du mécanisme
» des animaux, quand on considère la *variété* presqu'infinie
» de leurs mouvements, leur manière de marcher, de courir
» et de nager, etc. Tous mouvements qui s'exécutent par une
» simple contraction de muscles, laquelle est variée en une
» infinité de façons différentes pour satisfaire à ces fins ? —
» On aurait pu les obtenir peut-être à l'aide de plusieurs res-
» sorts : mais l'uniformité eût été moindre, et la beauté des
» animaux moins frappante, si on eût banni de leur structure
» cette *unité* du mécanisme ».

L'unité du mécanisme de divers mouvements progressifs des animaux, ne doit point être seulement considérée sous ce rapport général que remarque vaguement Hutcheson, que tous ces mouvements sont opérés par des applications variées de la seule force de contraction des muscles. Cette force unique n'est admirable, lorsqu'elle produit des effets si multipliés, et ne nous présente des beautés intellectuelles d'un ordre supérieur, qu'à mesure que nous découvrons que pour chaque sorte de mouvement progressif, elle fait agir des muscles diversement situés et combinés dans leur jeu, suivant des rapports qu'on peut déterminer, tandis que leur action est toujours soumise à un petit nombre de lois uniformes.

C'est ce que j'ai fait voir le premier dans ma *Nouvelle Mécanique des mouvements de l'homme et des animaux*. J'y ai donné les bases élémentaires de cette science nouvelle, dans des démonstrations déduites de quelques principes fort simples, sur l'action réciproque des muscles mouvant les divers os, ou autres solides qui sont joints par une seule articulation, ou bien par deux articulations consécutives disposées et fléchies en sens alternatifs.

L'homme est placé par son intelligence, au-dessus de tous les êtres animés qui habitent la terre. Il peut encore s'élever au-dessus du vulgaire de ses semblables par une perfection relative de cette intelligence, dont les opérations donnent alors le sentiment d'une grande beauté à celui qui les contemple.

La perfection que peuvent avoir les ouvrages des beaux arts ou les arts d'imagination, a des limites connues, auxquelles ils ne peuvent parvenir, sans que la corruption du goût, produite par la satiété de cette perfection, n'amène plus ou moins promptement la décadence de ces arts. C'est ainsi que des longues périodes de dégradation de la poésie, de la peinture et de tous les beaux-arts, ont toujours succédé à des temps très courts, où ils avaient développé leurs plus grandes beautés.

La perfectibilité de l'esprit humain dans les sciences de faits et dans les sciences mathématiques, a des limites beaucoup moins resserrées que dans les beaux-arts. Il paraît même impossible de fixer avec quelque précision où doivent finir les progrès des sciences, et où s'arrêteront dans chaque science les hautes conceptions auxquelles les hommes de génie peuvent atteindre.

Quand je parle des bornes que doit avoir le perfectionnement des arts et des sciences, je considère seulement celles qui sont fixées par la nature de l'esprit humain. Mais on doit voir aussi que la destruction des sciences et des arts peut être une suite de ces grandes révolutions des corps politiques qui tendent à replonger les peuples dans l'état de barbarie.

J'observe à ce sujet, que l'on croit communément que l'imprimerie sera désormais une digue assez puissante pour arrêter ce torrent de la barbarie, lorsqu'il pourrait envelopper, et enfin engloutir les connaissances humaines. Mais nous avons lieu de craindre que cette digue ne devienne quelque jour trop faible, lorsque nous voyons à quel point la masse d'un grand peuple a été rapprochée des années d'ignorance dans quelques années d'une révolution générale de son ordre public.

De toutes les sciences, celle que l'esprit humain peut le moins perfectionner dans sa théorie et ses applications, est la science de la politique. La raison en est que les faits sur lesquels sont appuyés les principes de cette science, ont un très grand nombre de causes dont l'inégalité de forces et les complications sont telles, qu'on peut en général regarder ces faits comme ayant été produits par des hasards de circonstances physiques et morales.

Cependant l'observateur qui étudie les constitutions et les mœurs des peuples anciens et modernes, reconnaît que, quelque variés qu'aient été les hasards des circonstances qui ont organisé les sociétés politiques, leurs effets, considérés en masse, ont toujours présenté une sorte d'uniformité très remarquable.

Les différences extrêmes des causes physiques et morales qu'ont renfermées ces hasards, n'ont fait naître qu'un très petit nombre de formes différentes de gouvernements : et les influences combinées de ces causes, qui ont créé partout les opinions et les coutumes des nations, n'en ont point produit qui n'aient été, ou répandues chez tous les peuples civilisés, ou les mêmes chez des peuples qui n'avaient eu aucune communication entre eux, étant séparés par les plus grands espaces de temps ou de lieux.

C'est ce que démontre une lecture très étendue des historiens et des voyageurs. D'après leurs témoignages, on voit que toutes les opinions générales et les coutumes civiles et religieuses des divers peuples de la terre, doivent être considérées, dans tout ce qu'elles ont eu d'essentiel, comme ayant formé un cercle très étroit, au dedans duquel l'esprit humain a été assujetti par sa nature à se mouvoir perpétuellement, sans pouvoir se permettre aucune divagation considérable.

Dans mes recherches relatives à la science de l'homme, j'ai vu cette observation, concernant les opinions et les coutumes des peuples divers, se vérifier si constamment, que je crois pouvoir proposer le résultat suivant comme un principe général.

Dans chaque espèce d'animaux, les individus n'ayant que

peu de perfectibilité d'intelligence, l'instinct, qui est commun à ces individus, a une étendue qui le fait ressembler à la raison de l'homme : et dans l'espèce humaine, la raison conduisant semblablement tous les hommes par rapport aux opinions générales et aux usages principaux, qui sont essentiellement les mêmes dans toutes les sociétés politiques, a des limites qui en font une sorte d'instinct peu susceptible de perfectibilité.

Je dois maintenant exposer mes considérations sur les beautés intellectuelles que présentent le système des êtres vivants qui habitent la terre et le système des corps célèbres qui composent l'univers.

La cause intelligente, qui a formé l'un et l'autre de ces systèmes, se présente à nous comme infiniment supérieure aux causes et aux intelligences finies qui nous sont connues.

Celles-ci offrent en général à notre esprit un exercice plus ou moins agréable, dans la connaissance des rapports qui sont entre leurs moyens et les fins qu'elles obtiennent. Mais la cause universelle à proportion de ce qu'elle se manifeste, nous montre, dans les plus hauts degrés que nous puissions concevoir, la simplicité des moyens qu'elle fait agir, avec la variété des effets qu'ils produisent ; et la perfection relative des agréments sans nombre, que réunit la connaissance de chaque ensemble de phénomènes, où parait cet accord merveilleux, fait naître en nous le sentiment de la beauté sublime des ouvrages de la nature.

Il est très vraisemblable que la nature, toujours active et féconde, comme elle a produit sur la terre les animaux et les plantes, a peuplé d'êtres organisés et vivants toutes les planètes de notre système solaire, et les autres corps célestes, du moins ceux dont la constitution ressemble à celle de notre terre. Nous ne pouvons imaginer les formes ni les fonctions de ces êtres ; mais, quelle qu'en puisse être la diversité comme infinie, les principes de vie, auxquels ils doivent leur existence et leur propagation, ont très probablement entre eux des analogies principales, qui font que la nature animée est *une* dans tous ces corps célestes.

Les astres ne nous font sentir des beautés visibles que dans les nuits et les jours où le ciel est serein, et par comparaison avec les temps où il est plus ou moins obscurci par les nuages.

Un ciel pur et serein rend plus agréable et plus brillante la clarté des feux de la nuit, en même temps qu'une grande variété de ce spectacle est produit par les constellations, ou par ces groupes d'étoiles qui sont dispersés sur la scène du monde (79).

Ce n'est que dans les jours sereins que le soleil est resplendissant de beauté. Ce globe de feu est l'immense foyer de la lumière, de cet être dont la nature nous est inconnue : et nous ne pouvons concevoir comment le soleil ne s'en épuise jamais, quoiqu'il en répande sans cesse des torrents sur tous les corps célestes du système dont il régit les mouvements.

On dit communément que le fluide du feu, étant libre et continuellement en action dans le soleil, y brûle sans cesse la masse solide de cet astre qui en forme le noyau, et l'on croit que le soleil est ainsi dans un état de combustion perpétuelle, aussi bien que les étoiles, etc.

Mais il faut donc concevoir que ce feu, ayant dû vitrifier ou calciner la surface entière de cette masse solide, subsiste ensuite toujours par lui-même, et se perpétue sans aucun aliment. Or, cela ne s'accorde point avec ce que nous connaissons de la nature du feu ; de sorte qu'on doit avouer que la nature de la matière ignée et lumineuse du soleil et des étoiles nous est inconnue (a).

Ainsi le soleil est l'image la plus parfaite de la Divinité, sous ce rapport que sa substance est d'une nature cachée à nos yeux, tandis qu'elle nous entoure et nous frappe partout de sa lumière (b).

Moses Mendelssohn dit avec raison que l'univers n'est point pour nous un objet dont la beauté soit visible, puisque nos sens ne peuvent en saisir clairement l'ensemble. Il dit que nous ne pouvons attribuer à l'univers une beauté proprement dite, qu'autant que l'imagination en raccourcit les parties principales que nos sens ne peuvent mesurer ; qu'elle les fait ainsi rentrer dans les limites de la beauté qui sont proportionnées à nos forces, et qu'elle les dispose dans le même ordre admirable que ces parties ont hors de nous.

Cela se réduit à dire que l'univers ne peut être beau pour nous que de cette beauté intellectuelle, dont le sentiment est attaché à la contemplation des lois aussi simples qu'étendues qui gouvernent les mouvements des corps célestes.

(a) *Voyez* ce qui est dit dans les *Lettres américaines* de Carli, sur la possibilité qu'une comète exerce des effets destructeurs sur le globe terrestre.

Newton a pensé que les comètes qui, comme celle de 1680, passent très près du soleil, peuvent y être englouties dans un retour suivant, servir d'aliment à ses feux, et réparer peut-être l'évaporation continuelle de la lumière.

Mais si l'on considère, d'une part, combien ces accidents doivent être rares, à en juger sur les orbites de toutes les comètes qui nous sont connues ; et, d'autre part, combien, suivant toute apparence, les comètes en général, comme M. Ch. Euler l'a prouvé pour la comète de 1759, ont peu de masse par rapport à la terre, qu'on estime 1.400.000 fois moins grande que le soleil : on trouvera peu vraisemblable ce moyen de réparation de la lumière et des feux du soleil, qui a été proposé par Newton.

(b) Un de nos auteurs sacrés a dit que Dieu a placé son pavillon dans le soleil (*in sole posuit tabernaculum suum*). Les Pythagoriciens disaient que le soleil est la citadelle de Jupiter (*Dios Purgos*).

Cependant Moses Mendelssohn pense (*ibid.*, p. 16-17) que nous ne nous ferions pas des idées suffisantes des beautés que le monde renferme, si nous nous arrêtions au petit nombre des lois de la nature que nous connaissons relativement aux grandeurs, aux situations et aux distances des planètes d'autant que le peu de variété que présentent ces objets laisse des *lacunes* immenses dans la conception que nous devons nous former de l'univers.

Il veut que pour remplir ces *vides*, on pèse toutes les raisons qui rendent plus que vraisemblable l'opinion que les corps célestes sont formés et disposés semblablement ; et que des systèmes, tels que notre système solaire, sont reproduits dans toutes les myriades des étoiles fixes, dont chacune fait tourner autour d'elle des planètes, etc.

Mais avant que de suivre les développements vastes qu'on a donnés à cette opinion qu'on dit être plus que vraisemblable, je crois nécessaire d'observer qu'elle n'est en effet et ne peut être que *conjecturale*.

Lambert a imaginé (dans ses *Lettres cosmologiques* dont Mérian a extrait le *Système du Monde* de cet auteur), que le soleil et les étoiles fixes ayant leur mouvement propre, chacun de ces astres a dans l'espace son orbite tracée, qu'il parcourt en traînant à sa suite son cortège (80) de planètes et de comètes. Il a dit que chaque étoile décrit cette orbite autour d'un centre de révolution placé hors de son système solaire, par l'effet combiné de sa force centrifuge, et de sa force centripète ou d'attraction, dont on doit croire, par analogie, que les loi sont les mêmes que celles des corps célestes de notre système.

Lambert a pensé que des systèmes de systèmes solaires des étoiles fixes décrivent aussi des orbites autour de centres qui leur sont particuliers ; et il a étendu la même assertion à la voie lactée toute entière (81), et même à des systèmes de voies lactées (a). Il a fini par dire qu'une semblable gradation de centres de révolutions ne doit s'arrêter qu'au centre des centres, ou au centre de la création, qui seul est dans un repos absolu, duquel partent tous les mouvements des corps célestes, qui est le trône de la nature, et le marche-pied de Dieu.

Mais ces opinions de Lambert, quelque succès qu'elles aient eu, ne sont nullement fondées sur une analogie exacte. Rien ne prouve qu'il soit nécessaire, pour que l'univers ne rentre point dans le chaos, que tous les corps célestes et tous leurs divers systèmes, soient mûs par des forces dont la nature et les lois soient les mêmes que celles des forces centrales qui animent et régissent les planètes et les comètes de notre système.

En effet, qui peut déterminer si la ligne que parcourt chaque soleil ou étoile, est une ligne droite ou courbe? Si les soleils ne sont point séparés par des distances si grandes, qu'ils ne peuvent exercer l'un sur l'autre aucune force de gravitation ? etc.

Mais il faut surtout reconnaître que la puissance de la nature, ou plutôt de son auteur (à laquelle on doit enfin recourir pour concevoir comment un ensemble de tous ces systèmes de systèmes des astres subsiste et est préservé du chaos); que cette puissance, dis-je, peut également garantir de la

---

(a) Lambert a ajouté à ces conjectures une considération qui en découle celle des cycloïdes, ou plutôt épicycloïdes, de divers degrés que les différents corps célestes doivent parcourir dans l'espace par leurs mouvements vrais, qui résultent de leurs révolutions simultanées, tant autour de leurs centres propres, qu'autour des centres des divers systèmes d'étoiles auxquels ils appartiennent.

Cette idée de Lambert a été adoptée par M. de la Place (*Exposition du Système du Monde*, t. II, p. 308)

destruction chacun des systèmes solaires qu'elle a pu placer isolément dans l'espace.

Newton, dans ses questions (ou hypothèses faisant des sujets de doutes et de recherches ultérieures) à la fin de son *Optique*, dit que les irrégularités du mouvement des planètes pouvant naitre des actions réciproques qu'exercent entre elles les planètes et les comètes, il est vraisemblable que, par la longueur du temps, ces irrégularités deviendront plus grandes, jusqu'à ce que ce système de la nature demande d'être corrigé et réparé par la main de l'Être suprême.

Hemsterhuis dit (t. II, p. 62, 63 et suiv.), dans toutes les parties physiques ou matérielles de l'univers, nous voyons une attraction mutuelle et réciproque (Qui sait si tous les systèmes, dont les étoiles fixes sont les soleils, s'attirent entre eux, et s'ils ne sont pas fixés dans l'espace qu'ils occupent par une force divine, indépendamment de leur attraction réciproque) ?

Ainsi, de toutes ces conceptions également vastes et hypothétiques, il ne résulte qu'une chose qui soit prouvée : c'est que, quelque grande que soit la beauté intellectuelle de l'univers, en tant qu'elle nous est connue, elle peut ne pas répondre à l'idée que voudrait s'en former l'esprit humain, toujours ambitieux de dépasser les limites des grandeurs qu'il peut saisir. Mais quelque effort que l'homme fasse pour agrandir cette idée par des suppositions sans fin sur des mondes qui lui sont inconnus, il ne peut alors voir clairement que les bornes de son intelligence.

L'ordre qui, dans notre système solaire, soumet à des lois très simples les mouvements des corps célestes, nous fait sentir la beauté intellectuelle de ce système en nous démontrant que le pouvoir et la sagesse, que l'intelligence suprême a manifestés dans cet ouvrage sublime, sont à un degré incalculable au-dessus de toutes les facultés productrices que peuvent avoir les intelligences qui nous sont connues.

Mais pour se faire des idées plus complètes de l'ordre qui règne dans ce système, il faut considérer les directions des mouvements non seulement dans les planètes et dans leurs satellites, mais encore dans les comètes dont on n'a pu fixer les orbites.

On voit alors que la cause créatrice a mis la plus grande variété dans les directions qu'elle a imprimées aux différents corps célestes, en même temps qu'elle les a assujétis à des lois uniformes des forces centrales. Cette cause a fait tellement varier les directions qu'elle a données aux différentes comètes, qu'on a cru pouvoir dire que les inclinaisons de leurs orbes ont été abandonnées au hasard (La Place, *livre cité*, t. II, p. 298 et 302).

Mais le mot de hasard n'a aucun sens, qu'autant qu'il désigne une complication de causes dont nous ne pouvons déterminer l'influence respective sur l'effet qui nous paraît fortuit (*Voyez ci-dessus*, p. 190).

Quand même on voudrait croire que plusieurs causes ont concouru à former les corps célestes et à leur donner la première impulsion, il n'est pas vraisemblable qu'elles n'aient été combinées par une intelligence suprême.

La puissance créatrice a donné aux mouvements des planètes et de leurs satellites, une durée dont il nous est impossible de prévoir le terme. Cependant nous avons lieu de penser que le cours de ces mouvements peut être altéré, et enfin interrompu par des comètes dont le choc porte le trouble et la désorganisation dans telle ou telle partie du système solaire. Ces germes de destruction, lorsqu'ils ont été développés par de longues suites de siècles, peuvent causer dans le système qui les renferme, des désordres qu'on peut regarder comme des maladies de ce système, qui, se répétant dans les autres systèmes du monde, sont dans l'univers des précurseurs de cette dissolution totale qui est le destin de tout ce qui a été composé.

Ainsi l'on présume, avec beaucoup de vraisemblance, que les grands changements que l'observation nous découvre avoir eu lieu, dans des siècles éloignés, à la surface de notre globe terrestre, ont été causés par le choc d'une comète qui a changé la position de l'axe de la terre et son mouvement de rotation.

De semblables accidents semblent être particulièrement à craindre de la rencontre de ces planètes avec ces comètes qui peuvent se mouvoir dans des orbes hyperboliques, et voyager d'un système solaire dans un autre.

On ne peut rapporter au hasard les directions des planètes, qui se meuvent autour du soleil d'orient en orient, et presque dans le même plan ; et de leurs satellites qui se meuvent autour d'elles dans le même sens, et à peu près dans le même plan. Des géomètres célèbres ont proposé une explication peu vraisemblable de ce phénomène. Il paraît d'ailleurs que tous les systèmes qu'on peut faire là dessus seraient inutiles ; qu'ils ne feraient point marcher la science, et qu'ils n'éloigneraient point d'un seul pas la nécessité de recourir à la puissance divine, comme à la cause immédiate des phénomènes qui tiennent à l'origine de l'univers.

Je terminerai ces considérations sur la beauté intellectuelle de l'univers, par une observation générale.

La grandeur et la beauté des objets intellectuels, comme celles des objets sensibles, n'ont rien d'absolu, et ne sont que des qualités relatives aux facultés de notre âme. Les objets intellectuels ne peuvent lui présenter d'autres agréments que ceux de leurs perfections ; et le sentiment, qu'elle a de la beauté d'un de ces objets, naît de la comparaison qu'elle peut faire des perfections de cet objet avec celles des objets analogues.

Cette observation générale conduit aux conséquences suivantes qui peuvent paraître singulières. Le système de l'univers qui nous est connu, ne peut avoir qu'une perfection relative et non absolue. Il est possible qu'il existe d'autres systèmes d'univers qui aient plus de perfection dans les mêmes genres et d'autres genres de perfections (a) ; d'autant plus que nous ne savons point quel est le caractère de la perfection dans les idées de l'être suprême (b).

Il peut exister des intelligences qui soient extrêmement élevées au-dessus de la nôtre, et qui voient l'homme comme nous voyons l'insecte microscopique. Elles peuvent contempler des perfections très supérieures dans d'autres univers qui nous sont inconnus, et dès lors, il est impossible que notre univers, même sous les rapports de l'uniformité des causes et de la variété de phénomènes qui nous le font trouver admirable, ne présente à ces intelligences qu'une machine bornée en tous sens et dont la beauté est médiocre.

C'est ainsi que des vues auxquelles l'imagination peut se livrer sans erreur sur des choses qui n'impliquent point de contradiction, et qu'on ne peut nier qui ne soient possibles, empêchent l'exagération du sentiment de la beauté des mondes que nous voyons ; et en nous rappelant notre ignorance,

---

(a) Que devient le système de la Théodicée de Leibnitz, qui a cru que notre monde est le meilleur des mondes possibles ?

(b) C'est ce que peut avoir senti Hutcheson, lorsqu'il a dit (*Recherches sur l'origine des idées de la beauté*, t. I de la trad., p. 180) : « Il est inutile de rechercher si un être tout puissant, dont l'intelligence est infinie, trouve *quelque excellence* réelle dans la régularité des formes et dans l'uniformité à agir par des lois générales ».

modèrent notre admiration pour le spectacle de l'univers (a).

C'est surtout aux idées que nous pouvons nous former de l'univers, qu'il faut appliquer ce qu'a dit saint Paul (*videmus enim nunc per speculum in anigmate*, epist. 1, ad Corint. cap. XIII, V, 12), que dans l'état présent de nos connaissances, nous ne voyons toutes choses que comme dans un miroir qui nous présente une énigme : mais le mot de cette énigme : est Dieu et il n'y en a point d'autre.

Nous n'éprouvons un sentiment profond de la beauté intelligible de l'univers, que lorsque nous reconnaissons que la chaîne qui lie les astres entre eux, et qui attache à leurs révolutions l'ordre des temps, suspend ces mondes au pied du trône de l'Etre suprême.

Cependant il me parait que quelques philosophes ont extrêmement exagéré le plaisir que peuvent donner de semblables méditations: plaisir qui n'est point céleste, quoiqu'elles aient Dieu pour objet.

Platon (*in Symposio*, p. 1199, édit. Franc. 1602) est le premier qui ait parlé de la félicité, supérieure à toute autre qu'excite dans l'âme la vue de la beauté suprême dont la nature est divine. A son imitation, quelques philosophes modernes, et surtout Moses Mendelssohn, ont aussi prétendu éprouver des extases dans la contemplation de la divinité. Celui-ci (*Philos. Christen*, t. II, p. 38), dit que, lorsque nous nous représentons les perfections de Dieu, qui sont infinies, cette contemplation nous livre à des sentiments délicieux ; qu'il s'y

---

(a) L'homme, et même le philosophe, est souvent dégoûté de la vie, par la répétition des scènes qu'elle lui présente, et qui sont toujours les mêmes. Ne pouvant connaître l'immensité des moyens que la cause créatrice a de se produire les objets à son gré, en interprétant mal ce en quoi il peut être l'image de Dieu, il a quelquefois la témérité de dire que ce Dieu ne peut se plaire constamment dans les scènes uniformes que reproduit sans cesse le spectacle de l'univers (*Note de l'éditeur*).

joint ensuite le sentiment pénible et humiliant de notre impuissance pour embrasser les idées de ces perfections ; et que, dans les efforts répétés que nous faisons pour saisir cet objet dont nous ne pouvons approcher, il nous offre une source de contentement qui est également inépuisable (82).

Des hommes qui ne manquent ni d'imagination ni de sensibilité, ont regardé ces extases comme produites par une espèce de déraison. Ils pensent que les affections que nous commandent les idées de la divinité qui nous est inaccessible, ne peuvent avoir rien de commun avec les charmes du sentiment de la beauté des objets que nous pouvons atteindre ou posséder. Ce délire platonique de Mendelssohn sur le ravissement que procure la vue des perfections divines, leur paraît aussi illusoire que le délire ascétique de sainte Thérèse sur les jouissances que donne l'amour de Dieu (a).

Comment la seule contemplation des perfections de Dieu pourrait-elle produire cette merveilleuse félicité, puisqu'il n'est pas possible à l'homme de se former des notions vraisemblables de ces perfections divines ?

On croit avoir défini la divinité, quand on a dit que Dieu est un être infini en durée, en puissance, en sagesse, en justice, en bonté, etc. Cette définition donne à Dieu des attributs humains, mais qui ne peuvent exister chez les hommes que comme des qualités susceptibles de plus ou de moins :

(a) Le célèbre Arnaud d'Andilly, auteur de la vie de cette sainte, pensait différemment. C'est avec sobriété sans doute qu'on doit ajouter foi à ceux qui assurent avoir des extases d'amour envers la Divinité. Mais toutes les beautés, soit existantes, soit possibles, étant contemplées en Dieu, comme dans leur source, quoique le point central quelconque d'où part cette source nous soit inconnu, cette contemplation peut donner à l'homme des extases d'admiration et des enthousiasmes heureux d'amour que l'âme entière d'un sage peut avouer (*Note de l'éditeur*).

et cependant cette définition porte que ces attributs existent en Dieu sans aucunes mesures ni limites. Ainsi l'homme croit concevoir en même temps l'image d'un Dieu qu'il s'est fait à sa resemblance, et une extension illimitée des traits de cette image, qui fait qu'ils ne ressemblent plus à rien que l'homme puisse connaître.

— Condillac (*De l'art de penser*, 1ʳᵉ partie, chap. XII), a fort bien dit que nous n'avons point d'idée de l'infini : que parce que nous avons l'idée d'un nombre auquel on peut toujours ajouter nous croyons avoir celle d'un nombre infini ; tandis qu'il n'est point de nombre susceptible d'augmentation, et qui ne le soit sans fin, et que nous croyons avoir cette idée de l'infini, parce que nous lui avons donné un nom.

La nature divine est dite par Orphée ατελης τελευτη *finis sine termino*. C'est un exemple remarquable de la confusion d'idées qui a lieu quand on veut se faire une notion des attributs infinis de Dieu.

Pymander (c'est sans doute le *Pœmander d'Hermès*), et Denis l'aréopagite (je ne l'ai pas trouvé en parcourant les œuvres de celui-ci) ont dit : Si l'âme, ou le principe pensant, pense à une idée qui ne soit point du tout finie et particulière, alors elle pensera que quelque chose n'est point fini ; ce qui est Dieu. Cette citation est dans Bœrhaave (*Pralect de Morbis nervorum*, p. 293).

Entre tous les passages des anciens philosophes sur l'immensité de Dieu, et ses attributs infinis, que Huet a compilés (*Quæst alnetan*, l. II, chap. II, p. 104-5), le plus remarquable, à mon avis, est la définition de Dieu qu'a donnée Empedocle (sans doute dans *Diogène Laërce*) : que Dieu est une sphère intelligente dont le centre est partout, et dont la circonférence n'est nulle part. Cette définition est l'exemple le plus frappant de l'anéantissement des attributs qu'on a dit être essentiels à Dieu, de cela seul qu'on a voulu agrandir ces attributs jusqu'à l'infini.

Eschyle (cité par Clément Alexandrin, *Stromat.* V), a dit que Dieu est toutes choses et est encore tout au delà, s'il existe quelque chose par dessus toutes choses,

Bernier (suite des *Mémoires sur l'empire du grand Mogol*, p. 202 et suiv.), dit que les sophistes et autres savants de la Perse pensent que Dieu est comme un océan immense, dans lequel nagent et se meuvent une infinité de bouteilles qui sont pleines de l'eau de cet océan, et qui, lorsqu'elles viennent à se casser, rendent à cet océan l'eau qu'elles en ont reçue et qui s'y réunit comme à son tout.

Bernier rapporte aussi que ces savants de la Perse disent que Dieu, ou l'être suprême et immuable, a produit de sa substance, et les âmes et tous les corps qui sont dans le monde, de même qu'une araignée produit de son corps les fils de sa toile et les y retire, de sorte que la mort n'est que la rétraction de toutes ces toiles que Dieu a tirées hors de lui.

Qu'ainsi il n'y a rien de réel et d'effectif dans ce que nous voyons, goûtons et touchons, et que tout ce monde n'est qu'une espèce de songe et une véritable illusion, toutes les choses diverses n'étant qu'une seule réalité qui est Dieu même, comme tous les nombres ne sont produits que par une première unité multipliée.

Ce qu'on a pu imaginer de plus vraisemblable sur la divinité, c'est que Dieu est dans l'univers ce que l'âme est dans le corps de l'homme. Sénèque a dit (*Epist.* l. XV) : *Quem in hoc mundo locum Deus obstinet, hunc in homine animus.*

Cependant Plotin (*Ennead.* IV, l. IV, c. 5) est, je crois, le premier qui a dit : que toutes choses sont présentes à Dieu, qui les voit en lui-même dans un même instant, et qui, pour les connaître, n'a pas besoin de raisonnements, tels que ceux que l'âme de l'homme est obligée d'employer.

Lowl, forcé de faire (vers la fin de sa Pret. XXIX, ed. Mich, p. m. 589) l'éloge de cet hymne admirable de Cléante à Jupiter (c'est-à-dire à la raison éternelle qui a tout fait et qui gouverne tout), qui se trouve dans la *Pœsis philosophica* de Henri Etienne (et sur laquelle voyez le *Systema intellectuale* de Cudworth), a la bonté de dire que les beaux traits que renferme cette hymne *ad sacrorum vatum spiritum videntur accedere*. Mais il n'est rien d'aussi solide qu'on puisse lui comparer dans les cantiques des Hébreux (a).

Simplicius (sur Epictète) dit que si nous attribuons à Dieu tout ce qu'il y a de bon et de grand, que nous pouvons penser ou dire ; nous devons être persuadés que tout cela est fort au-dessous de sa dignité, et devons espérer seulement qu'il nous le pardonnera, parce que nous ne pouvons rien de plus.

Brucker appuie sur ce qu'il a dit de la philosophie de Zoroastre, au tom. 1er, l. 1er de son *Histoire critique de la philosophie*, ce qu'il dit au tome second de la même histoire, p. 676 ; que les Orientaux ont pensé que cette *lumière immense*, que presque toute l'antiquité a soutenu exister en Dieu, est incorporelle ou exempte de ses concrétions que nous voyons dans les corps : mais qu'ils n'attribuent pas à la nature divine le même caractère de spiritualité que nous lui donnons ; et qu'ils l'a considéraient comme une lumière extrêmement pure et subtile, douée de la plus grande force ac-

---

(a) L'auteur ne se souvenait pas, lorsqu'il a écrit ceci, des deux magnifiques cantiques de Moïse ; de plusieurs psaumes, particulièrement de celui qui commence par ces mots : *Cœli enarrant gloriam Dei* ; du cantique de Salomon après la construction du temple ; de celui du prophète Habacuc, etc. (*Note de l'éditeur*).

tive, pleine de chaleur et de mouvement, et renfermant l'origine de tout bien.

Dans Plutarque (*de El Delphico*, t. II, p. 398 A), est un beau passage sur Dieu, qui est l'être existant, sans aucun rapport au temps, mais dans son éternité immobile qui n'a ni passé, ni futur. Il y dit qu'en disant à Dieu, *tu es*, on lui donne la vraie appellation et le titre qui à lui seul appartient d'être. « Car, ajoute-t-il, à le bien prétendre, nous n'avons aucune
» participation du vrai être parce que toute humaine nature
» est toujours au milieu entre le naitre et le mourir, etc. —
» Etant toutes choses sujettes à passer d'un changement dans
» un autre, la raison, y cherchant une réelle subsistance, se
» trouve déçue, ne pouvant rien appréhender de subsistant
» en vérité et permanent ».

Plutarque dit ensuite (*ibidem*): « Le temps, qui apparait
» comme en ombre avec la matière coulante et fluante tou-
» jours, n'est point chose qui soit : car ce serait grande sot-
» tise et fausseté toute apparente de dire que cela soit qui
» n'est pas en être, ou qui a déjà cessé d'être : et quant à ces
» mots de *présent*, *instant*, *maintenant*, par lesquels il sem-
» ble que principalement nous soutenions et fondions l'intel-
» ligence du temps, la raison, la découvrant incontinent, le
» détruit tout sur le champ ; car il se fend tout aussitôt en
» futur et passé ».

Je ne connais pas plus ce qui constitue le passé ou le futur, que je ne connais le présent. Ce qui fait pour moi le présent, c'est de pouvoir attacher une idée de fixité à un temps que je *sens* être intermédiaire entre un temps antérieur et un temps subséquent.

Mais une chose qui m'a paru toujours remarquable, c'est que dans la langue primitive, comme est l'hébraïque, les verbes, après n'avoir eu que des temps indéfinis, ou des aoristes (*Voyez Michaëlis*), ont un temps passé et un temps futur, et n'ont point de temps présent : de sorte qu'il paraît que l'opération de l'esprit, qui attache de la fixité à un temps, est la dernière dans la formation des temps des verbes, et celle que présente l'expérience.

Les stoïciens disaient aussi que le temps présent n'existe point ; mais est en partie passé et en partie futur ; et cependant Plutarque les réfute sur ce point (*Des communes conceptions contre les Stoïciens*, n° XLI).

« Par quoi il faut conclure, selon Plutarque, que Dieu seul
» est réellement, et est, non point selon aucune mesure,
» du temps, mais selon une éternité immuable et immo-
» bile ».

Les notions que nous avons du temps sont dépendantes de nos sensations successives, et entièrement proportionnées aux comparaisons que nous pouvons faire de la durée que nous voyons dans les objets extérieurs. Telles sont également les notions que nous avons de la grandeur et de l'espace.

— Brucker (H. C. P. Tom. IV, p. 535) après avoir dit que Leibnitz a opposé des difficultés insurmontables aux Newtoniens qui ont regardé l'espace comme un être réel et absolu et qu'il a rapporté la notion de l'espace seulement à une relation des corps, cite Bayle qui s'est servi avec art de cette controverse pour soutenir son pyrrhonisme (Dict. t. III, art. *Leucippe*, note g) ; et finit par avouer qu'il n'est presque point d'autre exemple qui montre plus manifestement combien sont étroites les limites de l'entendement humain.

Le rabbin Aben-Esra (dans la préface de son *Commentaire sur Esther*), dit que Dieu n'est point dans un lieu, et qu'il est plutôt le lieu même, parce que tout lieu est rempli de sa gloire. Les Juifs sont fréquemment dans l'usage de donner à Dieu le nom de lieu (מקום, Magon), quoiqu'ils ne donnent alors à ce nom qu'une signification incertaine, en se renfermant au langage de l'Ecriture (Exod. XXXIII) (a).

Ce que les rabbins disent que la divinité est en quelque sorte le lieu en général, se rapporte singulièrement à ce qu'a pensé Newton, quand il a dit que l'espace est le *sensorium* de Dieu.

Malebranche a très bien dit (*Recherch. de la Vér.*, t. I, p. m. 81) : « Imaginons-nous que Dieu ait fait en petit, et d'une
» portion de matière de la grosseur d'une balle, un ciel et
» une terre, et des hommes sur cette terre avec les mêmes
» proportions qui sont observées dans ce grand monde. Il
» est manifeste que dans cette supposition, ces petits hommes
» auraient des idées de la grandeur des corps bien différentes
» de celles que nous en avons, puisqu'ils regarderaient leur
» petit monde, qui ne serait qu'une balle à notre égard,
» comme des espaces infinis, à peu près de même que nous
» jugeons du monde dans lequel nous sommes ».

Malebranche dit aussi (*Rech. de la Vér.*, t. I, p. m. 108): « Je
» ne doute point que Dieu ne puisse appliquer notre esprit
» aux petites parties de la durée, en nous faisant avoir dans
» très peu de temps un très grand nombre de sensations qui
» laissent dans le cerveau quelques traces dont l'esprit puisse
» se ressouvenir ; de telle sorte qu'une seule heure nous pa-
» raisse plusieurs siècles. Car enfin il n'y a point d'instant (in-
» divisible) dans la durée, comme il n'y a point d'atomes
» dans les corps, les petites parties de la durée, comme celles
» de la matière, pouvant se diviser à l'infini (b) ».

(a) L'exode rapporte seulement que Dieu dit à Moïse : *Est locus apud me* ; ainsi qu'il dit à Isaïe : « Il un y a lieu où vous vous tiendrez sur la
» pierre » (*Note de l'éditeur*).

(b) Cela rappelle ce qu'a dit Plutarque (*Consolation a Apollonius*) sur certains animaux éphémères, ou qui ne durent qu'un seul jour, qu'on voit au pays de Pont (*insectes hemerobioi*). Ils naissent au matin, sont

D'après l'état de nos connaissances, nous ne saurions affirmer que Dieu ne puisse réaliser ces fictions métaphysiques du P. Malebranche. Cependant il est encore plus philosophique de douter si des animaux, dont la grandeur serait aussi prodigieusement réduite par rapport à celle de l'homme, pourraient avoir une organisation qui leur donna des sensations et des jugements semblables aux nôtres, d'où résultassent des conceptions analogues à celles que nous avons de l'espace et de la durée.

Mais quelles sont encore nos perceptions par rapport à l'*infini* en grandeur, étendue et durée ?

Quand on dit qu'on ne doit pas *nier l'éternité* ni les autres attributs *infinis* de Dieu, par la raison que l'âme humaine étant *finie*, ne peut comprendre des qualités *infinies*, on dit une grande absurdité. Car de cela même que ces qualités *infinies* sont incompréhensibles, comment peut-on affirmer qu'elles appartiennent à un être quelconque ? Il est impossible à un homme, qui n'est pas entièrement aveuglé, de ne pas sentir l'existence de Dieu dans l'univers. Il est pareillement impossible à l'homme de l'esprit le plus éclairé de prouver que des qualités, qu'il n'est pas possible de comprendre, sont des qualités, essentielles à Dieu.

Hobbes a dit : Tout ce que nous imaginons est fini : il n'y a donc point d'idée ni de concept du mot *infini*.

Telle est la raison pour laquelle, lorsque nous nommons Dieu, ce n'est pas pour le concevoir mais pour l'honorer.

J. B. Rousseau a dit d'après Platon : « Le temps, cette image mobile de l'immobile éternité ». Je trouve exactement

en leur fleur à midi, vieillissent et achèvent leur vie au soir. Ceux-là sentiraient les mêmes passions que nous, s'ils avaient une âme raisonnable et qui leur avint de même qu'à nous ; car ceux qui mourraient avant midi, laisseraient des regrets et des larmes aux leurs, et ceux qui dureraient tout le long d'un jour seraient réputés bienheureux.

le même faux merveilleux dans le passage suivant du célèbre fragment de Haller sur l'éternité. « Grand Dieu, l'éternité est un seul de tes instants ». Qu'est-ce donc que l'instant qui précède et celui qui suit? « Si la puissance inaltérable pou-
» vait s'affaiblir, bientôt tout le système des êtres, le temps
» et l'*éternité* seraient engloutis dans l'abîme profond d'un
» *néant* universel ». Quelle idée peut-on avoir de l'éternité qui tombe dans le néant? C'est un *non sens*.

Ce pourquoi nous nous faisons une fausse idée de l'univers, c'est que nous voulons appliquer à sa grandeur la notion de l'infini, et croyons pouvoir assurer qu'elle lui convient ou ne lui convient pas. Mais la notion de l'infini est une chimère que l'esprit humain ne peut appliquer à l'univers, quelle que soit sa grandeur, visible ou invisible. Tout ce que nous savons là-dessus, c'est que notre intelligence n'a pas de moyens pour déterminer cette grandeur de l'univers qu'elle veut embrasser; que cette grandeur ne peut être mesurée par nous, ni aucunement conçue.

Toutes les idées que nous croyons avoir des mots qui présentent des objets négatifs de toute terminaison ou fin, sont des illusions. Ainsi, quand je dis une puissance infinie, une durée infinie, etc., je ne puis me former aucune notion de ces expressions : je puis seulement imaginer une puissance ou une durée qui sont finies ; et lorsque je fais effort pour donner à cette notion une étendue qui soit sans fin, je ne fais que la porter dans un vague où elle ne peut que disparaître et s'anéantir.

Lorsque l'esprit humain se forge des idées qu'il croit être des idées de l'infini, en travaillant d'après des idées de grandeur finies ; il se refuse à voir dans chacune de ces dernières idées sa partie élémentaire, qui est relative à la grandeur de son objet ; en faisant alors abstraction de cette partie de l'idée qui lui est cependant essentielle, il engendre une idée fictive à laquelle il donne un nom, et l'usage constant de ce nom, aboutit à lui faire croire la réalité d'une grandeur infinie.

On a dit avec raison que ce qui est au-dessus de toute mesure inaccessible ne donne point de représentation, et que ce qui est grand hors de toute mesure, n'a point de grandeur (83).

Concluons. Il nous est impossible de *définir* la nature de Dieu ; mais il nous est impossible de ne pas sentir, et en nous-mêmes, et dans toute la nature, qu'il existe un Dieu, ou une source commune et primitive des principes de mouvement, de vie et d'intelligence qui sont diversement et inégalement répartis entre tous les êtres de l'univers. Il en est de cette âme du monde, comme de la nôtre, dont nous ignorons entièrement la nature et dont nous sentons profondément l'existence.

Être des Êtres ! l'homme te doit l'hommage de tout ce qu'il est et de tout ce qu'il peut devenir. Il ne consacre en ton honneur qu'un mot vide de sens, quand il dit que tes perfections sont *infinies* ; mais il doit les sentir et les adorer dans un anéantissement religieux, où il reconnaisse qu'elles sont entièrement incommensurables avec celles de tes ouvrages. Si son âme conserve après la mort une nature individuelle, et si elle ne se résout point dans ton essence divine, puisse-t-elle obtenir des accroissements perpétuels de ses facultés qui, en la rapprochant des êtres d'un ordre supérieur, la rendent de plus en plus digne de s'offrir le tribut de son admiration et de sa reconnaissance (84) !

NOTES

(1) Il me paraît que c'est relativement à cette maxime qu'il faut concevoir le plan d'une des épîtres d'Horace (de la sixième du premier livre). Il commence par y dire que nous ne devons avoir pour aucun objet une admiration aveugle, ou une estime exagérée : *Nil admirari*. Il ajoute même qu'on tomberait dans l'injustice et dans la folie, si on attachait un prix excessif à la vertu, qu'il considère seulement comme moyen de mener une vie heureuse et conforme à la nature : ce qu'il appelle *vivere recte*.

Mais il établit ensuite que tout homme qui est affecté d'une passion forte pour un objet, dont il sent que la privation le rendrait malheureux, doit le poursuivre uniquement et avec constance pour assurer son bonheur. Il faut, dit-il remédier à cette maladie de l'âme, de même qu'on doit dissiper les douleurs d'une maladie du corps. Ainsi il est d'avis que chacun se livre au gré de ses désirs, soit à l'avidité des richesses, soit à l'ambition, soit aux plaisirs de la table, soit à la vie qu'on passe dans les jeux et les amours.

M. Wieland (dans son commentaire en allemand sur les *Epîtres d'Horace*, édit. 1801, p. 117) croit qu'on peut expliquer cette épître de manière qu'on n'y trouve plus ce qu'aurait de choquant le scepticisme moral qui semble y régner, et qui n'est selon lui, qu'une *ironie* socratique.

Mais je ne pense pas qu'il y ait ici d'*ironie*. Le conseil qu'y donne Horace, que chacun doit se livrer, pourvu que ce soit avec constance, à la poursuite des objets de ses désirs, est certainement un conseil immoral, mais il ne s'étend qu'à des passions communément répandues chez les hommes, et qui cependant ne sont pas proscrites par les lois.

(2) Je crois inutile de s'arrêter à ce qu'a dit Burke (*A philosophical inquiri, into the origine of our ideas of the sublime and beautiful*, p. 195 et 254), que des objets du sens du goût sont susceptibles de donner des sensations qui ont un caractère de beauté ; mais peut-être ne l'a-t-il pensé que par une suite de cette opinion qu'il a avancée d'ailleurs ; que l'uni doux (*The smothness*) est la cause physique dont dépend la beauté dans des objets de tous les sens, aussi bien que dans les objets de la vue (*l. c.*, p. 247, etc.).

(3) Le P. Lafitau, parlant des Iroquois (*Mœurs des Sauvages*, t. II), dit : La musique de ces peuples a quelque chose de barbare qui d'abord est dégoûtant ; mais on s'y fait par degrés, et on finit par y prendre plaisir. Il ajoute qu'ils aiment leur musique jusqu'au délire.

(4) On a un exemple des grands effets qu'une mélodie pure peut produire dans ce que M. Huttner raconte qu'il éprouva, ainsi que les autres membres de l'ambassade du lord Macartney, dans un concert qui eut lieu lors de la première présentation de ce lord à l'Empereur de la Chine. « *Nous fûmes* » *surpris*, dit-il dans son voyage à la Chine, *des accords ra-* » *vissants qui se firent entendre. Les sons doux, la mélodie* » *simple, la suite d'accords purs, la marche solennelle d'un* » *hymne majestueux, donnaient du moins à mon âme cet essor* » *qui transporte l'enthousiaste sensible dans des régions in-* » *connues ; mais que le philosophe froid, qui recherche par-* » *tout les causes, ne saura jamais analyser* ».

Les Arabes et les Orientaux veulent dans la musique, des mouvements beaucoup plus lents que ceux qui sont généralement adoptés en Europe. Niebuhr (*Voyage en Arabie*, t. I,

p. 142-3) dit que, chez ces peuples, les airs sont tous graves et simples, et il rapporte que plusieurs Arabes de distinction lui ont témoigné croire leur musique plus mâle et plus belle que la nôtre.

(5) Métastase rapporte à ce sujet que lorsqu'il entendit le fameux *miserere* de Palestrina, chanté seulement par des voix fermes et soutenues dans la chapelle du pape à Rome, toute son âme fut ébranlée, et il fut jeté dans une extase de plaisir au lieu que le même motet chanté à Vienne par des musiciens qui y mêlaient les embellissements du chant, ne lui causa que de l'ennui. On voit, en effet, que les ornements étrangers et affectés de ce dernier style d'exécution doivent détruire toutes les impressions d'un chant plaintif grave et solennel.

(6) Sulzer (*l. c.*, art. *quarte*) a expliqué comment la quarte est reconnue pour une consonnance, ou bien traitée par les harmonistes les plus habiles comme une dissonance, qui doit être préparée et sauvée, suivant qu'elle se trouve au-dessus ou au-dessous de la quinte dans l'octave du ton fondamental.

Il dit que, dans ce dernier cas, le ton fondamental se faisant entendre avec son octave, l'oreille qui saisit l'accord parfait, est affectée comme si elle entendait tout bas la quinte au-dessus du ton fondamental, quoique cette corde ne soit pas frappée, et qu'elle sent la forte dissonance qu'a avec cette quinte la quarte qui se fait entendre à la place.

Des conjectures analogues sur la consonnance ou la dissonance de la quarte ont été proposées par Descartes et par Sauveur, cité dans les *Mémoires de Trévoux*, 1703, p. 1781-2.

(7) Le fait a même été observé par M. Grétry, qui dit (*Essais sur la musique*, t. I, p. 267-8) que, dans la partie du clavier où l'on a accordé une suite de quintes justes, on éprouve une

satiété désespérante, chaque accord portant avec soi une âpreté qui repousse le sentiment ; mais que, lorsqu'on a altéré faiblement toutes les quintes, chaque accord prend une teinte moelleuse, et fait éprouver un charme séduisant.

(8) Le maréchal de Saxe, dans ses *Rêveries*, dit qu'il a observé que les troupes se fatiguaient beaucoup moins, lorsqu'elles marchaient au son de la musique ou du tambour que quand leurs pas n'étaient pas réglés par les mesures de ces sons,

Cet avantage du rhythme me paraît aussi venir en grande partie de ce qu'en réglant les mouvements, il en prévient beaucoup d'inutiles et d'irréguliers auxquels l'homme s'abandonne dans sa progression, lorsqu'elle est arbitrairement excitée et déterminée.

(9) En général, dit Rousseau (*Diction. de musique*, art. *Accord*, p. 21), les intervalles superflus, les dièzes dans le haut, sont propres par leur dureté à exprimer l'emportement, la colère, les passions agitées : au contraire, les bémols à l'aigu et les intervalles diminués forment une harmonie plaintive qui attendrit le cœur.

Rameau (cité par Rousseau, *Diction. de musique*, art. *Tempérament*, p. 494) a dit que nous recevons des impressions différentes des intervalles des sons, suivant que, dans le tempérament, ils ont reçu différentes altérations. Par exemple, la tierce majeure, qui nous excite naturellement à la joie, nous imprime jusqu'à des idées de fureur, quand elle est rendue trop forte dans le tempérament ; et la tierce mineure, qui nous porte à la tendresse et à la douceur, nous attriste, lorsqu'elle est rendue trop faible.

M. l'abbé Arnaud a bien dit (dans sa *Lettre à M. de Caylus*) : chaque mode ou modulation a son énergie et sa propriété. Cela est si vrai qu'il n'y a pas même de son qui n'ait la sienne : et je demanderai aux musiciens qui refuseraient d'en convenir d'où vient qu'ils emploient tous, par la force d'un sentiment intérieur, le *ré* majeur dans les chants éclatants et belliqueux ; l'*ut* mineur dans les sujets touchants et lamentables, et le *fa* mineur dans les tableaux sombres et lugubres.

M. Grétry (*Essais sur la musique*, t. II, p. 357) a indiqué en détail les différences d'expression noble, pathétique, ingénue, mélancolique, gaie, qui existent suivant le choix du ton dans lequel on compose dans les douze gammes que renferme l'échelle des douze demi-tons.

L'observation a fait connaître, même aux anciens (comme on peut voir dans Platon), que, par une analogie dont on ne peut assigner la cause, divers intervalles des sons qui forment telles ou telles modulations, ont des caractères correspondants à ceux des différentes passions.

La seule diversité des accents peut faire que tels d'entre eux soient capables d'exciter différents genres d'affections de l'âme, quoiqu'aucun ne puisse être le signe propre d'une affection déterminée. Ces accents étant même appliqués à des tons inarticulés, qu'ils élèvent, abaissent, filent et séparent diversement, peuvent donner à ces tons une forte expression de douleur ou de joie. Ainsi M. Grétry assure avoir entendu à Rome des jeunes élèves en musique vocaliser sur une voyelle avec tant d'âme et d'expression qu'ils lui arrachaient des larmes.

(10) Cette explication du plaisir que donne la musique instrumentale me paraît mieux fondée que celle qu'a donnée le fameux Euler. Il dit (dans la huitième de ses *Lettres à une Princesse allemande*) que ce plaisir vient de ce qu'on devine, pour ainsi dire, les vues et les sentiments du compositeur, dont l'exécution, en tant qu'on la juge heureuse, remplit l'es-

prit d'une agréable satisfaction, à peu près semblable à celle qu'on aurait en devinant ce que représente une telle pantomime.

(11) Rousseau (*Diction. de musique*, art. *Expression*, p. 206) a dit : « Ce qu'on cherche à rendre par la mélodie, c'est le ton dont s'expriment les sentiments que l'on veut représenter ; et l'on doit imiter en cela, non la déclamation théâtrale qui n'est elle-même qu'une imitation, mais la voix de la nature parlant sans affectation et sans art »,

Si la déclamation théâtrale est prise hors de la nature, il faut sans doute se garder de l'imiter. Mais si elle est juste, vraie, énergique, le musicien qui ne doit pas la copier en la notant seulement comme faisait Lulli, doit l'imiter dans son rhythme et dans ses tons successifs. Une semblable déclamation est la voix même de la nature dont les articulations sont seulement rendues plus fortes et plus précises dans l'imitation musicale.

Sulzer a adopté ce principe, que la musique, appliquée à des paroles, doit en imiter la bonne déclamation (dans sa *Théorie des Beaux-arts*, art. *Mélodie*, p. 382). Cependant il a très bien remarqué (*l. c.*, art. *Rytmus*, p. 103), qu'un habile compositeur, en travaillant sur les diverses parties d'une phrase que forment les paroles, peut avec succès donner aux mesures du chant une division qui ne réponde pas aux coupes de ces parties. Ce compositeur donne ainsi un rhythme différent au chant et aux paroles dans quelques cas où il veut exprimer d'autant plus fortement des passions pleines de trouble et d'effroi.

(12) Cette opinion est contraire à celle qu'a eue M. de Chabanon, lorsqu'après avoir observé que la musique moderne détruit souvent le rhythme des vers qu'elle fait chanter, et leur donne des coupes arbitraires et de toute mesure, de

sorte que ces vers ne sont plus au fond que de la prose ; il a témoigné croire qu'il est égal pour l'effet, que la musique soit appliquée à de la prose ou à des vers (*l. c.*, p. 255-7).

(13) On peut faire une objection analogue par rapport aux spectacles hideux dont la peinture ne pourrait jamais intéresser sous le rapport de sa perfection, avec quelque vérité qu'ils fussent représentés. De ce genre étaient les tableaux suivants :

Pline dit (*Hist. nat.*, l. XXXIV, ch. 8) que Pytagore de Rhège osa représenter un homme dont la jambe était rongée par un ulcère, et que les spectateurs à ce tableau croyaient éprouver la même douleur.

Antonio Palomino Velasco raconte que Don Juan de Valdès, peintre espagnol, avait représenté d'une manière si naturelle un cadavre à demi pourri, et presque détruit par les vers, qu'on ne pouvait le regarder sans être saisi d'horreur, et que ceux qui l'apercevaient par hasard, s'enfuyaient en se bouchant le nez.

(14) Horace peint l'admiration de son esclave Davus, pour un dessin crayonné par un barbouilleur, comme étant semblable à celle qu'Horace avait pour les tableaux de Pausias. Il se fait dire par Davus (*Sermon*, 7, lib. II, V, 95 et s.) :

Vel cum Pausiaca torpes, insane, Tabella,
Qui peccas minus atque ego, cum Fulvi Rutubæque,
Aut Placideiani, contento poplite, miror
Prælia rubrica picta aut carbone ; velut si.
Revera pugnent, feriant, vitentque moventes
Arma viri.

Il me paraît que les mots *contento poplite* ne doivent pas être rapportés, comme on l'a fait d'après l'ancien scholiaste de Crugnius, à ces gladiateurs, mais à Davus même qui se place dans une attitude où tout le corps est tendu, par une disposition naturelle à celui qui veut contempler plus fixement un objet.

(15) Homère, voulant porter au plus haut degré l'idée de la beauté superbe d'Agamemnon dit (*Iliad.*, 1. II, V, 478-9) qu'il ressemblait à Jupiter par la tête et les yeux, à Neptune par le haut de la poitrine et à Mars par la ceinture.

Il me parait vraisemblable que cette comparaison était relative aux figures qu'on avait affecté de donner à chacune de ces divinités dans des monuments plus anciens que les ouvrages d'Homère. Cela est d'autant plus probable, que, suivant une tradition conservée jusqu'au temps de Pausanias, les arts étaient cultivés dans la Grèce longtemps avant le siège de Troyes.

(16) Cette statue a été célébrée par Martial (*Epigram,* 44 et 45, lib. IX), et particulièrement par Stace (*Sylvar,* 1. IV, *Sylv.* VI, V, 35 et suiv.) dans ces beaux vers :

Tantus honos operi, finesque inclusa per arctos
Majestas ! Deus ille Deus, seseque videndum
Indulsit, Lysippe, tibi ; parvusque videri,
Sentirique ingens. Et cum mirabilis intra
Stet mensura pedem, tamen exclamare libebit ;
(Si visus per membra feras) hoc pectore pressus
Vastator Nemees, etc.
Hoc spatio, tam magna, brevi, mendacia formæ !

(17) M. Reynolds a dit, avec raison, que chacune des classes distinctes auxquelles on doit rapporter les figures humaines, a des formes idéales parfaites qui lui sont propres, et qui sont, pour ainsi dire, *centrales.*

Il me semble être dans l'erreur, quand il ajoute (dans le troisième de ses *Discours prononcés à l'Acad. R. de peinture de Londres,* p. 81) que la plus haute perfection de la figure humaine ne se trouve néanmoins dans aucune de ses formes centrales, mais qu'il faut la rechercher dans une forme prise de différentes belles statues, et qui tienne également des proportions sveltes et des formes délicates de l'Apollon, et de la force des muscles de l'Hercule. Comment M. Reynols a-t-il pu penser qu'une seule forme générique de l'homme pût réunir toutes les beautés de ces formes opposées de divers genres des corps humains?

(18) Ainsi le sculpteur Alcamène a été loué par Cicéron et par Valère-Maxime, d'avoir représenté debout et vêtu le dieu Vulcain, en qui il avait exprimé un mouvement léger de claudication, qui le caractérisait et ne le défigurait pas.

Au contraire, le Vulcain d'Homère, au banquet des Dieux, marche en boitant, et excite un rire inextinguible dans la troupe céleste.

M. Webb (*Recherches sur les beautés de la peinture*, p. 173 de la trad.) en conclut que le statuaire avait mieux connu la décence que le poète. Mais Alcamène voulut s'élever à l'expression la plus approchée d'une nature divine, et Homère s'était proposé un but tout différent : celui de rendre ses dieux plus intéressants, en leur donnant un haut degré de ressemblance avec les hommes.

(19) Polygnote et les peintres qui l'ont précédé ont fait des tableaux composés d'un grand nombre de figures. Pline a parlé d'un tableau du fameux Apelles où Diane était au milieu d'un cœur de Nymples qui lui sacrifiaient, etc.

(20) Un peintre qui n'est pas doué de semblables dons de la nature peut employer, pour parvenir à l'expression des passions fortes, un moyen qui est faible sans doute, mais qui n'est pas sans effet. C'est de se donner les mouvements des traits du visage, et les gestes qu'a coutume de produire la passion violente qu'il veut rendre.

On raconte qu'Annibal Carrache surprit un jour le Dominiquir qui avait la colère dans les yeux, et faisait des gestes menaçants, étant occupé à représenter un soldat qui menace l'apôtre St-André.

Aristote conseille aussi (dans sa *Poétique*, ch. XVII) au poète tragique qui veut exprimer une passion avec une grande force, de s'aider en faisant des gestes assortis aux mouvements de cette passion.

Cela rappelle d'autres faits singuliers sur le pouvoir que l'homme a d'affaiblir une forte passion qu'il éprouve, en donnant aux traits de son visage l'expression d'une passion d'un genre contraire. On dit que Campanella s'était donné la faculté habituelle de produire sur lui-même cet effet, etc.

(21) Ovide a rendu d'une manière parfaite cette union des diverses couleurs de l'arc-en-ciel dans ces vers :

In quo (arcu) diversi nitent cum mille colores,
Transitus ipse tamen spectantia lumina fallit;
Usque adeo quod tangit idem est, tamen ultima distant,
Metam, lib. VI, 65-67,

Voyez aussi Sénèque *Quæst. natur.*, l. I, ch. 3.

L'admiration qu'a inspirée généralement la vue de l'arc-en-ciel, a fait dire aux Grecs qu'Iris était la fille de Taumante. (*De* θαυμα *res mira* : voyez le *Théetéte* de Platon.) Je crois que c'est par une élocution orientale qu'elle a été ainsi appelée la *fille de l'admiration*.

Cette admiration était portée si loin chez les anciens Athéniens, qu'ils dressaient des autels, et offraient des sacrifices à l'arc-en-ciel. *Voyez* Smith, *Essais philosoph. posthumes*, t. I, p. 173 de la traduction.

Quand les poètes parlent avec admiration du teint d'une belle personne, ils n'en célèbrent point seulement l'incarnat ou la blancheur, mais en général ils le peignent coloré par un mélange de lys et de roses.

Candor erat, qualem præfert Latonia luna,
Et color in niveo corpore purpureus. . . . .
Ut cum contexunt amarinthis alba puellæ
Lilia, et automno candida mala rubent.

Tibulle, l. III, élég. 4

(22) Je crois qu'il ne suffit pas de dire, comme a fait Perrault (*Ordonnance des cinq espèces de colonnes, selon la méthode des anciens. Préface*, p. 8, 10, 13) que ceux qui ont inventé les proportions des parties des colonnes, n'ont guère eu d'autres règles que leur *fantaisie*, et que les beautés de ces proportions et des arrangements de ces parties n'étant point fondées sur aucune raison naturelle et positive, il n'est pas possible d'assigner d'autre cause de l'agrément qu'on y a trouvé, que l'*accoutumance*, qui fait que chaque ordre est demeuré distinct des quatre autres par son caractère propre.

Mais suivant ce que dit Perrault, c'est une nouvelle fantaisie qui a dû amener ensuite d'autres proportions entre les parties des colonnes. Elle a fait, par exemple, que la proportion du chapiteau corinthien ayant été trouvée belle par les Grecs, les Romains ont augmenté d'une sixième partie la hauteur relative de ce chapiteau.

Or il n'est pas vraisemblable que les premières proportions des parties des colonnes n'eussent pas été conservées chez les Romains par l'accoutumance qui les avait perpétuées chez les Grecs, si le génie des architectes romains n'avait fait adopter d'autres agréments réels et non de fantaisie, et peut-être plus grands encore dans les nouvelles proportions qu'ils introduisirent, et dont ces agréments assurèrent la durée.

On ne doit point nier cependant qu'il n'y ait eu telles dispositions des colonnes introduites par la fantaisie, qui étaient contraires à ce que le bon sens paraissait exiger. Telle était, comme l'a remarqué Perrault, la position des colonnes qui, dans les portiques des temples des anciens, n'étaient pas à plomb, étant penchées vers la mer. Mais la raison a réclamé en général contre ces formes vicieuses qui ont été employées plus rarement, et ont peu subsisté.

(23) Homère dit que Minerve donna les formes de la beauté à Ulysse, en le faisant paraître d'une taille plus élevée et d'un corps plus fourni, lorsqu'il se montra à Nausicaa (*Odyss.*, l. XVI, V, 9). Homère dit aussi que cette déesse, lorsqu'elle voulut embellir Pénélope après avoir répandu sur les traits de son visage un charme de beauté divine, la rendit d'une taille plus grande et plus fournie (*Odyss.*, l. XVIII, V, 194).

Les artistes n'ont pas négligé de donner aux figures dont ils veulent faire ressortir la beauté, une taille et des dimensions avantageuses. C'est ce que Zeuxis pratiqua à l'imitation d'Homère, suivant que l'observe Quintilien (*Instit. orat.*, l. XII, cap. 10).

(24) C'est ce que Cicéron. (*Officior*, l. I, p. 12-98) a appelé, *apta compositio membrorum*, dans laquelle il a fait consister essentiellement la beauté du corps humain, en y joignant seulement une couleur agréable du teint (*Tusculan*, l. IV, n° 13). Cette définition de la beauté du corps humain a été suivie exactement par Hermogène (*De Formis orationis*, l. I, c. 12).

(25) Je traduis ainsi : *statura brevi, sed quæ commoditate et æquitate membrorum occuleretur.* Suet. *Augusti vita,* c. 79.

Héliodore a observé aussi (*Æthiopic*, l. II, p. 115, édit. de Bourdelot) que lorsqu'une personne paraît fort belle, on lui attribue plus de grandeur qu'elle n'en a réellement (*Formæ præstantia et excellentia addit ad speciem proceritatis*).

(26) Aristenete a exprimé une idée analogue, en disant d'une femme dont le visage était très beau : quand elle est

nue, elle parait avoir dans son corps la beauté de son visage (οὐκ προσώπου φαίνεται).

Mylady Montagne dit aussi que les traits d'un beau visage, qui fixent principalement notre attention, ne la frappaient point chez les femmes turques, lorsqu'elle considérait la beauté des autres parties de leur corps, qui ont les formes les plus régulières.

(27) Sidoine Apollinaire a donné une description détaillée des principaux caractères de la beauté de l'homme, dans la peinture qu'il a faite de Théodoric, roi des Goths (*Epist.* 2, lib. I, sur laquelle voyez les notes de Savaron, et surtout celles de *Franc. Junius de Pictura veterum*, lib. III, cap. 9).

M. Emeric David (dans ses *Recherches sur l'Art statuaire*, p. 67-71) a recueilli les passages de divers auteurs grecs et autres, sur les caractères de la beauté chez la femme.

(28) Ce trait de beauté a été bien choisi par Burke. Homère dit (*Il.*, l. III, V, 396-7) que Vénus, qui s'était d'abord déguisé, en vieille, fut reconnue par Hélène à la beauté de son col et de son sein, aussi bien qu'à l'éclat de ses yeux.

(29) Mengs prétend que Raphaël ayant fait une étude profonde de la nature, avait reconnu avec beaucoup de sagacité, dans l'examen de chaque forme considérée séparément, que certains linéaments de la physionomie, qui expriment certaines affections de l'âme, comme ils sont propres à certaines constitutions du corps, sont liés naturellement avec telles formes, des membres, des mains, des pieds, etc.

Mengs ajoute que, d'après cette observation singulière, Raphaël parvint à donner au caractère des traits du visage et à celui des autres parties du corps, une sorte de conformité, qui répondait parfaitement aux actions et aux passions auxquelles était portée l'âme de chaque personnage qu'il peignait.

Cependant Mengs n'explique point, et l'on ne conçoit pas, qu'elle peut être cette conformité qu'il dit que les formes essentielles des membres ont avec les linéaments ou les traits qui caractérisent la physionomie, d'autant que ces traits dépendent des directions et des grandeurs respectives que la nature et l'habitude peuvent établir dans tels ou tels muscles de la face.

(30) Lavater a soutenu (*Essai sur la Physiognomonie*, t. II, p. 134, etc.) que le système osseux, dans lequel il a principalement considéré les os du crâne, est le fondement de la physiognomonie, soit qu'on l'envisage comme *agissant* sur les parties molles, ou comme éprouvant l'action de ces mêmes parties ; soit enfin qu'on le considère comme donnant et recevant la loi tour à tour. Il a pensé que dans l'un et l'autre cas, le système osseux doit porter toujours les marques de ce qu'il y a de plus invariable dans le caractère de l'homme.

Mais le caractère moral de l'homme ne commence à se former que dans des temps de l'enfance, qui sont trop avancés pour que les parties solides reçoivent, dans les formes propres à chaque individu, des changements que l'on ne puisse imputer avec aucune vraisemblance à l'action des muscles ou autres parties molles, et par conséquent qui aient des rapports déterminables avec le caractère propre à chaque homme.

Les conformations particulières qui sont propres aux os de la face, peuvent seules produire une ressemblance quoique éloignée, de la face de tel homme avec celle de tel animal. Le préjugé de cette ressemblance que présentait la physionomie d'un homme, a produit souvent des jugements faux sur son caractère.

Ainsi j'ai connu un homme célèbre dont la physionomie

présentait un caractère qui faisait dire qu'il avait la figure d'un mouton ; mais qu'une femme d'esprit avait bien jugé, en disant que c'était un mouton qui mangerait deux loups.

(31) Lorsque les traits du visage et les autres parties du corps se plient avec une perfection singulière à des mouvements harmoniques qui expriment les affections de l'âme, le sentiment qu'inspire la laideur peut être effacé, et faire place à l'admiration de la beauté qu'à la grâce. C'est ce qu'éprouvèrent des femmes qui, voyant un acteur d'une figure commune et laide (Le Kain) exceller, en se dessinant, dans une scène de tragédie, ne purent s'empêcher de s'écrier : *Ah ! qu'il est beau !*

(32) Kant a très bien dit que les Européens seuls ont trouvé le secret d'entrelacer d'un très grand nombre d'affections morales le penchant naturel et si puissant, qui tend à unir les sexes. Ces affections seules peuvent en faire, et perpétuer le charme le plus flatteur qui survit aux jouissances et même à leur désir.

Les Orientaux qui soumettent les femmes à leur despotisme, n'ont point d'idées de la beauté morale qui peut se joindre au penchant que les deux sexes ont à s'unir.

La passion de l'amour était exaltée au plus haut point chez les Grecs, par le sentiment de la beauté qu'ils poussaient jusqu'à l'adoration : mais le délire en était souvent indépendant de l'attrait qu'a l'union des deux sexes.

Chez divers peuples du Nord, l'empire des femmes a été fort grand ; mais il était moins fondé sur le charme de la beauté, que sur la disposition superstitieuse de ces peuples qui leur faisait considérer comme des êtres supérieurs, ceux qui maîtrisaient leur imagination ou leur sensibilité.

Telle fut la cause du respect que les Celtes, et particulièrement les Gaulois, eurent pour les femmes, dont quelques-unes les gouvernaient en leur rendant des oracles. La trace de cette espèce de culte a subsisté, pendant plusieurs siècles, dans le dévouement romanesque pour les dames, qui animait les chevaliers dans les tournois et les autres combats.

(33) Lucrèce a parlé de cette erreur, si commune aux amants, lorsqu'il a dit (*De Rerum Naturá*, l. IV, V, p. 1152-1162) ce que Molière a imité :

Nigra μελίχροος *est, immunda et fœtida,* ακοσμος, *etc.*

Horace (*Satyr.* 3, lib. I, V, 38-40) dit qu'un amant, peut être aveuglé, au point de ne pas voir les difformités de sa maîtresse, ou même de les trouver agréables, et il ajoute ce qui est moins vraisemblable que satyrique :

Veluti Balbinum (*delectat*), *polypus Hagnæ*.

Dans les dialogues d'Orasius Tubero (t. I, p. 270), il est dit : J'en ai vu d'amoureux du clocher d'une boiteuse. Je trouve qu'Ovide a vu la même chose puisqu'il dit (*Amorum*, l. III, eleg. 1) :

In pedibus vitium causa decoris erat.

Properce (lib. III, éleg. 23, V. 11-2. édit Broukhsii), après avoir dit que son amour lui avait fait attribuer à Cynthie diverses beautés qu'elle n'avait pas, la loue de ce que son teint avait l'éclat de l'aurore, tandis qu'elle se fardait : illusion amoureuse que ses amis ne pouvaient dissiper, et dont aucune expiation ne pouvait le désenchanter.

*Hæc ego, non ferro, non igne coactus, et ipsa
Naufragus Ægea verba fatebar aqua.*

Je crois que le sens est : quoique torturé par le fer de mes chaines, brûlé des feux de Vénus, et faisant naufrage dans la mer, je ne pouvais avouer que les choses que je disais de Cynthie, ne fussent de vaines paroles (a).

(a) Cette signification de *verba* se trouve dans Térence (Phormion, 3, 2, 32, *verba isthæc sunt*). Cicéron, etc. Ce passage obscur n'a pas été

Cicéron (*De Naturâ Deorum*, lib. I, n° 28) après avoir rapporté la belle épigramme de Q. Catulus, qui dit avoir vû Roscius au moment du lever du soleil, et l'avoir trouvé plus beau que ce dieu (épigramme qui a produit le fameux sonnet de la belle matineuse de Malleville), ajoute : cependant Roscius a toujours eu les yeux entièrement de travers (*perversissimis oculis*). Mais qu'importe, si cela même était pour Catulus un agrément et un trait de beauté !

Une semblable erreur, lorsqu'elle accompagne un premier amour, modifie l'âme si profondément, qu'elle peut influer sur les choix qui déterminent ensuite d'autres affections semblables C'est ce que prouve l'exemple de Descartes, qui conserva toujours du goût pour les yeux louches, parce que la première personne qu'il avait aimée avait ce défaut (*Voyez les lettres de Descartes*, t. I, p. 124-5.)

(34) C'est sur une équivoque qui tient à l'imperfection du langage, que sont fondées les maximes de la Rochefoucault, et d'autres moralistes, qui font de l'amour propre le principe de toutes les actions humaines, et même des plus généreuses.

Il est certain que nous sommes toujours déterminés à faire ce qui nous satisfait le plus. Mais cette satisfaction plus grande peut être causée par la préférence que nous donnons à d'autres que nous-mêmes, en leur sacrifiant nos jouissances et nos avantages personnels.

(35) D'Alembert (dans son *Portrait*, qui est au *Magasin encyclopédique*, n° 10, de l'an 8) dit, qu'après avoir consumé ses premières années dans la méditation et le travail, il a vu, comme le Sage, le néant des connaissances humaines ; il a

entendu par Passerat, dont l'explication est louée par Brouckslus, ni par celui-ci, qui a adopté le *vera* substitué à *verba* par Passerat. Mon explication se lie parfaitement avec ce Properce dit immédiatement après.

senti qu'elles ne pouvaient occuper son cœur ; et s'est écrié avec l'Aminte du Tasse :

E perduto il tempo che in amar non si spende.

(36) Ce ridicule est d'autant plus déplacé qu'on ne peut s'empêcher de trouver intéressantes les peintures qu'ont fait Anacréon et d'autres poètes, de vieillards aimables qui se pénètrent d'un sentiment tendre auprès d'une femme adorée.

On peut rappeler ici le vers que soupirait Tibulle en parlant à sa Délie :

Inque tuo caderet nostra senecta sinu.
Eleg. 3 du l. III, V, 8.

Et ces vers de Métastase :

Curvo il tergo, et bianco il mento...
Atquei rai non piu vivaci
Rivolgendomi talora su la man che minamora
Freddi baci imprimero.

(37) Montaigne (dans ses *Essais*, l. III, ch. 5, vers la fin) a parfaitement bien exposé l'utilité dont la passion de l'amour peut-être pour exciter et soutenir les forces de l'âme et du corps dans un homme âgé, lorsqu'il sait la conduire de manière qu'elle ne le trouble et ne l'afflige pas ; mais qu'elle l'échauffe, l'éveille, le tient en force bien en avant dans les ans, et le *délaye*, dit Montaigne, *des prinses de la vieillesse.*

Il ajoute que cette passion, au défaut des autres, comme de l'avarice, de l'ambition, etc. le tiendrait enchaîné avec de grands avantages. Elle me divertirait, dit-il, de mille pensées ennuyeuses, de mille chagrins mélancoliques, que l'oisiveté nous charge en tel âge ; et le mauvais état de notre santé, réchauffant au moins en songe ce sang que la nature abandonne, allongerait un peu la vigueur et l'allégresse de la vie à ce pauvre homme qui s'en va le grand train vers sa ruine.

(38) Longin (*De Sublim.*, sect. 39, init.) dit de l'harmonie, qu'elle agit sur les hommes, comme un instrument admirable, pour exciter des sentiments élevés ou d'une nature libérale. C'est ainsi que j'explique μεγαλευθεριας, que Pearce a entendu de l'état de liberté civile, et que Tollius a mal changé en μεγαληγοριας. Ce mot, que j'explique ainsi, sans le changer, s'applique très bien à ce qui est dit plus bas dans la même section ; que l'arrangement harmonique des mots nous dispose toujours, *ad granditatem, dignitatem et sublimitatem*.

(39) Jovita Rapicius (*De Numero oratorio*, l. V, p. 188), dit qu'un discours en prose déplait aux ignorants mêmes, quand les nombres manquent d'accord, quand les mêmes y reviennent souvent, comme aussi lorsqu'ils sont trop poétiques.

Rapicius ajoute qu'un discours dont les parties ne sont pas assez distinctes et qui est mal poli, choque souvent même celui qui le lit tout bas. Lorsque l'oreille ne l'entend pas, l'imagination en conçoit l'effet sensible, et en reçoit une affection analogue.

(40) Denys d'Halicarnasse (*De admirabile vi dicendi in Demosthene*, p. m. 290-I), après avoir critiqué avec raison dans l'éloge funèbre qui fut composé par Platon (dans son *Ménexène*), une période qui a un membre incident superflu et qui finit mal, fait à ce sujet l'observation suivante, qui est fort remarquable : On ne doit point prouver ces observations critiques à chaque lecteur par le raisonnement ; mais il doit en reconnaitre la vérité, d'après ses propres affections. Car c'est par des sentiments qui ne se raisonnent point (αλογοις αισθησει) qu'on juge tout ce qui est agréable ou importun : et ces sentiments n'ont aucun besoin de démonstration.

(41) Démétrius de Phalère dit avec raison (*De Elocutione*, n° 111) que lorsque la composition des mots n'a point de rhythme, ni de variété dans la longueur des syllabes, elle

n'a rien qui soit propre au discours, et qui ne soit exposé aux chutes (Je traduis ainsi, ουδε ασαλλις, que l'on a mal rendu dans l'édition de Glascou, *Neque in tuto positum*). En effet, chaque mot qui termine la totalité, ou une partie principale de la phrase, peut faire une chute marquée et choquante lorsqu'il n'y a point de rhythme qui soutienne le discours.

On voit qu'une phrase qui manque des agréments que l'habitude a rendus nécessaires à des hommes dont l'oreille est exercée, doit choquer, surtout dans les chutes ou cadences de cette phrase qui sont autres qu'on ne l'avait espéré.

(42) Ces conseils sont : qu'il faut souvent écarter le mot technique, parce qu'il rend le style sec en ne prenant aucune idée accessoire ; qu'il faut choisir le mot pittoresque, ou qui représente chaque idée, par une métaphore qui donne une image vive et forte ; qu'il faut, entre les mots qui représentent ce qu'on veut dire, préférer le mot qui rappelle au lecteur un sentiment qui a rapport à lui.

Mais le principal de ces conseils de détail qu'a donnés Buffon sur le style, est qu'on doit toujours généraliser l'expression de ses idées. Il disait que tous ceux qui parlent bien se servent du genre pour exprimer l'espèce.

C'est ainsi qu'il a donné à son style de la noblesse jusque dans l'expression des choses communes, en les nommant par les termes les plus généraux.

(43) Les caractères essentiels du style de Démosthène, contribuent, en très grande partie, à donner à son discours cette faculté que les anciens ont appelée spécialement, δεινωσιν την υπες βολην τυς δεινοτητος.

Ulpien, dans son *Commentaire sur l'Oraison de Démosthène*, περι συμμορων, attribue à Démosthène et à Thucydide, exclusivement à tous les autres orateurs qui sont venus depuis, d'avoir porté cette faculté dans le discours au plus haut point et à un degré inimitable.

Il faut entendre par δείνωσις la puissance d'un discours dont le style est serré, grave et noble, et particulièrement où de grands moyens oratoires sont exposés et dirigés avec un art qui fléchit l'auditeur, qui l'entraine et le subjugue.

Ulpien a dit que c'est par cette qualité que les harangues de Démosthène et de Thucydide nous ont donné des exemples κρυπτωνλογων de discours qui cachent des sens profonds. Cela s'accorde avec ce qu'a dit Aristide que les discours de Démosthène renferment des idées venues de loin, et dont l'effet est imprévu.

C'est l'accord de ce style et de ces moyens qui produit, dans l'éloquence de Démosthène, cette perfection soutenue, dont Cicéron a fait un éloge complet (*In libro de claris oratoribus*, n° 35).

(44) Entre les formes de style que Démosthène a imitées des écrivains qui l'avaient précédé, et par lesquelles il a modifié diversement la forme essentielle du style qui lui est propre, il n'en est point dont l'imitation lui soit plus familière que celle du style de Thucydide.

Denys d'Halicarnasse (*Oper.* t. II, p. 275-6, édit. de Hudson) a bien défini la forme de style qui est particulière à Thucydide. Il dit que Thucydide ne suit point l'ordre naturel, en disposant ses pensées dans l'ordre des phrases qui se succèdent ; qu'il coupe une pensée qu'il n'a point pleinement énoncée dans un commencement de phrase, par une autre partie de phrase, laquelle exprime une autre pensée qui n'est point liée à la première ; qu'à cette seconde pensée il en ajoute une troisième, et qu'il reprend ensuite ce qui appartient à la première.

Denys d'Halicarnasse observe que Thucydide emploie assidûment cette forme de composition, par laquelle il est entrainé plutôt qu'il n'en règle l'usage ; de sorte qu'étant continuellement répétée, elle rend son discours obscur et peu agréable : au lieu que Démosthène use avec ménagement de cette forme de style, sans perdre jamais la clarté, qui est toujours indispensable, surtout dans les discours judiciaires, et qu'il la place convenablement de manière à donner par ce moyen plus de force à son discours.

Cette forme de composition a une énergie singulière, lorsqu'elle est employée sobrement et à propos. Les pensées semblent y être comme entassées, à cause de la surabondance avec laquelle elles se présentent à l'esprit de l'orateur qui voudrait pouvoir les rendre toutes à la fois. La nécessité de bien saisir l'ensemble de ces pensées, exige une grande attention de la part de l'auditeur, qui est tenu longtemps en suspend, et qui revient avec d'autant plus d'intérêt à l'idée principale à laquelle il semblait ne pouvoir être ramené.

(45) Asconius Pédianus a très bien remarqué (sur le n° 2, lib. I, *in Verrem*) qu'une manière qui est propre à Cicéron, dans ses oraisons et dans ses autres ouvrages, est de répéter la même pensée avec diverses tournures.

Sans doute la répétition d'une même pensée, exprimée par des traits différents, peut être fort convenable, et même produire un grand effet, lorsque ces traits soit qu'on les dispose ou non, suivant la gradation croissante de leur force relative, sont choisis et présentés de manière à rendre cette pensée de plus en plus émouvante. Dans ce genre est le fameux passage de l'oraison de Cicéron pour Ligarius (n° 3) : *Quid enim, Tubero, districtus ille tuus in acie Pharsalica gladius agebat ? Cujus latus ille mucro petebat ? Qui sensus erat armorum tuorum ?* etc.

Cependant Cicéron me semble souvent se répéter de telle

manière, qu'il ne fait qu'étaler un luxe inutile d'expressions qui ne disent que la même chose. Telle est, dans son oraison pour Milon (n° 12), ce passage qui a été vanté mal à propos par le commentateur Abram : *An vero, judices, soli ignoratis, vos hospites in hoc Urbe versamini*, etc.

(46) M. de la Harpe est d'avis que les preuves fortifiées les unes par les autres et accumulées, aillent toujours en s'élevant, jusqu'à ce que l'orateur, dominant de haut, finisse par donner une secousse impétueuse à tout cet amas et en écrase ses adversaires.

D'autres, au contraire, ont pensé (et un orateur célèbre du dernier siècle a suivi constamment cette pratique) que l'orateur doit saisir la preuve principale que lui présente le fond de son sujet ; qu'il doit l'établir et la développer le plus parfaitement possible ; qu'il doit la reproduire dans toutes les parties de son discours avec tout l'art convenable, de manière qu'elle entraîne la plus forte persuasion.

(47) Cicéron soutient l'immortalité de l'âme dans son oraison pour Archias et dans celle pour Rabirius (n° 10). Il finit aussi sa première oraison catilinaire, en priant Jupiter d'éloigner de Rome Catilina et tous ses complices, de les punir de supplices qui commencent pendant leur vie, et qui soient éternels après leur mort (*Æternis suppliciis vivos mortuosque mactabis*).

Cependant il dit aussi (dans son oraison *pro Quentio*, n° 4, que la mort a délivré Oppinianicus de tout danger de sentir de la douleur ; de sorte qu'il assure alors que l'âme est mortelle, et exempte des peines qu'on supposerait qu'elle endure dans une autre vie ; et dans le même discours (n° 61), il traite ce qu'on avait dit des supplices des impies dans les enfers, de fables et d'inepties, dont la fausseté est généralement reconnue.

(48) Cet *orbis salvatorius* me paraît avoir été une machine fixée sur un essieu, et versatile comme une toupie sur laquelle s'élevait le sauteur, et qu'il mouvait circulairement en s'y appuyant de la tête et des mains. Le P. Paciaudi a bien décrit cette machine dans sa dissertation, *De Athletarum saltatione*. Je remarque seulement qu'il n'indique pas assez que le sauteur étant entraîné, et tournant avec cette machine qu'il agitait circulairement, se donnait alors en même temps le mouvement de culbute que le P. Paciaudi lui attribue d'ailleurs avec toute apparence.

(49) Je vais indiquer de nombreux exemples de l'effet directement imitatif que produit dans les vers la répétition de telles ou telles lettres voyelles et consonnes.

Je citerai d'abord ce beau vers imitatif d'Homère (*Iliad.*, l. XIII, V, 19) :

Ποσσιν υπ' αθανατοισιν Ποσειδαωνος ιοντος.

C'est pour rendre ce vers plus retentissant par la multiplication des *a* et des *o* qu'Homère a ajouté l'épithète (inutile en apparence) d'*immortels* donnée aux pieds de Neptune, et a mis le mot superflu ιοντος à la fin de ce vers.

On peut rapporter ici ce trait d'Homère (*Iliad.*, π. V, 470) χρικε δε ζυγον (dont Racine a pris *l'essieu* crie et se *rompt*), et ce vers de Virgile :

Tam multa in tectis crepitans salit humida grando etc.

Tels sont aussi les vers suivants dans lesquels Ovide peint, par des *i* répétés, les efforts réitérés, du souffle de Baucis pour ranimer le feu de son foyer presque éteint. *Met*. VIII, V, 644-5-6) :

Inde foco tepidum cinerem dimovit, et ignes
Suscitat hesternos foliisque et cortice sicco
Nutrit, et ad flammas anima perducit anili.

L'effet directement imitatif d'objets résonnants que peuvent avoir telles consonnances répétées dans un vers, est bien marquée dans ce vers de Virgile (*Eglog.* I, V, 56) :

Sæpse levi somnum suadebit inire susurro,

dans lequel la répétition des *s* est imitative du bourdonnement des abeilles.

J'ajoute que dans cet autre beau vers de Virgile (*Æneid.*, l. III, V, 587) ;

Et lunam in nimbo nox intempesta tenebat,

le raisonnement sourd et nasal des *n* répétés a du rapport avec la clarté trouble d'une nuit orageuse où la lumière de la lune se trouve offusquée.

(50) C'est ainsi que le concours des *as* fait un grand effet pour peindre l'état de la terre réduite à une vaste solitude après le déluge de Deucalion, dans ce vers d'Ovide (*Mét.*, 1, V, 349) :

Et desolatas agere alta silentia terras.

La multiplication des *a* et des *o* ajoute à la magnificence de la description du palais du Soleil qu'Ovide commence par ces vers (*Métam.*, II, V, 1 et 2) :

Regia solis erat sublimibus alta columnis,
Clara micante auro flammasque imitante pyropo, etc.

On peut rappeler ici les vers d'Homère sur les flots du Nil, qui, à ses embouchures, repousse les flots de la mer (*Iliad.*, l. XVII, V, 263-5 ; vers qui finissent ainsi :

. . . . Αμφι δε τάπραι .
Ἠιόνες Βοόωσιν ἐρευγομενης ἁλος ἔξω.

Il faut traduire *mari extra revoluto*, et non pas *eructato*, comme on a traduit généralement.

Des scholiastes d'Homère (cités par Victorius et pas Ezéch. Spanheim) sur Aristophane ont assuré que l'admiration de cet endroit d'Homère découragea Solon et Platon de faire des vers, et leur fit brûler les poésies qu'ils avaient déjà composées.

(51) Il est à remarquer qu'aux endroits des vers des anciens où la dernière syllabe d'un mot était brève, elle était nécessairement employée comme longue, par l'effet du repos que déterminait la césure, la prononciation étant plus frappée à l'endroit de cette pause. C'est ce qu'a bien vu Sam. Clarke (dans les nombres 7 et 8 de sa note sur le V, 51 du premier livre de l'*Iliade*).

Cette observation doit être appliquée à un grand nombre de vers de différents poètes grecs et latins, qu'on a voulu même souvent corriger mal à propos, faute d'avoir fait cette remarque. Je n'en citerai que l'exemple de ce vers qu'on a mal voulu changer dans le *Cupido cruci affixus* d'Ausone, où il est dit que Sémélé

Ambustas Latera per inania cunas ventilat.

(52) Cependant il n'est pas douteux que les anciens pouvaient aussi, en satisfaisant à ce qu'exigeait l'ordre métrique de leurs vers, avoir souvent un grand désavantage pour l'expression poétique imitative.

Cette remarque qu'a faite l'abbé Batteux, mais qu'il n'a pas présentée exactement, me paraît pouvoir être rendue très sensible par l'exemple suivant. Virgile dit d'un cheval qui, ayant rompu son lien, se meut impétueusement vers la campagne.

Aut ille in pastus, armentaque tendit aquarum.
Æneid., l. XI, V, 494.

Il me paraît évident que, dans ce vers, la longueur qu'ont les mètres et les syllabes, laquelle conviendrait, sans doute, à un mouvement lent, rend mal un mouvement qui doit être fort rapide.

L'air de mollesse et de négligence qui règne dans les odes

d'Anacréon, me paraît tenir en grande partie à la nature du vers dont il se sert le plus communément, et qui a été appelé anacréontique, du nom de ce poète. Ce vers est composé de trois pieds et d'une syllabe de plus par laquelle il finit et le premier de ces pieds varie beaucoup ; mais le second et le troisième sont presque toujours des ïambes (*Voyez* la fin des *Prolégomènes de Barnes sur Anacréon*).

Il me semble qu'un doux abandon est heureusement rendu par la structure même de ce vers, d'autant que la finale, et souvent même le rhythme propre du mot qui le termine, se composent d'une brève et deux longues ; ce qui produit, par exemple, un effet singulièrement pittoresque dans les troisième et quatrième vers de l'Ode 22⁰ d'*Anacréon*.

Démétrius de Phalère (*de Eloc.*, n° 235) dit qu'Hipponax, voulant insulter vivement ses ennemis dans ses vers, rompit la mesure du vers (ïambique ordinaire), le rendit boiteux (ce pourquoi il a été dit χωλιαμβης σκαξων, et manquant au rhythme αργυθμος).

Le pied spondaïque, qui terminait ce vers scazon, interrompait la suite des pieds ïambes, ou l'ordre de ces pieds dans les vers ïambiques purs. Ce défaut d'accords entre les pieds de ce vers le rendait plus convenable pour l'injure véhémente, à proportion de ce que ce vers était plus pénible pour l'oreille que n'étaient les vers ïambiques dont le rhythme était constant et agréable.

(53) Ce que je dis de la nouveauté de mon principe, de l'utilité que peuvent avoir pour l'expression poétique les nombres ou mètres qui sont particuliers à chacun des mots pris séparément, dont le vers est composé, ne serait point affaibli, quand même on viendrait à trouver (ce que j'ignore) quelque observation de détail, faite par quelque critique, qui fut relative à mon assertion.

En effet, dans la critique, ainsi que dans toute autre science, la découverte d'un principe appartient à celui qui, le premier, l'a fait connaître comme étant la clef générale d'une infinité d'observations particulières, dont quelques-unes peuvent avoir été faites isolément, mais d'ailleurs n'ont jamais été conçues ni exposées de manière qu'on les ait rapportées à un semblable principe d'analogie générale.

(54) Une cause semblable me paraît donner au dernier vers du VI° l. de l'*Ænéide*,

Anchora de prora jacitur, stan littor puppes.

un effet singulièrement imitatif qui a pu déterminer Virgile à conserver ce vers, qui d'ailleurs semble être entièrement superflu.

L'esprit sent dans le rhythme propre de chaque mot de ce vers un mouvement ou un repos analogue à celui de l'objet dont ce mot lui présente l'image. L'ancre étant mue de *prora* (*molosse*) exprime la longue description de cette ancre; et *jacitur* (*anapeste*) son renversement: dans *stant littore puppes*, le dactyle *littore* élève ou prolonge la suite des vaisseaux dont la position est fixée à la fin du vers.

Il faut rapporter ici, entre les vers d'Horace,

La peinture d'un homme enlevé et suspendu dans les airs :

Sed me per hostes Mercurius celer.
Denso paventem sustulit aëre.

Lib. II, od. 7, V. 14.

Celle de l'étendue de l'Empire romain du levant au couchant :

. . . . Imperi
Porrecta majestas ad ortum
Solis ab Hesperio cubili

Lib. IV, od. 15, V, 15-16.

Celle d'un fleuve dont les eaux s'écoulent sans cesse avec rapidité :

. . . . Amnis, at ille
Labitur et labetur in omne volubilis avum.
Lib. I, epist. 2, V, 43, etc.

Tels sont aussi les vers suivants de Juvénal : il dit (*Satyr.* VI, 648-9).

Præcipites : ut saxa jugis abrupta, quibus mons
Subtrahitur, clivoque latus pendente recedit.

Juvénal (*Satyr.* VII, V, 162-5) fait délibérer à Annibal :

. . . . An petaturbem
A Cannis ; an post nimbos et fulmina cautus.
Circumagat madidas à tempestate cohortes.

Dans ce dernier vers, les rhythmes propres des mots qui le composent, et semblent le couper en deux parties égales, me paraissent exprimer le tournoiement de cette armée autour de Rome, lequel se fait avec une sorte de balancement causé par la surcharge de l'orage qui fond sur les cohortes.

M. Chabanon de Maugris (dans le *Discours préliminaire* de sa traduction du troisième livre des *Odes d'Horace*) dit qu'il a été frappé de la différence d'effet imitatif qui est entre les deux vers suivants de Virgile, qui cependant ont presque le même nombre de dactyles ; et il a cru que, pour en rendre raison, on pourrait dire que l'âme est peut-être souvent maîtrisée par le sens des mots.

Quadrupedante putrem sonitu quatit ungula campum.
et
Tityre tu patulæ recubans sub tegmine fagi.

Mais quant au premier de ces vers, on ne peut nier que son effet singulièrement imitatif ne s'explique très bien, et par les dactyles dont il est composé (ce que tout le monde a remarqué), et par le rhythme général du vers dans lequel les mots longs et courts qui y sont placés, alternativement expriment les élévations et les chutes alternatives des jambes du cheval dans le mouvement d'un galop précipité.

Quant au second de ces vers, il me paraît que son effet d'imitation doit être principalement rapporté aux deux anapestes, *patulæ, recubans*, qui servent à peindre la situation renversée du berger couché à l'ombre.

(55) Cependant il peut exister encore une autre cause, quoique singulière, de l'effet imitatif qu'a ce beau vers : c'est que chacun des mots principaux qui le composent (sa *croupe, recourbe, replis tortueux*) ne pouvant être articulé que par deux mouvements de lèvres qui se portent successivement, l'un en avant, et l'autre en arrière ; l'âme qui perçoit ou imagine ces mouvements alternatifs, par lesquels ces mots sont prononcés, y sent en même temps du rapport avec les mouvements réfléchis et les replis sinueux du dragon dont ils présentent l'image.

(56) Cette idée est aussi puérile chez ces grands poètes, que l'est une idée semblable chez les Rabbins, qui ont dit que Dieu avait fabriqué Eve de l'os d'une des côtes d'Adam, parce que la femme doit avoir un caractère de résistance opiniâtre (Voyez le *Dictionnaire de Bayle*, art *Eve*)

(57) C'est ce qui a été bien remarqué par Addisson (*Spect*. t. I, dis. 49 ; et *Miscellaneous works*, vol. p. 248-9), qui en a cité plusieurs exemples pris d'Ovide et de Cowley.

On peut ajouter à ces citations ce qu'Ovide (*Métam.* VI, V, 705-8) dit du vent Borée enlevant Orythie, que l'agitation de ses ailes dans son vol excita le feu de son amour pour Orythie.

. . . . . . *Pavidamque metu, caligine tectus*
Olynthiam amans, fulvis complectitur alis.
Dum volat, arserunt agitati fortius ignes.

Racine ne s'est pas défendu de cette idée de mauvais goût, lorsqu'il a fait dire par Pyrrhus à Andromaque :

Brûlé de plus de feux que je n'en allumai.

(58) Jérémie c. XXV, XXX, dit que Dieu rugira comme un lion, et de suite il compare ces rugissements aux cris qu'on pousse pour exciter les hommes qui foulent les raisins (a).

Il faut être aveuglé par ses préjugés pour dire comme Lowth (*Prel.* XVI, p. 325, édit. Michaëlis), qu'il ne peut guère y avoir rien de plus sublime que ce qu'a dit David (*Psal.* XXVII, V. 71), que Dieu s'est réveillé comme d'un état de sommeil, comme un homme puissant à qui le vin fait jeter des cris (b).

(59) On peut appliquer cette remarque aux exemples suivants.

Ovide, dans la description du combat des Lapithes et des Centaures, dit que Pélée, ayant percé de son épée le Centaure Dorylas sous le milieu du ventre, les viscères de ce Centaure sortis du ventre par sa blessure, furent tirés et foulés par ses jambes, etc.

Prosiluit, terraque ferox sua viscera traxit ;
Tractaque calcavit, calcataque rupit, et illis
Crura quoque impediit, et inani concidit alvo.

Métam., l. XII, V, 390-2.

(a) David, selon le style oriental le plus capable d'émouvoir les Hébreux, a bien dit que le Seigneur rugirait du haut du ciel, comme un lion ; mais il n'a pas ajouté la comparaison de ces rugissements aux cris poussés pour exciter les hommes qui foulent les raisins. Le texte dit qu'alors (coleuma), terme qui signifie un cri de plusieurs personnes qui s'entr'excitent dans le combat ou dans les travaux maritimes, ainsi qu'alors qu'elles foulent le vin, sera excité contre tous les habitants de la terre (*Note de l'éditeur.*

(b) Lowth eût pu choisir, dans le psaume 18, V, 6 et 7, une sorte de rapports, l'un intéressant et l'autre sublime, entre l'homme et la divinité : *Ipse (Deus) tanquam sponsus procedens de Thalamo suo : exultavit ut gigas ad currendam viam, a summo cœlo egressio ejus* (*Note de l'éditeur*).

Stace (à la fin du l. VIII de la *Thébaïde*) a représenté Tydée dévorant le cerveau de Ménalippe qui l'avait blessé à mort. Ainsi c'est de Stace que le Dante a pris cette fiction dans son enfer, où il fait continuellement ronger par le comte Ugolin le cerveau de l'archevêque de Pise, son ennemi.

C'est avec raison que Home condamne la peinture du péché et de la mort dans le *Paradis perdu*, parce qu'elle présente un spectacle qui fait horreur.

Enfin, il est des images dont rien ne peut excuser la grossièreté et l'indécence. Telle est celle qu'a employée Prudence lorsqu'il a dit (*Apoth.* vers 93 et s.) de la personne divine du Verbe :

> *Animus Patris, et ratio consiliorum,*
> *Quæ non facta manu nec voce creata jubentis.*
> *Protulit imperium patrio ructata profundo.*

Ainsi, il fait rejeter le Verbe par la bouche de Dieu le Père qui en était profondément rempli.

(60) Catulle a dit aussi dans l'épithalame de Thétis et Pélée, que, dans la couverture du lit de Thétis, où était brodée l'histoire d'Ariadne, on entendait les voix et les sons des instruments des Bacchantes qui suivaient Bacchus.

(61) Lucrèce prête aux montagnes un sentiment passionné lorsqu'il dit (*De Rer. nat.*, l. V, V, 201) :

> *Inde avidam partem montes. . . . . Possedere* :

Ce que les interprètes ont mal entendu : dans ce vers, il attribue aux montagnes l'avidité avec laquelle il feint qu'elles se sont étendues sur une grande partie de la terre.

(62) Une semblable improportion serait frappante dans un passage d'Homère qui a été cité par Longin (*De Sublim.*, sect. IX), s'il fallait interpréter ce passage comme a fait ce critique si justement célèbre.

Dans ces vers d'Homère (*Iliad.*, l, V, V, 770 et s.) que Boileau a ainsi imités :

Autant qu'un homme assis au rivage des mers,
Voit d'un roc élevé d'espace dans les airs,
Autant des immortels les coursiers intrépides
En franchissant d'un saut.

Longin dit : Homère égale l'espace que les chevaux des Dieux franchissent d'un saut à l'étendue de l'univers; de sorte que, pour répéter deux fois ce saut, ils ne trouveraient plus d'espace dans le monde entier.

Mais il me parait qu'Homère, dans cette hyperbole, n'a voulu donner pour étendue à ce saut, d'autre espace que celui qui sépare du rivage un vaisseau qui s'en éloigne, et que l'on commence à perdre de vue.

(63) Ce qu'a dit Burke (*l. c.*, p. V, sect. IV et V) sur la puissance que les mots composés abstraits, comme *honneur*, *liberté*, *justice*, etc., ont pour émouvoir et affecter l'âme, quoiqu'ils ne présentent point d'images d'aucun objet sensible, avait été très bien exposé par Malebranche (*Recherche de la Vér.*, 1. II, chap. 10), et il a été encore, en dernier lieu, un peu plus développé par Platner (*Anthropologie*, § 625).

Malebranche a observé que, quoiqu'on ne puisse connaitre les émotions de l'âme que d'une manière fort confuse et fort imparfaite, les termes généraux qui expriment ces émotions affectent l'âme avec beaucoup de facilité et de force. Il dit que, par cette raison, nous regardons comme clair et distinct le sens que présentent des mots semblables, tels que ceux de *honte*, *d'imprudence*, etc., quoiqu'ils ne réveillent en nous que des idées confuses et un sentiment obscur. Il ajoute que ces mots sont des noms de passions composées, et par conséquent des expressions abrégées que l'usage a faites de plusieurs idées confuses et obscures, et que c'est ainsi que, lorsqu'on lit certaines descriptions de sentiments et de passions, on se persuade qu'on les entend parfaitement parce qu'on en est touché vivement.

Platner dit que les idées générales, qui sont abstraites d'autres idées générales, produisent diverses sortes de représentations dans l'esprit (séparément de la réalité ou possibilité, et des rapports de leurs objets). Ainsi, dit-il, chacun de ces mots, *sagesse, génie*, etc., outre l'idée qu'il nous donne du mot même, produit en général des répétitions (mêlées, obscures, rapides) des impressions, des sentiments, des images, des passions qu'ont ci-devant excités en nous les idées qui composent cette idée générale. C'est ainsi que le mot *magnanimité* excite un sentiment qui est mêlé de ceux de l'admiration, de la bienveillance et de l'émulation.

(64) C'est ainsi que Longin s'est servi plus d'une fois du mot φοβεῖσθαι ; sur quoi Boileau rapporte ce vers d'Horace :

Evoë recenti mens trepidat metu.

Voyez Hesychius, V. φοβήσας ἐνθουν ποιήσας.

Cette confusion d'affections analogues a fait dire à Damascius (*apud Photium*), en parlant d'une statue de Vénus consacrée par le sophiste Hérode, que l'artiste lui avait donné une beauté qui n'était pas douce et voluptueuse, mais terrible et comme virile.

L'épithète de *terrible* ne peut être attribuée à Vénus que sous ce rapport.

De même, Lucrèce dit que la philosophie d'Epicure qui a dévoilé la nature, et, abattu la superstition lui cause un saisissement (*horror*) mêlé d'une volupté divine. En cela il n'a point exprimé un sentiment de crainte et de terreur (comme l'a cru M. Burke), mais le sentiment de trouble que l'esprit éprouve, lorsque de grandes idées le concentrent et l'élèvent.

(65) Homère a distingué le genre de beauté sublime qui peut être attaché à des spectacles terribles. Ainsi dans *l'Odyssée* (l. XXII, V, 47), Euryclée dit à Pénélope qu'elle aurait vu avec ravissement (θυμον ιανθης), Ulysse entouré des cadavres des poursuivants de Pénélope, et semblable à un lion teint du sang des animaux qu'il a égorgés. Eustache dit fort bien qu'il se mêle un mouvement de courage et d'audace (τογης) à ce que dit Euryclée en cet endroit.

(66) De ce genre sont les passages sublimes des psaumes, où il est dit (Ps. LXXXIX, V, 4-6) que, devant Dieu, les milliers d'années sont comme le jour d'hier qui est passé, et que la vie de l'homme est comme la fleur qui s'épanouit et se flétrit du matin au soir : où l'on voit (*Ps.* ci, 26-28) que les cieux que Dieu a créés tomberont de vieillesse et seront remplacés par d'autres cieux dont Dieu s'entourera comme de nouveaux vêtements, sans que les années de l'Eternel puissent jamais prendre fin.

Il n'est pas douteux que ces grandes idées n'aient produit celle que Michaëlis trouve plus sublime encore ; celle de Haller, qui a dit que l'étoile polaire est devant l'éternité comme la rose qui est jeune à midi, et qui est séchée avant la fin du jour.

Isaïe a donné un tour singulier à des idées analogues, quand il a dit (chap. XXXIV, V. 4) que devant la colère de Dieu toute l'*armée du ciel* se consumera. Cette *armée du ciel* est reconnue signifier les astres (quoique Michaëlis veuille en douter, et en conséquence donne dans ce passage une explication forcée au mot *namaquou*) ; que les cieux se replieront comme un livre (en rouleau), et que tous les corps célestes tomberont comme les feuilles sèches de la vigne et du figuier.

Michaëlis (not. in Lowth, *de Sacr. Poesi Hebr.*, p. 411) dit sur ce passage : que d'autres voient comment ils peuvent donner de la clarté et de la beauté à cet endroit d'Isaïe. Pour moi je n'approuve point la version reçue.

Voici quel me parait être le vrai sens de ce passage d'Isaïe. Je crois qu'il signifie que tous les astres qui ont été placés dans le firmament, comme il est dit dans la *Genese*, venant à se consumer et à se fondre, la voûte céleste se repliera et se roulera comme un livre, parce que son expansion ne sera plus assujettie par les arbres qui y sont fixés, mais dont la substance sera alors résoute, et qui tomberont, comme se séparent de la vigne et du figuier leurs feuilles dont le dessèchement est complet. Cette explication que je propose peut être développée parce que dit l'auteur de l'*Apocalypse* (ch. 6, V. 14), qui répète les expressions d'Isaïe (a).

(67) On peut, avec Moses Mendelssohn, trouver sublime la description que Klopstock a faite des sentiments d'un impie mourant. Ce qui m'a paru singulier, c'est qu'elle est presque littéralement semblable à celle qu'en a faite Massillon dans son sermon sur la mort du juste et du pécheur.

(68) Lessing, dans sa *Dramaturgie*, va jusqu'à dire que plusieurs tragédies françaises sont des ouvrages très bien faits et très louables, mais que ce ne sont pas des tragédies ; que leurs auteurs, tels que Corneille, Racine, Crébillon et Voltaire, méritent même en partie un rang distingué entre les poètes, si ce n'est qu'ils n'ont que peu ou point de ce qui fait que Sophocle, Euripide et Shakespeare sont des poètes tragiques.

Voilà le comble du délire. Pour ne parler même que des

(a) On est surpris que Michaëlis n'ait pu concevoir la clarté et la beauté de ce passage, dont tous les commentateurs de l'Ecriture sainte et particulièrement les saints Pères, ont également interprété le sens et révéré la sublimité (*Note de l'Editeur*).

tragiques grecs, je ne citerai qu'un exemple. Il me paraît, et j'espère que tous les hommes instruits et sensibles en jugeront de même que la *Phèdre* de Racine est supérieure à l'*Hippolyte* de Racine.

(69) Ce que je dis sur le degré auquel on doit réduire le génie tragique de Shakespeare, peut déplaire à ceux qui en sont les admirateurs passionnés. C'est pourquoi je me crois obligé de justifier et de motiver mon opinion par des remarques assez détaillées sur la composition des tragédies de Shakespeare, sur les caractères de ces personnages, sur les sentiments qu'il leur prête, et sur son style.

Premièrement. Dans presque toutes ses tragédies, de même que dans ses drames historiques, Shakespeare embrasse un si grand nombre d'actions particulières et souvent étrangères au sujet principal que la plupart de ses pièces ne sont en effet que des histoires tragiques, mises en dialogues, qu'il a choisies ou qu'il a feintes, entre celles qui ont pu exister dans un long espace de temps (a).

Ce n'est point comme le prétendent les partisans de Shakespeare, tomber dans une dispute de mots, que d'observer qu'il n'a presque composé que des histoires tragiques mises en scènes dialoguées : car c'est dire qu'il n'a point connu ce genre de beautés essentielles à la tragédie, qui sont attachées à l'unité de l'action principale dont l'intérêt va toujours en croissant. Or, cette perfection de l'art se fait sentir généra-

---

(a) C'est ce qu'on voit dans les tragédies de Roméo et Juliette, de Hamlet, etc. Celle de Jules César, dans la plus grande partie, renferme des événements sans nombre qui ont suivi l'assassinat de Jules César, jusqu'au combat de Philippes, où Cassius et Brutus se donnent la mort.

Dans sa tragédie de Marc-Antoine et Cléopâtre, Shakespeare n'a fait que transformer en une suite de scènes l'histoire que Plutarque a donnée de la vie de Marc-Antoine, depuis qu'il commença d'aimer Cléopâtre jusqu'à ce qu'il se tua.

lement dans les ouvrages immortels des grands tragiques grecs et français.

Le drame historique forme sans doute un genre différent de la véritable tragédie, dans lequel Shakespeare a composé plusieurs de ses pièces. Il a l'avantage de rendre facile une grande multiplicité de scènes intéressantes, dont on peut former un assemblage qui les renferme dans une seule et même pièce. Ces scènes particulières peuvent avoir des vraies beautés poétiques ; mais si un nombre égal de beautés est produit dans les scènes d'une véritable tragédie, le génie, qui a formé celle-ci, doit être regardé comme très supérieur à celui qui met en scènes dialoguées les divers événements qui peuvent se succéder dans la vie entière d'un personnage tragique.

Dans le drame historique, chaque scène majeure, qui n'y est point essentiellement liée avec l'action principale, peut être considérée comme faisant un tout séparé (a) ; et l'intérêt propre à cette scène n'influe que peu ou point sur l'intérêt total et toujours croissant que doit avoir une action unique conduite par cinq actes suivant les règles de la tragédie. Mais il faut reconnaître que c'est en grande partie en raison de ce défaut de goût et de conformité aux règles de l'art, que Shakespeare, avec plusieurs belles choses qu'il a produites, en a mêlé une infinité d'autres qui ne peuvent soutenir un examen attentif.

Deuxièmement, on ne peut admettre ce qu'ont dit des admirateurs de Shakespeare, qu'il a réuni les deux facultés les plus rares de l'invention qui sont les deux sources principales de l'intérêt dramatique, celle de former des caractères,

---

(a) Ce qui rappelle cette critique que Boileau a faite (*sat.* III, V, 198) de l'*Astrate de Quinault :*
Et chaque acte en sa pièce est une pièce entière.

et celle d'imiter au naturel les passions et leur langage.

Des caractères que Shakespeare a donnés à plusieurs de ses divers personnages, et qu'on a même fort loués, ont été, ou faciles à tracer quoi qu'on en dise, ou poussés jusqu'à un excès d'invraisemblance, ou imités d'un état de folie, ou d'ailleurs indignes d'être produits comme faisant partie principale d'un poème dramatique.

Ainsi, quoiqu'on en ait admiré les caractères des principaux personnages de la tragédie de Coriolan de Shakespeare, et la manière dont il a rempli cinq actes d'une pièce dont l'action principale est renfermée dans une seule scène, il n'a pas fallu beaucoup d'invention pour tracer ces caractères et pour remplir cinq actes, puisqu'il a compris dans sa pièce tout ce que l'histoire nous apprend des diverses actions de Coriolan contre les Volsques, et avec eux avant son exil, aussi bien que de ses querelles avec le peuple romain et ses tribuns, etc.

Il est hors de toute vraisemblance qu'il puisse exister un caractère comme celui que Shakespeare donne à lady Macbeth, lorsqu'elle s'excite à commettre un meurtre auquel elle est disposée, par une invocation aux esprits infernaux. Elle leur demande de la remplir toute entière d'un sentiment de cruauté, auquel ne se mêlent aucuns mouvements de pitié, ni de remords ou autres sentiments de nature qui puissent ébranler son âme dans son cruel projet.

Une très grande partie de la tragédie du roi Léar est remplie de propos pleins de démence que disent le roi Léar, son fou et Edgard. Toute idée d'un caractère tragique est nécessairement effacée par une semblable accumulation d'extravagances.

Dans les deux parties du Henri IV de Shakespeare, on remarque particulièrement le caractère de Falstaft qui a été fort célébré par des auteurs anglais ; mais ce caractère est un des plus misérables qu'on ait pu mettre sur la scène.

On a fort vanté les traits plaisants que Shakespeare a prêtés à ce personnage, qu'il présente comme un homme vil, ivrogne, voleur de grand chemin, lâche et poltron au plus haut degré. Mais je ne crois pas qu'il soit une seule de ces plaisanteries qu'un homme de bon goût doive regarder comme spirituelle.

Des caractères, dont la formation appartient véritablement à Shakespeare, sont ceux qu'il a donnés à des êtres qu'avaient créés des opinions superstitieuses qui régnaient de son temps sur les fées, les sorciers, les spectres, etc.

Il est remarquable que dans l'Angleterre, comme dans les autres pays du Nord, les hommes ont été particulièrement disposés à croire aux noirs enchantements, tandis que c'est sous les climats fortunés comme ceux de la Grèce, que sont nées les fables riantes de la mythologie.

Le Spectateur anglais dit que Shakespeare possédait au suprême degré, entre tous les poètes de sa nation cette noble extravagance d'esprit, qui le rendait capable de bien toucher ce faible superstitieux de l'imagination de ses compatriotes, et d'y réussir en des endroits où il n'était soutenu que par la seule force de son génie. Il ajoute qu'il y a quelque chose de si bizarre, et en même temps de si grave dans les discours de ses fantômes, de ses fées, de ses sorciers et de tous ses autres semblables personnages chimériques, qu'on ne saurait s'empêcher de les croire naturels, quoique nous n'avons aucune règle fixe pour en bien juger.

On a fort vanté en ce genre l'invention du rôle de Caliban dans la tempête de Shakespeare. Ce rôle présente une espèce de monstre hideux, qu'il a été facile de charger des attributs de la méchanceté et d'une sorte d'esprit brut ; mais d'ailleurs, dans toutes les scènes où il est mis en action, il n'est marquant par aucun trait qui produise un grand effet, soit comique soit tragique.

Troisièmement. Par rapport à la faculté qu'on a attribuée à Shakespeare d'imiter au naturel les passions et leur langage. J'observe au contraire que Shakespeare fait très souvent dire à ses personnages des choses qu'il est entièrement invraisemblable qu'ils fussent portés à dire dans l'état des passions violentes que doivent leur causer les situations où ils se trouvent placés.

Il est hors de doute que Shakespeare avait une grande flexibilité dans l'esprit pour se pénétrer d'une situation tragique quelconque, et une grande fécondité d'idées et d'émotions relatives à cette situation (a).

Mais ces grandes qualités de l'esprit de Shakespeare n'étaient restreintes par aucune mesure, ni par aucune règle de goût. C'est pourquoi dans le nombre immense des idées qu'il répandait avec profusion pour exprimer les mouvements des passions, il n'est pas surprenant qu'il s'en trouve de fort heureuses. Mais les idées disparates ou vicieuses qu'il mêle alors et confond souvent avec celles du plus grand effet, démontrent que celles-ci n'ont point été le fruit d'une connaissance profonde et réfléchie des affections du cœur humain.

C'est ce que je vais rendre sensible par quelques exemples pris dans un grand nombre d'autres que je pourrais citer.

Dans la scène, et au moment où Othello va étouffer Desdemona, Shakespeare lui fait dire : Eteignons la lumière. Si je t'éteins toi, ministre du feu, je puis ressusciter la première

(a) Madame Montagu dit ingénieusement, que Shakespeare lui semble avoir possédé l'art du Dervis dont il est parlé dans les *Contes arabes*, qui pouvait jeter son âme dans le corps d'un autre homme, de manière qu'il en avait aussitôt les fonctions et les sentiments, ainsi que les passions convenables à sa situation.

flamme, au cas que je vienne à me repentir. Il ajoute, en se tournant vers Desdemona : Que j'éteigne une fois la flamme de la vie ; je ne sais plus où trouver cette céleste étincelle qui pourrait te ranimer.

Quoiqu'il ne soit pas absolument impossible qu'une semblable comparaison puisse survenir à l'esprit d'un homme dans l'affreuse situation où est Othello, cette idée est naturellement si étrangère à l'état de son âme qu'il est entièrement déplacé de la lui attribuer.

Dans la tragédie d'Antoine et Cléopâtre, Antoine mourant demande quelque potion qui lui rende la force de prononcer encore quelques paroles ; et Cléopâtre lui répond : Non, laisse-moi parler plutôt ; laisse-moi accabler la perfide fortune de reproches, etc.

Y a-t-il quelque vraisemblance à ce dire de Cléopatre dans une situation aussi cruelle ?

On trouve à chaque pas dans Shakespeare, d'autres semblables exemples d'une fausse abondance qui lui fait saisir, comme des ornements convenables, des figures et des comparaisons vaines, par lesquelles il se détourne des idées et des sentiments qu'il devrait faire exprimer à ses personnages.

Quatrièmement. On a dit que le style est la partie qui distingue le plus Shakespeare des autres poètes de sa nation; que c'est celle ou il excelle ; qu'il peint et anime tout ce qu'il dit ; et qu'il parle, pour ainsi dire, une langue qui lui est propre.

Shakespeare n'a point, dans sa composition, des beautés du genre de celles qui sont attachées à l'élocution poétique, et que j'ai développées ci-dessus, comme faisant une forte imitation des objets ou des images et des sentiments qui leur répondent.

Quant aux figures de pensées, qu'on pourrait dire qui donnent au style de Shakespeare un caractère qui lui est propre ; dans des passages dont on ne conteste point l'authenticité, il a employé un si grand nombre de ces figures qui sont bizarres et inconvenantes, qu'il est superflu de vouloir les indiquer (a).

Mais ce qu'il est surtout essentiel d'observer sur ce sujet, par rapport à la grande diversité de figures qu'a employées Shakespeare, c'est qu'elles n'ont point entre elles un rapport commun de caractère qui constitue un style ou une langue qui soit propre à ce poète.

Je pense au contraire que c'est du style de Milton qu'on peut dire qu'il a créé dans la langue anglaise une langue poétique qui lui est propre. Je crois qu'on peut reconnaître dans Milton cette formation d'une semblable langue, à laquelle il a donné généralement un caractère grave et majestueux, que concourent à élever toutes les figures dont il a fait usage, qui ont entre elles un rapport commun d'énergie et de dignité.

(70) *On ne doit pas même charger une action d'événements épisodiques ou accessoires entassés.*

Home critique mal ce qu'a dit Racine dans sa préface de *Bérénice*, sur l'invraisemblance de l'entassement d'événements dans un seul jour. « Mais cela peut arriver, dit-il. La
» vraisemblance requise, dans la tragédie, est que les actions
» et les caractères se correspondent ; ce qui suffit pour ren-
» dre vraisemblable ce qui est fort improbable, comme en
» général qu'un homme veuille sacrifier sa fortune et sa vie
» pour sa maîtresse ou pour son pays ».

(a) Il n'est rien, par exemple, de plus dégoûtant que ce que dit l'archevêque d'Yorck (dans la 2ᵉ partie d'*Henri IV*, acte Iᵉʳ, sc. VIII) : « O
» peuple dégoûté du beau Richard, tu te décharges de lui, et maintenant
» tu voudrais fouiller dans ses cendres, et *résorber*, pour ainsi dire, ton
» vomissement. »

J'observe contre cette opinion de Home, que l'accumulation d'événements extraordinaires dans un seul jour, est, par les lois des chances que donne l'expérience, beaucoup plus rare sans comparaison, que n'est un effet extraordinaire de l'amour de sa patrie ou de sa maîtresse.

(71) Il faut rapporter à une cause semblable, l'observation suivante et très juste qu'a faite Diderot sur la poésie dramatique, lorsqu'il dit :

« Pour une occasion où il est à propos de cacher au spec-
» tateur un incident important, avant qu'il ait lieu, il y en a
» plusieurs où l'intérêt demande le contraire. Le poète me
» ménage par le secret un instant de surprise ; il m'eut ex-
» posé par la confidence à une longue inquiétude. Ce sont
» les personnages qu'il faut avoir en vue. Qu'ils s'avancent
» au dénouement impénétrable pour eux sans s'en douter ;
» s'ils sont dans l'agitation, il faudra bien que je suive et
» que j'éprouve les mêmes mouvements ».

(72) Juvénal dit admirablement à ce sujet (*Satyr*. XV. V. 131 et suiv.) :

. . . . *Mollissima corda*
Humano generi dare se natura fatetur.
Quæ lacrymas dedit. Hac nostri pars optima sensus.
Ibid. V. 140 et suiv.

. . . . *Quis . . . . . bonus . . . . .*
Ulla aliena sibi credat mala ? Separat hoc nos
A grege mutorum, atque ideo venerabile (*divinum*) *soli*
Sortiti ingenium divinorumque capaces, etc.
V. 149. 50

. . . . *Mutuus ut nos*
Affectus petere auxilium et præstare juberet

Ainsi, selon Juvénal, la cause finale pour laquelle la nature a donné aux hommes leurs facultés intellectuelles, au-

...ait été pour qu'ils fussent susceptibles de sympathie et de sociabilité.

(73) L'abbé Dubos a dit que la raison du plaisir que des nations entières ont goûté à voir des combats de gladiateurs et autres semblables, doit être rapportée à ce que l'âme se plait dans toutes les affections qui la remuent fortement. Mais on a très bien objecté que l'âme devrait donc trouver agréables le repentir, l'horreur pour un objet hideux, etc.

Loin de rapporter à cette cause principale que j'indique, le plaisir que donnait le spectacle d'un combat de gladiateurs, Moses Mendelssohn a dit que ce plaisir était fondé sur la connaissance de leurs perfections d'adresse et de courage ; et dans ses additions au livre cité (t. II, p. 16), qu'il tenait à la satisfaction que l'âme éprouve en exerçant ses facultés.

Mais le courage de ces gladiateurs, avant d'être vaincus, n'avait d'autre intérêt que de prolonger les émotions inspirées par l'horreur de leur sort ; et cet intérêt finissait dans leurs derniers moments, où leur intrépidité stupide leur faisait prendre une attitude prescrite par les règles de l'art, dans laquelle ils devaient être égorgés.

(74) On peut rapporter ici ce que M. Rémond de St-Mard dit sur l'*Eglogue*, qu'il assure être une de ses folies : « Je » saurais bien, si je voulais, que ceux qu'on y peint sont » imaginaires : mais je ne veux pas le savoir... Mon avidité » à goûter le plaisir fait le reste, et je ne me chicane pas sur » mon bonheur ».

(75) Cette dernière assertion d'Aristote a paru difficile à comprendre à Castelvetro (*Pœtica d'Aristotele*, p. m. 277-278) et à ses autres commentateurs plus anciens ; d'autant qu'il semble que plus un homme est vertueux, plus nous devons être affectés de ses infortunes.

Piccolomini (*Annotationi sub Libro della Pœtica d'Aristo-*

tele, p. 190), dit que dans ce cas le sentiment que nous avons de ce qu'a d'odieux le malheur d'un homme d'une vertu parfaite, couvre et empêche les sentiments de la terreur et de la pitié.

Mais il me semble qu'Aristote a pu aussi vouloir faire entendre que des personnes dont la vertu est si supérieure ont trop peu de rapports avec nous ; de sorte que leur malheur ne peut nous inspirer des émotions sympathiques.

(76) Tyrwitt et d'autres commentateurs ont mal entendu cette *purgation*, quand ils ont dit qu'elle était semblable à celle qu'Aristote a dit (*Politic.*, l. VIII, ch. VII) que la musique opère en soulageant, par le plaisir qu'elle donne, les affections tristes de la terreur et de la pitié. Ce dernier passage d'Aristote se rapporte parfaitement à ce qu'a dit Cassiodore (*Variar.*, lib. II, épist. 40), en parlant du pouvoir de la musique sur les affections tristes de l'âme : *et quod beatum genus curationis est, per dulcissimas voluptates expellit animi passiones*.

M. Hermann qui n'a point entendu ce passage (dans son commentaire d'ailleurs fort estimable), a critiqué mal à propos Aristote sur cette purgation.

(77) Harris (*Miscellanies*, V, 1er, p. 86-87, *Note Discourse on Music. Painting and Poetry*), dit que les hommes les plus exempts de la pitié et de la terreur, sont ceux qui habituellement sont exposés aux circonstances où les occasions de ces passions sont les plus fréquentes ; comme les médecins, les chirurgiens et les militaires, dont les âmes deviennent comme calleuses ou apathiques par l'expérience : que ce qui est produit dans ces hommes par les vrais malheurs de la vie, peut être supposé s'opérer dans les autres hommes par les fictions de la tragédie. Il faut pourtant avouer qu'un tel effet ne pouvait être attendu que chez un peuple qui,

comme chez les anciens Athéniens, était continuellement occupé de représentations théâtrales.

(78) Un tel changement a peut-être produit cette espèce de montagne plate que forme (comme a dit Montesquieu, *de l'Esprit des Lois*, l. XVII, ch. 3) la partie la plus élevée de la Tartarie, et qui ne peut être habitée qu'auprès des rivières et des lacs. Des naturalistes célèbres, MM. de Luc et Ramond, croient au contraire que, malgré les destructions qu'elles ont subies jusqu'à présent, les montagnes demeureront indestructibles, et que la terre parviendra à la forme la plus heureuse ; mais ils ne le prouvent point.

De Luc (*Lettres sur la terre et sur l'homme*, t. II, p. 95-96) est persuadé que l'action des torrents, des éboulements et autres causes destructrices des montagnes est arrêtée par la végétation des plantes (d'abord des mousses) qui recouvrent les rochers, ensuite par les *talus* qui se forment à leurs pieds, et même par les glaces qui occupent les sommets des hautes montagnes. Il pense que, par ces moyens, leurs coupures s'élargiront, mais que les montagnes ne cesseront jamais d'être montagnes, et qu'elles prendront un état stable que les siècles accumulés ne changeront plus essentiellement (a).

Cette assertion, que les montagnes actuelles ne seront point détruites, est liée avec ces autres propositions que de Luc regarde comme importunes dans la théorie de la terre : savoir que nos continents se perfectionnent, bien loin de se détruire ; que tout y tend à la même fin, celle de produire un plus grand nombre d'êtres vivants ; qu'un jour viendra où notre

(a) Je doute que la montagne, dont une partie du sommet et des flancs s'est précipitée depuis peu dans un lac de ma patrie, au canton de Schwits, reprenne jamais une hauteur fixe et une stabilité désormais invariable. (*Note de l'éditeur.*)

globe aura atteint sa perfection, et l'espèce humaine sa plus grande étendue possible et même sa plus grande perfection dans cet état passager.

Mais comment peut-on affirmer que sur la terre tout tend à produire le plus grand nombre d'êtres vivants? Qu'est-ce qui prouve que la perfection du globle et de l'espèce humaine tient à ce qu'il y ait le plus grand nombre possible d'hommes ? D'où peut-on savoir que ce qu'on appelle ici la perfection de notre globe (et qu'on dit qu'il atteindra un jour), consiste dans l'état de permanence de l'état actuel de l'inégalité des montagnes, plutôt que dans le nivellement de la surface de la terre ?

(79) Gerdil (dans sa *Dissertation sur l'Origine du sens moral*, p. LVII-LVIII), dit que ce n'est point l'ordre de la distribution qu'ont entre elles les étoiles dans le ciel, comme les fleurs dont un pré est couvert, qui rend l'un ou l'autre spectacle très beau, mais qu'il l'est par sa convenance avec la situation du spectateur. Selon lui, un ciel étoilé dans une nuit sereine porte avec lui l'idée du silence et du repos, et il excite dans l'âme l'amour du repos et du calme. La couleur azurée du ciel, les étoiles éparses dont la lumière douce a un éclat qui fait ressortir ce fonds d'azur, produisent des sensations paisibles, très convenables au charme du repos et de la tranquillité. Ainsi l'on voit ces objets avec plaisir ; et tandis qu'on les regarde, leur multiplicité, leur *variété* (a) et l'irrégularité de leur distribution font que l'œil qui, en les voyant, passe de l'un à l'autre, est enveloppé, et, pour ainsi dire, fixé dans une distraction douce, qui lui ôte toute autre

---

(a) Malebranche dit (*Recherches de la vérité*, t. II, p. 174) : la beauté de l'univers ne consiste pas dans l'incorruptibilité de ses parties, mais dans la *variété* qui s'y trouve ; et ce grand ouvrage du monde ne serait pas si admirable, sans cette grande vicissitude des choses qu'on y remarque:

vue, et partant toute la fatigue (*noja*) que lui donnerait l'application plus ou moins nécessaire pour considérer les choses qui ont de l'ordre et de la régularité.

(80) De Pauw dit : On ne saurait expliquer le mouvement diurne ou la rotation de notre globe selon aucun principe des Newtoniens, puisqu'il est démontré que ce mouvement là ne dépend pas d'une cause attractive, quelle qu'elle soit, sans quoi la lune devrait avoir une rotation analogue à la nôtre ; et les enfants même savent qu'elle n'en a point, non plus que les autres satellites.

(81) Le télescope de Herschell a donné la certitude que la voie lactée doit sa blancheur à l'accumulation d'un nombre prodigieux d'étoiles qu'embrasse cette zone blanchâtre et irrégulière, qui fait à peu près le tour de la voûte céleste.

Herschell a considéré toutes les étoiles qui nous sont visibles, en y comprenant la voie lactée même, comme un certain système ou assemblage auquel notre soleil appartient. Prenant ensuite tout cet énorme assemblage comme une seule unité, il en fait une bien petite partie de la création en le réduisant à être une seule nébuleuse ; c'est-à-dire en supposant que cet amas entier d'étoiles à nous visibles offrirait l'apparence d'une nébuleuse, vu à la distance où cette apparence se présente à nous. Chacune des deux mille nébuleuses qu'il a découvertes et dont il a donné les catalogues en 1786 et en 1789, pourrait donc être un système pareil à celui qui comprend les innombrables étoiles fixes que nous pouvons apercevoir (*Bibl. Brit. Sciences*, t. I, p. 109-110).

Je puis joindre ici l'hypothèse fondamentale de Herschell relativement au soleil. Selon lui, cet astre n'est pas lumineux de sa nature. C'est un noyau obscur, fort inégal et recouvert, non pas d'un océan de lumière, mais d'une *atmosphère* presque toujours remplie de nuages éminemment phosphoriques (*liv. cit.*, t. III, p. 21).

L'on fait dire aussi à Herschell (*liv. cit.*, t. IV, p. 208-209), dans l'extrait d'un mémoire qu'il a donné dans les *Transactions philosophiques*, 1796 : Cette étoile, à qui nous avons donné par excellence le nom de soleil, peut commencer demain à perdre graduellement de sa lumière, comme plusieurs étoiles, qu'a citées Herschell, en qui elle diminue.

(82) Ce que dit Moses Mendelssohn sur le bonheur suprême que fait goûter à l'homme la contemplation des perfections de Dieu, est analogue à ce qu'ont pensé Porphyre et d'autres nouveaux Platoniciens.

Iamblique dit (*de Myst. Egypti*, sect. X, cap. I, p. 5-8), que la félicité de l'homme consiste dans la connaissance de lui-même et de Dieu, et dans l'union intime que lui fait acquérir la vision de Dieu, laquelle fait le comble de la félicité.

Plotin a dit (*Enead.*, IV, 1. III) qu'il trouvait à peine des termes qui pussent rendre la félicité dont il jouissait dans la vision intuitive de la divinité, à laquelle il était alors intimement uni. Voyez aussi, sur cet enthousiasme, Proclus, dans sa *Théol. de Platon*, l. I, chap. 24.

Plotin, s'élevant vers la divinité de toutes ses forces, eut enfin le bonheur de voir quatre fois que Dieu lui apparut, sans présenter aucune forme ni idée distincte, mais tel qu'il subsiste en lui-même au-dessus de tout ce qui est intelligible (*Vie de Plotin*, par Porphyre, dans le vol. IV de la *Bibl. gr.* de Fabricius, ch. 23, p. 137 et suiv.).

Porphyre (au même endroit de sa *Vie de Plotin*), dit aussi avoir eu une semblable apparition ou extase, dans laquelle il a vu l'Intelligible suprême, ou le Dieu supérieur à tous les dieux, qui ne lui présentait aucune image. Saint Augustin a attribué ces visions à des illusions de l'esprit malin ; mais il est plus simple de les rapporter (comme a fait Brucker), au pouvoir d'une imagination exaltée, ardente et agitée par l'atrabile.

Un contraste assez piquant avec la prétention de ces joies ineffables que ces platoniciens et Moses Mendelssohn ont dit éprouver dans la contemplation des perfections de l'Etre suprême, est ce qu'affirme ressentir l'auteur allemand qui a publié contre l'immortalité de l'âme un ouvrage intitulé *Anti-Phædon*. Cet auteur y dit (p. 133) que son cœur ressent de la joie, lorsque ne pouvant se faire une image de Dieu, il voit de toutes parts, dans les objets qui l'entourent et qu'il regarde, des traces *bienfaisantes* de la divinité (a) qui marquent plus d'élévation et de majesté, et inspirent plus d'amour que ne peuvent faire les misérables idées que les hommes se sont faites de la divinité.

(83) Nous ne concevons pas plus la réalité de l'idée d'un infiniment petit, que celle de l'idée d'un infiniment grand. Il est facile de développer cette assertion par des remarques qu'on peut faire sur ce qu'a dit d'Alembert dans l'article *force* de l'*Encyclopédie*, à l'endroit où il parle des forces accélératrices.

Je considère ici que cet homme illustre a dit de la seconde espèce de forces mortes, qu'il distingue comme renfermant celles qui périssent et renaissent à chaque instant ; en sorte que si on supprimait l'obstacle, elles auraient leur plein et entier effet, comme celle de deux ressorts bandés qui agissent l'un contre l'autre, et celle de la pesanteur.

(a) Quelle nature, en effet d'exaltation singulière que celle qui a pu faire regarder comme *bienfaisante* et digne d'amour, une divinité qui anéantirait semblablement à leur mort le scélérat parvenu à immoler sans remords des hommes vertueux, à savourer même leur infortune, et ces hommes vertueux dont la vie n'a été qu'un tissu de souffrances et de sacrifices pénibles faits à la vertu ? (*Note de l'éditeur.*)

Une remarque générale que je fais par rapport aux diverses objections et réponses qu'y fait d'Alembert sur le sujet de cet espèce de forces mortes, est que la force de gravitation d'un corps pesant, lorsqu'elle commence de pouvoir agir, n'imprime point de mouvement qui commence par o, ni qui soit infiniment petit ; mais un mouvement fini, qui est produit par la gravitation réciproque de ce corps et du globe terrestre ; que nous ne pouvons point connaitre la force absolue de cette pesanteur, mais seulement la force relative aux obstacles qu'elle peut ou ne peut pas surmonter, et la loi de l'accélération produite par cette force, suivant le temps que dure la descente de ce corps pesant.

(84) Socrate, étant près de mourir, demanda à la divinité que sa transmigration fût heureuse. Il n'avait point alors une certitude parfaite fondée sur ses arguments (rapportés dans le Phédon de Platon), que l'âme de l'homme fût immortelle : mais il appuyait par ses raisonnements l'espérance très grande qu'il avait de cette immortalité (Voyez la *Dissertation de Brucker*, de *Secta Elpistica*, § 12 ; et *Gataker ad Antonium*, lib. IV, § 21) (a).

(a) Mais enfin peut-on regarder absolument comme vaines et insusceptibles d'offrir aucune consistance, aucune vérité, ces idées de l'infini ; ces espérances d'immortalité dont une grande partie du genre humain, à quelque degré supérieur ou inférieur qu'elle ait été civilisée s'est préoccupée avec tant de suite, je pourrais dire avec tant d'opiniâtreté, dans leur sens affirmatif, et non négatif ? Sans doute que l'*Eternel* et l'*Infini* n'ont pu être conçus et définis mathématiquement ; mais un sentiment intime et actif en a produit la pensée et l'expression. L'imagination les a saisis sans doute ; mais ce n'est qu'après que l'homme les a raisonnés. Par quel raisonnement ? Par celui-ci : *Dieu est*. En cet Etre des Etres sont réunis tous les principes de l'existence, tous les attributs du beau essentiel. En lui le présent absorbe constamment tout passé, tout avenir. Mais l'âme humaine ne peut être émanée que de lui ; et en général la destruction absolue répugne à cette âme. Elle veut, elle doit être. Pourquoi, puisqu'elle est, ne serait-elle plus ? Ici la révélation, entrevue et désirée par Socrate même, creuse et justifie cette grande pensée d'*in-*

fini et *immortel*; elle en pénètre notre âme avec force et attrait, en même temps qu'elle nous distrait de tout calcul à cet égard, limité, ou illimité, pour nous livrer au besoin, au plaisir de rendre à Dieu un culte reconnaissant. Selon cette révélation, notre âme, *qui est*, est faite pour voir Dieu tel qu'il est, et pour être semblable à lui. (*Similes ei erimus, quoniam videbimus eum sicuti est*. Epist. I. Joannis, cap. III, V. 2.) Et tel est le complément véritable, sublime et inaltérable de nos vues de la beauté. (*Note de l'éditeur.*)

Παύλου Ἰώσηφ Βαρθήσιου Ἐπιτάφιον.

Ω ΑΝΘΡΩΠΕ ΟCΤΙC ΕΙ ΚΑΙ ΟΠΟΘΕΝ ΗΚΕΙC
ΤΙΜΑ ΤΗΝ ΑΝΔΡΟC ΛΑΜΠΡΟΤΑΤΟΥ ΤΑΦΗΝ.

ΕΝΘΑΔΕ ΚΕΙΤΑΙ
Ο ΠΑCΗC ΓΝΩCΕΩC ΕΙΔΗΜΩΝ

ΠΑΥΛΟC ΙΩCΗΦ ΒΑΡΘΗCΙΟC Η ΤΩΝ
ΤΑΥΤΗC ΤΗC ΓΕΝΕΑC ΙΑΤΡΩΝ ΔΟΞΑ
ΚΑΙ ΝΕΑC ΙΑΤΡΙΚΗC ΚΤΙCΤΗC CΟΦΙΑC

ΤΟΝ ΑΔΕΛΦΟΝ ΟΙ ΑΔΕΛΦΟΙ
ΤΟΝ CΩΤΗΡΑ ΟΙ ΝΟCΟΥΝΤΕC ΤΟΝ
ΕΥΕΡΓΗΤΗΝ ΚΑΙ ΔΙΔΑCΚΑΛΟΝ ΕΥΦΡΑΔΙΗΙ
ΠΟΛΥΜΑΘΙΚΗΙ ΘΑΥΜΑCΙΟΝ
ΠΕΝΘΟΥCΙΝ ΟΙ ΜΑΘΗΤΑΙ
ΕΝ ΤΗΙ ΟΡΟΥC ΠΕCCΥΛΟΥ ΠΟΛΕΙ
ΙΑΤΡΟΙ ΠΕΝΘΗCΟΥCΙ ΠΑΝΤΕC
ΕΖΗC. ΕΤ. ΟΓ.
Θ. ΟΚΤ. ΙΕ. ΑΩS.

PAULI JOSEPHI DE BARTHES EPITAPHIUM

QUISQUIS ES HOMO ET UNDECUMQUE VENISTI
HONORA CELEBERRIMI VIRI TUMULUM

HIC IACET
PERITUS OMNIS SCIENTIAE

PAULUS JOSEPHUS DE BARTHES MEDICORUM
HUIUS ÆVI ORNAMENTUM ET DECUS
DOCTRINÆ NOVÆ IN IATRICA CONDITOR.

FRATREM FRATRES
SALVATOREM AEGROTANTES
STUDIOSUM PRAECEPTOREM FACUNDIA
POLYMATHICA MIRANDUM
LUGENT DISCIPULI
IN MONTE PESSULO
MEDICI LUGEBUNT OMNES
VIX. ANN. LXXIII
OB. XV. OCT. MCCCVI.

TABLE DES MATIERES

	Pages
Introduction	5

PREMIER DISCOURS.
Du Sentiment de la Beauté 13

SECOND DISCOURS.
Des Agréments qui, étant attachés à certaines combinaisons des sons, peuvent être des éléments du sentiment de la beauté 23

TROISIÈME DISCOURS.
Du beau dans les Arts imitatifs, ou dans la Peinture et la Sculpture 42

    Section Ire. — Des Beautés idéales du Dessin. 48
    Section II. — Des Beautés idéales du Coloris et du Clair obscur. 52
    Section III. — Des Beautés idéales de l'expression 55
    Section IV. — Résultats de l'expérience sur les caractères que doivent avoir les qualités agréables des objets visibles pour faire naître le sentiment de la beauté. 58
        § 1. — Des Caractères que doivent avoir les couleurs d'un objet pour que leur réunion puisse produire un sentiment de la beauté de cet objet. 59
        § 2. — Des Agréments des formes des surfaces des objets visibles, qui peuvent concourir à produire le sentiment de la beauté de ces objets. 60
        § 3. — De la grandeur d'un objet, qui, étant supérieure à celles qu'ont communément ceux qui lui sont analogues, peut concourir à produire le sentiment de la beauté de cet objet 62
        § 4. — De l'effet qu'ont, pour concourir à produire le sentiment de la beauté d'un objet, les rapports de formes et de proportions de ses parties, qui sont

moyens entre ceux qu'ont le plus communément les parties correspondantes des objets de la même espèce 65

§ 5. — De l'influence qu'ont, pour produire le sentiment de la beauté, certains rapports de forme et de grandeur entre les diverses parties d'un objet, qui plaisent par des dispositions, primitives ou habituelles, de l'âme, dont on ne peut lier les effets à des principes suffisamment déterminés. 68

QUATRIÈME DISCOURS.

Des Beautés de l'homme et de la femme. 75

CINQUIÈME DISCOURS.

Des Beautés de l'Éloquence 91

SECTION Ire. — De l'Harmonie et des Nombres qui résultent de la construction des mots dans le Discours oratoire. 91
SECTION II. — Des différents genres du Style oratoire 99
SECTION III. — Des Moyens oratoires. 103
SECTION IV. — Des causes qui, à certaines époques, empêchent les Orateurs de s'élever au sublime 114

SIXIÈME DISCOURS.

Des Beautés de la poésie 119

SECTION Ire. — De l'Imitation directe et indirecte des objets qui est propre à la poésie 119
SECTION II. — De l'Usage des figures dans la poésie. 139
SECTION III. — De l'Expression poétique des Images. 140
SECTION IV. — De l'Expression poétique des Sentiments et des Passions 145
SECTION V. — Du Merveilleux poétique. 150
SECTION VI. — Du Sublime dans la Poésie. 159
SECTION VII. — Des Beautés de la Tragédie. 165

SEPTIÈME DISCOURS.

Du Sentiment de la Beauté des différentes parties du spectacle de la Nature 180

NOTES. 211

www.ingramcontent.com/pod-product-compliance
Lightning Source LLC
Chambersburg PA
CBHW050335170426
43200CB00009BA/1600